铁路科技图书出版基金资助出版

国家自然科学基金项目(51278316)资助
京津冀基础研究合作专项项目(E2016210133)资助

铁路三维地质选线理论与方法

朱　颖　吕希奎　许佑顶　谢　毅　著

中国铁道出版社有限公司

2024年·北　京

内容简介

随着虚拟现实技术和空间信息技术的发展和应用，铁路数字化选线技术也日趋成熟。而铁路数字化选线技术达到实用的关键问题之一，是复杂地质区域的数字选线技术。本书面向复杂艰险山区的三维地质选线技术，围绕铁路工程三维设计领域的三维地质实体建模与选线关键技术及应用中的热点问题，系统的阐述了三维地质实体建模与铁路空间立体选线理论与方法，内容涵盖三维地理环境建模方法、地质多源空间信息集成技术、三维地质环境建模方法、基于遥感信息的工程地质虚拟环境建模方法和利用技术、选线地质知识库构建关键技术、三维地质实体建模方法、基于地质三维建模的空间立体选线方法与选线决策模型、空间立体地质选线平台及应用案例。

本书可供铁道工程和轨道交通工程领域的科研人员、工程技术人员及管理人员阅读参考，也可用作高等院校线路工程专业选线课程拓展教材。

图书在版编目（CIP）数据

铁路三维地质选线理论与方法/朱颖等著. —北京：中国铁道出版社有限公司，2019. 3（2024. 7 重印）

ISBN 978-7-113-25622-7

Ⅰ. ①铁…　Ⅱ. ①朱…　Ⅲ. ①铁路选线　Ⅳ. ①U212. 32

中国版本图书馆 CIP 数据核字（2019）第 044390 号

书　　名：**铁路三维地质选线理论与方法**
作　　者：朱　颖　吕希奎　许佑顶　谢　毅

策　　划：傅希刚
责任编辑：江新锡　曹艳芳　　**编辑部电话**：010-51873162
封面设计：高博越
责任校对：胡明锋
责任印制：高春晓

出版发行：中国铁道出版社有限公司（100054，北京市西城区右安门西街 8 号）
网　　址：http://www.tdpress.com
印　　刷：北京九州迅驰传媒文化有限公司
版　　次：2019 年 3 月第 1 版　2024 年 7 月第 2 次印刷
开　　本：787 mm × 1 092 mm　1/16　印张：16. 25　字数：284 千
书　　号：ISBN 978-7-113-25622-7
定　　价：75. 00 元

前　言

铁路选线设计是在三维空间决定线路位置的决策优化过程，特别是山区，河谷深切、构造复杂，不良地质普遍发育，岩溶、顺层、滑坡、断层破碎带和崩塌等主要不良地质现象分布广泛，比选线路方案时对地质因素考虑得最多，更加注重“地质选线”，地质因素往往成为线路方案取舍的决定因素。合理的线位不仅能降低铁路施工中的风险，更能有效的减少后期线路维护成本，提高运营安全。

随着计算机辅助设计技术特别是计算机三维图形处理技术的发展，铁路工程三维设计理念已得到铁路行业的普遍认同，而且成为近年来的热点研究与应用领域。一方面，在铁路选线设计研究领域，目前国内及国外已经基本完成了三维数字地形构建及线路三维可视化的研究工作，取得了很多有价值的成果，但普遍缺少对地质信息的集成应用和有效表达，对于山区的铁路侧重于地质选线而言并不能满足这种要求；另一方面，大面积、大比例的高精度遥感技术，已经为选线设计和线路方案工程地质条件评价提供了可靠的基础地质资料，如何根据这些可靠的基础地质资料与线路三维可视化技术统一集成，建立选线设计的真三维地质实体模型，并实现这一模型下的空间立体选线以满足山区地质选线要求显得尤为迫切，更直观的分析和应用地质信息为选线服务已成为实现铁路地质选线急需解决的问题。

本书面向复杂艰险山区的三维地质选线技术，系统介绍了铁路三维地质选线理论和方法，主要内容包括：

(1) 多源地质信息集成技术

针对地质信息多源性特点，从空间特征表现和属性表征两方面，分析地质灾害多源数据的差异性，建立地质空间数据标准化方法，实现地质信息多源数据的一体化构建与集成。采用 Oracle Spatial 的空间数据库技术，建立基于 GIS 的地质多源信息空间数据管理系统。

(2) 三维地质环境可视化建模方法

针对复杂地质区域的数字选线技术的关键问题，采用插值 n 次 Bézier 曲线和三次参数样条曲线，实现不同类型地质对象在三维环境中的矢量化表达和定位；采用 CDT 方法建立地质对象约束 TIN 模型，基于纹理定位和影像纹理坐标计算方法，实现栅格解译影像的定位和表达，建立铁路数字化三维选线的矢量数据和栅格数据一体化的三维地质环境建模方法。在三维环境里，集成地质对象矢量和栅格数据、地质专题信息、遥感正射影像图、三维地形数据，建立更为直观的地质表达和识别模式，构建的三维地质环境较好的满足复杂地质区域的数字三维选线设计要求。

(3) 三维地质实体建模方法

以铁路长大带状区域地质建模数据的获取为基础，基于网络地理影像资源获取长大带状选线区域的正射影像，实现铁路三维地质环境地表 DTM、DOM 的自动获取。基于地质勘察资料，提取数字化的地质体建模数据；通过分析铁路三维地质建模采用的数据模型，定义所采用的广义三棱柱数据模型的数据结构。采用遗传算法—克里金的地质数据插值算法，实现地质数据的插值处理。基于 GTP 体元模型，实现三维地质体建模，建立满足铁路选线设计要求的三维带状地质体模型。

(4) 三维地质模型可视化及分析技术

基于 OSG 高阶渲染引擎，构建三维地质模型的场景树结构。基于“射线求交”场景对象拾取技术、虚拟钻探取芯算法、剖面自动相连算法和地质数据库，实现钻孔和工程地质剖面的可视化生成及查询、地质实体模型的多角度观察和多种可视化表达和地质体的空间计算与分析。这些操作为多角度、全方位的认识和理解地质实体模型提供了强有力的支持。研究建立地质对象提取技术，实现地质实体的体积、表面积，地层土方量的计算。基于 GTP 地质体剖切算法，实现三维地质模型的基坑开挖仿真以及地下隧道生成与三维虚拟漫游。

(5) 基于遥感信息的工程地质虚拟环境建模方法和利用技术

集成三维地形模型、多源影像融地质遥感影像和工程地质属性库，构建工程地质超图模型。建立基于地质对象遥感解译影像和超图模型的铁路工程地质虚拟环境建模方法，实现在铁路数字化选线系统中的不良地质区域信息自动映射、显示和选线要点提示。在此基础上，实现对地质信息的空间查询、获取与分析，并以一种动态的交互式的三维影像形式表现出来，实现对地质条件更直观的分析，为三维地理环境中的地质选线提供了数据基础。

(6) 选线地质知识库构建关键技术

针对选线地质知识的特点，建立选线知识库和知识可视化表达模型，实现三维地质选线应用。实现基于 GIS 三维空间信息的知识获取方法，通过对碰撞检测算法的研究，解决线路与地质对象的空间关系的判断问题，开发选线地质知识库管理系统。

(7) 基于地质三维建模的空间立体选线方法

基于矢栅一体化地质环境中，通过对超地图模型的利用，获取地质对象信息，建立基于超地图模型的地质选线技术。通过对地质实体与线路实体的空间冲突关系计算，实现基于地质实体对象建模的选线应用和局部地段线路构造物方案的比选。基于改进的遗传算法，建立了基于三维地质实体的空间选线决策模型。

(8) 空间立体地质选线系统建立

基于三维地质实体建模理论与方法，采用 C++. NET、OSG、

Oracle 数据库和计算机图形，建立了空间立体地质选线设计系统，实现了三维可视化地质选线设计和决策。

基于国家自然科学基金项目“基于真三维地质实体大比例建模的空间立体选线方法研究(51278316)”、中铁二院“基于虚拟环境与列车运动仿真高速铁路线路设计方法研究”、中国铁路工程总公司重大课题“高速铁路虚拟环境与动力学选线设计平台研究（2014-重大-11)”等科研项目，中铁二院工程集团有限责任公司朱颖提出本书体系结构，并牵头组织撰写。全书由朱颖、石家庄铁道大学吕希奎和中铁二院工程集团有限责任公司许佑顶、谢毅共同创作完成。其中第1章、第2章、第3章和第4章由朱颖完成，第5章、第6章由吕希奎完成，第7章由许佑顶完成，第8章由谢毅完成，全书由朱颖统稿，中国地质大学(武汉)陈建平教授主审。本书在编写过程中得到了中铁二院工程集团有限责任公司胡新明、魏永幸、赖见国，石家庄铁道大学聂良涛、陈进杰、王明生等同志的大力支持，感谢他们为完成本书在素材提供、案例准备等方面提供的帮助。

本书在编写过程中，引用了相关的参考文献，在此向原作者单位和个人表示衷心的感谢。日新月异发展的信息技术、计算机技术、三维建模技术、地质勘察技术在选线设计中的应用，必将使线路三维设计的新理论、新方法和新技术不断向前发展。由于作者学识和水平有限，书中错漏和不足之处在所难免，敬请读者批评指正！

作者
2019 年 1 月

目　　录

1　引　　言 …… 1

1.1　铁路数字化地质选线技术背景 …… 1
1.2　数字化选线技术发展概况 …… 2
1.3　三维地质体建模技术发展概况 …… 3
1.4　铁路勘测设计技术的发展趋势 …… 4

2　多源地质信息集成技术 …… 7

2.1　地质多源数据差异性分析 …… 7
2.2　地质信息多源数据一体化构建 …… 10
2.3　多源地质体数据的标准化 …… 13
2.4　空间数据存储结构设计 …… 21
2.5　地质多源空间数据集成 …… 24
2.6　基于 GIS 的地质多源信息空间数据管理系统 …… 28

3　三维地质环境可视化建模方法 …… 43

3.1　数字地质信息获取方法 …… 43
3.2　数字地质对象定义与存储 …… 46
3.3　矢量化建模方法 …… 49
3.4　栅格化建模方法 …… 52
3.5　工程地质虚拟环境建模 …… 57
3.6　选线地质超地图模型 …… 60

4　三维地质实体建模理论与方法 …… 64

4.1　长大带状铁路区域地质建模数据的获取 …… 64
4.2　三维地质建模数据模型 …… 92
4.3　遗传—克里金地质数据插值 …… 103

4.4 三维地质体建模 …… 112

5 三维地质模型可视化及分析技术 …… 119

5.1 基于 OSG 的地质模型可视化技术 …… 119
5.2 钻孔可视化及查询 …… 124
5.3 工程地质剖面生成及可视化查询 …… 128
5.4 地质模型三维可视化表达 …… 133
5.5 地质体空间计算与分析 …… 137

6 选线地质知识库构建 …… 143

6.1 知识库设计 …… 143
6.2 地质知识的来源及获取方法 …… 149
6.3 地质知识的表示 …… 154
6.4 选线地质知识的推理 …… 160
6.5 选线地质知识库维护 …… 165
6.6 选线地质知识库系统 …… 167

7 基于地质三维建模的空间立体选线方法 …… 179

7.1 基于超地图模型的地质选线应用技术 …… 179
7.2 方案线实体自动化建模方法 …… 185
7.3 基于地质实体与线路实体空间冲突分析的选线应用技术 …… 196
7.4 基于地质实体的选线优化与决策模型 …… 208
7.5 基于遗传算法的线路优化 …… 217
7.6 复杂地质区域线路方案评价模型 …… 224

8 工程实例应用 …… 232

8.1 工程实例概况 …… 232
8.2 工程实例地质建模 …… 233
8.3 基于地质三维建模的空间立体选线 …… 241

参考文献 …… 245

1 引　言

1.1　铁路数字化地质选线技术背景

铁路选线设计是在三维空间决定线路位置的决策优化过程,特别是山区,河谷深切、构造复杂,不良地质普遍发育。岩溶、顺层、滑坡、断层破碎带和崩塌等主要不良地质现象分布广泛,比选线路方案时对地质因素考虑得最多,更加注重“地质选线”,地质因素往往成为线路方案取舍的决定因素。合理的线位不仅能降低铁路施工中的风险,更能有效的减少后期线路维护成本,提高运营安全。如何有效表达和应用这些地质信息是决定“地质选线”成败的关键。

经过近 20 年的努力,铁路工程三维设计理念已得到铁路行业的普遍认同,而且成为近年来的热点研究与应用领域。一方面,在铁路选线设计研究领域,目前国内及国外已经基本完成了三维数字地形构建及线路三维可视化的研究工作,取得了很多有价值的成果,但普遍缺少对地质信息的集成应用和有效表达,对于山区的铁路侧重于地质选线而言并不能满足这种要求;另一方面,大面积、大比例的高精度遥感技术,已经为选线设计和线路方案工程地质条件评价提供了可靠的基础地质资料,如何根据这些可靠的基础地质资料与线路三维可视化技术统一集成,建立选线设计的真三维地质实体模型,并实现这一模型下的空间立体选线以满足山区地质选线要求显得尤为迫切。

由于在山区铁路地质选线中,存在研究区域广、地质环境复杂、长大隧道众多、相关资料繁杂、人为因素影响大等问题,往往需耗费大量的人力、物力和时间投入地质勘察和方案比选工作,以寻求最优方案。因此,如何在复杂的山区地质环境中快速寻找最优的线路方案而不遗漏任何有价值的方案;如何更为直观的分析和应用地质信息为选线服务已成为实现铁路地质选线急需解决的问题。与以往基于二维平面成图的 CAD 选线方式相比,三维可视化地质选线技术具有立体感强、资料利用率高、信息可视化等优点。随着虚拟现实技术和空间信息技术的发展和应用,铁路数字化选线技术也日趋成熟。而铁路数字化选线技术达到实用的关键问题之一,是复杂地质区域的数字选线技术。本书正是在这样的背景下,结合工程实际,系统的阐述了基于三维工程地质实体建模的铁路空间立体选线理论与方法。

1.2 数字化选线技术发展概况

随着计算机辅助设计技术特别是计算机三维图形处理技术的发展,数字化选线设计技术在线路勘察设计领域逐步得到推广和应用。通过三维数字地面模型,三维线路整体模型的建立,大大提高了设计方案选择和方案优化的效率和质量。

在铁路行业,美国 Bentley 公司的 RailTrack 系统、澳大利亚的 Quantm 系统也实现了三维设计功能。Bentley RailTrack 软件可以快速进行建模、设计和分析,还可以形成一个三维的模型用于渲染和表现,探讨不同的方案和设计条件,从而高效率地制定项目的最佳方案。Quantm 系统是结合了卫星图像技术、航测技术及计算机优化技术进行路线三维优化的规划系统,可以将空间影像数据、工程、环境等数据集成,对交通基础设施规划方案进行优化,以降低工程的建设及运营费用,缩短路线规划时间,改善对环境的影响等。但 Quantm 系统不是一个商业化的软件系统,它只用所开发的系统对勘测设计部门提供设计咨询服务。用户必须将准备好的设计数据通过互联网提交 Quantm 总部进行线路优化设计,客户端只能进行综合分析而不能进行优化设计。

目前,在铁路选线设计研究领域,国内及国外已经基本完成了线路计算机辅助设计、三维数字地形构建及线路三维可视化的研究工作,已经取得了很多有价值的成果。

中铁一院 2010 年开始研究“基于真实感场景的线路协同设计平台”,利用航摄资料建立真实三维地理场景,通过虚拟现实技术建模,重现工程设计情况和周围三维地形信息,从而真实反映工程设计的各种效果。为铁路勘测设计各专业提供了一个真实感环境的设计平台,实现了地理环境三维建模、三维设计平台与基于 AutcCAD 的二维线路设计系统的协同设计、铁路三维动画等功能。

中铁三院以铁道部重点实验室为主体,集铁路勘察设计各专业技术人员,基于 GIS、网络、虚拟现实、数据库等新技术,开展“数字化三维协同设计系统研究与开发”,研究成果解决了基于航测影像信息建立三维地理环境、铁路三维动画等问题,其成果应用于铁路勘察设计和铁路运营工务管理,取得良好的社会和经济效益。但尚未实现基于真实感环境的三维数字化选线技术。

中铁四院航测处于2002~2005年期间,基于航空摄影与遥感获取的DEM、DOM以及各种多源数据,利用虚拟现实技术,重建三维地形场景,提供立体选线平台,开发用于铁路线路设计(平面设计、纵断面设计、横断面设计)的矢量图形系统。系统能够提供利于选线的大区域的三维立体实景,并对竣工后的线路进行三维建模、工程量预算、工程量的查询、统计、汇总。但2005年后,未对系统进行进一步研究。

西南交通大学于1999年在铁路建设领域将先进的虚拟地理环境建模理论和方法用于铁路选线系统的研究,提出了"虚拟环境选线设计系统"的理念,并致力于虚拟环境选线系统的建模技术及其应用研究。2011~2013年,在中国铁路工程总公司的主持下,由中铁二院和西南交通大学共同完成的"勘察设计一体化、数字化、智能化技术深化研究"项目,研制了"铁路三维数字化选线系统"。但系统在三维地质实体建模与利用技术方面还有待进一步研究。

在地质选线方面,何华武院士以宜万铁路为例,论述了艰险山区地质勘察及选线技术,特别指出在线路通过岩溶地区时线位、标高、隧道的设计样式。韩康对艰险山区地震区铁路选线进行了初步研究,指出了地震动峰值对铁路选线的影响。中铁二院毛邦燕,吴俊猛以沪昆客运专线黄果树至北盘江段为例,通过对线路各方案的环境地质条件、主要工程地质问题的深入调查、分析,建立了地质选线评价的GRC模型,确立了地质选线评价指标体系及各指标体系的权重值。胡子平、彭学理以宜万铁路的选线设计为例,对线路走向、复杂地质地段等线路方案的选择进行研究分析,阐述了地质选线的基本原则。中铁四院冯光胜以ETM、SPOT、Quick Bird卫星影像为遥感解译数据源,利用遥感技术生成的三维可视化图进行相关的地质要素判读和铁路选线,将三维遥感技术应用在十宜铁路的地质选线。成都理工大学杨武年教授通过遥感图像三维可视化,研究了面向对象的高空间分辨率遥感影像地质灾害体信息提取方法,能有效地提取地质灾害信息。

1.3 三维地质体建模技术发展概况

在三维地质体建模方面,目前主要有四种类型的建模方法:(1)基于体的建模方法;(2)基于面的建模方法;(3)混合建模方法;(4)泛权建模方法。而四种类型方法主要是根据钻孔信息实现局部地区的地质体三维建模,考虑的多是比较单一的地层信息,实现的也多是线框模型或表现模型为主。国外Kessler, Holger Sobisch使用GSI3D软件和技术,在英国的地质调查中实现三维地理空间知识的综合集成应用。Nieto,Juan I 和 Monteiro,Sildomar T 利用激光和高光谱数据实现三维地质建模;Wellmann,J. Florian 纳入结构数据反演的不确定性原理实现三维地质建模,能够较好的适应简单和复杂的地质环境。而铁路选线的地质环境不仅仅是目前单一的地层环境,而是大范围包含多种不良地质信息、地质灾害的三维地质环境。此外,选线设计需要综合考虑地质体对不同线型工程(路基、隧道、桥梁等)的综合影响,三维地质体模型与线路空间对象作为一个耦合的统一体,还必须适合线路空间对象与地质体的分析要求。因此,目前单纯的地质体建模还不能够满足三维选线设计的地质空间分析需要,所构建的单一地质环境还无法满足山区三维地质选线的要求。

上述国内三维可视化铁路选线研究主要集中在基于数字地形模型的三维可视化选线 CAD 系统研究,解决了线路设计可视化的局部问题,但三维更多是用来对设计成果的三维展示和漫游。因此,虽然铁路选线三维数字环境的思想早已提出,但是一直未能真正实现。目前已能够通过遥感技术提取非常丰富的地质信息,但应用到铁路地质选线中,信息的表达多以二维影像和文本为主,信息的利用率和直观程度不高。因此,单从地质方面上,所建立的三维环境就缺少三维空间立体地质环境,还无法适应山区选线复杂性和困难性的特点。

1.4 铁路勘测设计技术的发展趋势

铁路数字化选线设计系统是线路工程信息技术的高端理论和技术的应用,是计算机图形学、虚拟现实技术、建模技术与仿真技术,特别是多媒体技术和网络通信技术在线路工程信息技术中的综合应用。

(1)智能决策技术的应用

专家系统在铁路工程建设管理、勘测设计、工务管理中的应用是智能化的重要标志,应大力开展铁路工程领域专家系统的研究。比如,在线路方案选择,复杂桥梁方案拟定,隧道洞口,洞身设计方案确定,工程地质问题评价咨询,遥感图像不良地质判识等领域,专家系统是对设计方案,设计参数进行决策的有力咨询工具,它能使设计在某种程度上达到优秀领域专家水平。

智能化 CAD 系统(Intelligent CAD system),是一种引进人工智能、知识工程,使计算机智能地辅助解决整个设计过程(决策、优化、分析、绘图)各方面的复杂问题,达到自动化程度更高的系统。由于设计本身包含着创造性的思索和判断、决策的理解力,因此 CAD 通向智能化是必然的发展趋势。设计的处理过程涉及的不仅有概念知识,也有专家知识。智能化、基于知识的 CAD 系统正是考虑概念知识与专家知识的组合,以期增强 CAD 解决问题的能力。线路信息系统中的智能功能包括智能规划、智能优化、智能分析以及智能绘图等。

(2)嵌入式系统的应用

所谓嵌入式系统是指以应用为中心,以计算机技术为基础,软件硬件可裁剪,适应应用系统对功能、可靠性、成本、体积、功耗要求严格的专用计算机系统。线路工程信息技术要解决的就是面向线路工程应用的软件,即嵌入式软件的开发。嵌入式软件是线路工程专门知识的软件表现形式,是嵌入式系统的核心,也是线路工程信息技术的主要研究内容之一。嵌入式软件的具体应用主要表现为各类检测仪器(用于信息的采集)和控制系统(信息的施用)等的研究与开发。目前,嵌入式系统在线路工程中已经开始应用,但无论是功能还是成本都与大面积的广泛使用有相当大的差距。而这一问题必然会随嵌入系统技术的发展得到有效的解决。

(3)分布式多媒体通信技术的应用

由于现代铁路勘测设计、建设和管理的基本特征是群体的、协同的、国际化的,因而工程领域对多媒体协同环境,从需求到实现,具有极其大的热情。计算机从支持个体工作(单个系统应用)发展到支持群体协同工作(地域分散的不同专业的系统协作),即群体中的人们利用计算机系统联网工具,协同完成某项共同承担的工作任务。它适应了现代科学和市场经济的需要,适应了现代工程建设的需要。

(4)多媒体仿真技术的应用

多媒体仿真是在科学计算可视化和可视仿真技术基础上发展起来的。在计算机图形学和工程研究与设计领域中,科学计算可视化被定义为:对科学计算数据进行可视化加工和三维图形显示,并且通过系统的交互方式能够改变其参数,以观察计算结果的全貌及其变化。把传统的计算机仿真技术同科学计算可视化相结合,发展了可视化仿真技术,运用多媒体系统的多维信息综合处理平台,实现了人们对于仿真对象的多种表现信息的更全面的感受仿真。多媒体仿真技术在铁路线路规划、建设管理、勘测设计、工务管理中均有很好的应用前景。

(5)工程信息管理技术的应用

工程多媒体数据资源的获取和处理是人们关心的首要问题。一项铁路建设工程,从规划、设计、施工到建成后的使用、维修,存在大量的不同媒体形式的工程数据文档;在铁路规划、勘测设计、建设和运营养护过程中,还必须提供有关铁路沿线的地理信息、水文气象、人文景观、社会经济等信息,需要同基于 GIS 的空间信息管理平台结合,才能有效地实现铁路工程信息管理和应用。支持多媒体数据结构的工程数据库技术近年来取得了实质性的进展,运用面向对象技术进行多媒体工程数据库设计,是铁路工程系统中建立工程数据库的有效解决方案。

(6)BIM 技术的应用

建筑信息模型(Building Information Modeling,简称 BIM)自从 2002 年引入工程建设行业,目前已经在全球范围内得到建筑业界的广泛认可,被誉为建筑业变革的革命性力量。2013 年中国铁路 BIM 联盟的成立,将在铁路行业 BIM 标准、接口研究、平台技术、专业应用等方面开展深入研究,探索并致力于形成中国铁路 BIM 技术体系。中国铁路总公司正式启动了铁路工程建设信息化关键技术研究等科研项目的研究工作,立足于解决我国铁路工程建设阶段信息化应用的关键核心技术,包含了铁路设计、施工、运营维护等关键技术的各个方面,将形成一套工程建设信息化标准体系,建立一个覆盖全国铁路工程建设管理的信息化统一平台。

目前,BIM 在铁路行业无论从标准制定、工具开发还是到设计、施工、运维等各个阶段的应用,还尚未形成系统的体系。从当前发展趋势来看,如果说 CAD 技术是铁路行业第一次技术革命,那么 BIM 技术将会是第二次技术革命,BIM 技术对未来铁路领域的发展将产生深远影响。

2 多源地质信息集成技术

三维地质实体的建模需要良好的地质数据支撑，而通过不同方式采集的工程地质数据，具有多源、多类、多量、多维等特点，各种地质数据在精度、分辨率、数量和质量等方面也存在较大的差异，需要使用恰当的方法进行处理分析。因此，如何将多类型、多时相、多分辨率的图形、图像、文本等地质异构数据有机地集成起来，形成一体化的信息技术体系，以解决地质数据的存储、处理、传输以及可视化等一系列问题，是三维地质实体的建模研究领域需要解决的一项重要内容。

针对地质信息多源性特点，本章研究多源地质信息的集成技术和集成方法，从空间特征表现和属性表征两方面分析地质灾害多源数据的差异性，建立地质空间数据标准化方法，以实现遥感影像、区域地质、地质灾害、勘察资料的空间信息集成，为三维地质体建模提供完备的地质数据。

2.1 地质多源数据差异性分析

由于地质数据获取途径的多样性，铁路选线中所涉及的地质数据在相同的空间区域下，通常在数据表现形式等方面存在一些差异。

2.1.1 地质数据空间特征表现差异分析

用于铁路选线设计的工程地质数据是各种调查、勘探、物探和遥感等技术手段获取的成果资料汇总和集成，具有多源、多类、多尺度等特点。各种地质数据在精度、分辨率、数量、质量等方面也存在较大的差异，这些导致了铁路地质多源空间数据的产生。如既有图纸（全线工程地质图、详细工程地质图、详细工程地质纵断面图、工点工程地质图件、钻孔柱状图等）、栅格影像［遥感影像（航空和卫星影像等)、遥感地质解译影像(正射影像和正射影像图)],也有文本信息(如影像比例尺、地质信息描述等)。从数据分类上可分为空间数据与非空间数据、图形数据、矢量数据、栅格数据、文本数据和属性数据等。

(1)多源性

地质数据包括反映研究区地形地貌及气象资料等的基础地理数据;反映地质构造、地层岩性、水文地质等的地质背景数据;以及研究区内各种地质灾害的形态、面积、体积、灾害体演化机理分析等的地质灾害专题数据。地质数据采集方式不同,包括来自采集系统、图表、既有图纸、遥感、GPS 等手段;数据存储格式不同,不同的软件采取不同的文件存储格式;另外还包括与地质实体相关的属性信息等。无论是反映哪种内容的数据,数据的表现形式总存在或多或少的差异。地质数据的这种多源异构性主要源于不同的数据获取手段。

(2)多时空性

地质数据源既有同一时间不同空间的数据系列,也有同一空间不同时间序列的数据,不同时期建立的数据源受当时技术条件和认知水平的影响,表达的信息量不尽相同。

(3)多尺度性

对于铁路线路的地质数据,从尺度角度来描述,则对应着空间尺度。对于图纸而言,用空间尺度通过比例尺来表达,如 1∶10 000、1∶15 000 等。对于遥感影像因采用不同的影像源,用影像空间分辨率来表示,如 20 m、5 m 等。不同比例尺和分辨率代表着不同的数据精度。铁路线路的地质数据大部分数据是基于小比例尺数据,而自然环境背景如交通、地形地貌空间数据的刻画相对细致,比例尺一般较大。这不仅涉及数据质量、精度等问题,还是数据集成必须考虑的方面。

(4)坐标系差异

数据空间位置的坐标系主要有两种,一是球面坐标系,空间实体位置由经纬度来描述,球面坐标系又有北京 54 和西安 80 两种。二是平面坐标系,空间实体空间位置由相对于指定原点 x、y 坐标对表示。不同来源的空间数据有着不同的坐标系,统一的坐标系框架是地质空间数据一体化的前提。

(5)数据投影差异

地质数据的空间特征分布在三维球面空间中,而常用的空间数据多是平面数据。由球面数据到二维平面数据,要经过投影转换,不同来源的空间数据有着不同的投影方式。平时经常用到的投影坐标系有高斯-克吕格投影坐标系和兰伯特投影坐标系。由于地质数据涉及的原始资料众多,同一工作区可能采用不同投影方式的地图数据,投影形式和参数差异,相同空间实体的空间几何特征形状、面积、方向及相对位置将有差异。

(6)实体度量单位差异

由于数据尺度的不同,地质数据中空间特征的度量单位不一致也是经常遇到的问题,有的以米为单位,有的以千米为单位。

(7)几何特征表现差异性

相同空间实体在不同数据集中表现形式不同,如同一地物要素,在相同尺度的不同数据集中,由于所反映地物的重要程度不一,有的用点表示,有的则用多边形表示。而在不同尺度的相同或不同数据集中,由于地图综合与概括的需要,也可表现为不同的几何特征。

2.1.2 地质数据属性表现差异性分析

(1)数据编码差异

地球空间数据中空间实体一般通过编码来识别。编码的标准、方法、原则差异,则导致同一地物特征码不同,这对数据集成时属性的集成带来很大不便。

(2)属性类型差异

同一数据在不同数据集中,其数据类型可能不一致。如用数字形式表示的行政区代码,既可以是数值型数据,也可是字符型数据。缺乏统一的标准,则数据录入时可能因软件的不同或操作者的习惯而设置成不同类型的数据;其次,不同软件对数据类型尤其是数值型数据的设置(如整型、浮点型、单精度、双精度、十进制等)不尽相同,数据在不同软件间进行转换时,数据类型也可能发生改变。数据集成时都需要对这些数据的类型、字节长度等进行一致性处理。

2.1.3 地质体模型的多尺度特征

在对地质体空间数据模型的研究中,不同尺度所表达的信息粒度有很大的差异。对地质体现象和过程表达的空间数据尺度,可以分为空间尺度、时间尺度和语义尺度。

(1)空间尺度

地质体空间尺度是指依据地质体数据研究区域的范围大小划分为不同的层次,即不同尺度。依据该空间尺度的定义,按照地质体空间数据分布的规律性、相关性,由相同的数据源(钻孔、地质剖面图等)形成并再现不同尺度规律的地质体模型,可以衍生出具有内在一致性的多个尺度的地质体数据集,如图 2-1 所示。

(2)时间尺度

时间尺度是指依据地质体数据采集的不同时间长度或采集时间来划分为不同的层次,如一年、两年、三年的数据,反映了地质体变化在时域中存在多层次时间尺度结构和局部化特征。

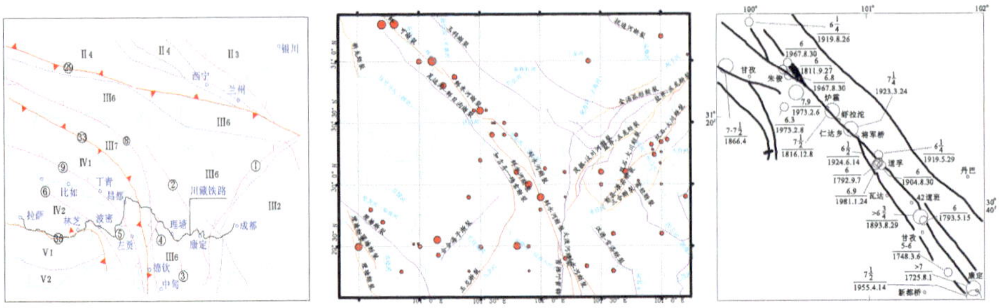

（a）川藏铁路地质构造图　（b）川藏铁路鲜水河断裂-地震区　（c）川藏铁路鲜水河断裂带

图 2-1　川藏铁路地质构造空间尺度数据集

(3)语义尺度

地质体语义尺度是指用来描述地质体实体模型语义属性信息的层次变化(属性信息描述中的类别和等级),是对地质体空间实体对象的抽象程度和语义类层次中最低的类级别。需要考虑空间尺度对地质体的语义尺度的影响,不同的空间尺度细节层次,对地质体的语义尺度定义不同。地质体语义尺度如图2-2所示。

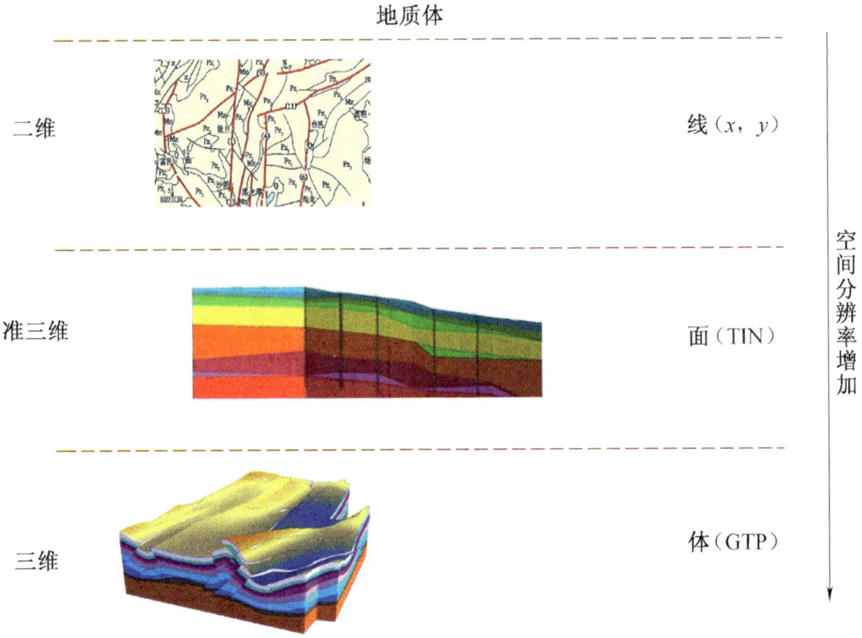

图 2-2　地质体语义尺度

2.2　地质信息多源数据一体化构建

多源地质数据集成主要涉及两方面的内容:面向源集成和面向对象集成。面向源和面向对象集成之后,需要在三维地质场景中实现可视化显示,并进行数据一致性检测。如果检测结果不满足要求,需要转入面向源集成或面向对象集成重新操作。本节从空间数据与非空间数据、图形数据与属性数据、多尺度和多格式数据等方面探讨地质信息多源数据一体化的集成模式。

2.2.1 空间数据与非空间数据一体化

根据 GIS 对数据的组织方式,地质多源数据分为空间数据和非空间数据。空间数据是具有空间特征的数据,描述的是空间实体的位置和几何特征等,空间数据通常以各种图的形式存在。空间数据有矢量与栅格两种形式,矢量数据如地形图、地质图等图形;栅格数据如遥感影像、灾害点数码照片及扫描图等。非空间数据是反映非空间特征的属性数据或描述性数据,如地质构造、地层岩性、气候特征、降水量、植被以及各种文字报告等;非空间数据又可以分为结构化和非结构化数据。结构化数据具有一定结构,可划分出固定的基本组成要素,能用关系数据库的表、视图表示;非结构化数据没有明显结构,主要是一些文档、多媒体数据等。随着空间数据库技术的发展,采用关系数据库管理空间数据已成为当前 GIS 技术发展的新趋势。这种管理模式可充分利用 RDBMS 数据管理的功能,通过 SQL 语言对空间与非空间数据进行各项数据库操作,并利用关系数据库的海量数据管理、事务处理、并发控制、数据仓库等功能,使空间数据与非空间数据一体化集成。空间数据库技术的核心是采用某种空间数据引擎,通过空间数据库引擎存取空间数据库中的数据。

图 2-3 为基于 Oracle Spatial 的空间数据与非空间数据一体化集成模式。

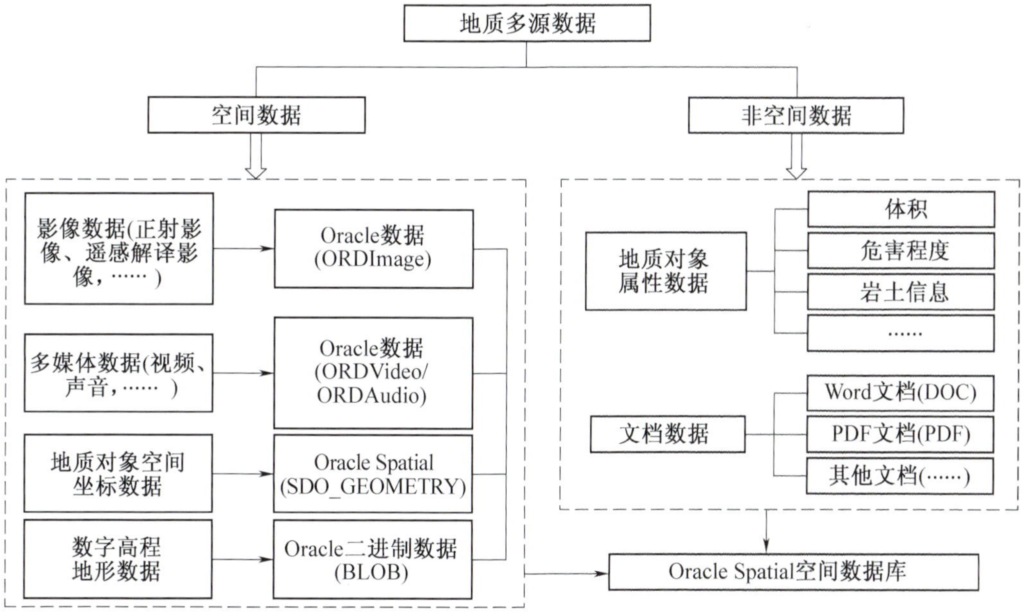

图 2-3 地质空间数据与非空间数据一体化集成模式

2.2.2 图形数据与属性数据一体化

为保证地质体对象的空间数据与其属性数据的关联及一致性，需建立区分要素类型的分类编码标准，以便区分空间要素的类型，设计主题空间要素的属性表，实现空间图形数据和属性数据的一体化。在组织地质数据时，以“统一编号”为主关键字保持空间数据与属性数据的连接。对于不良地质体（灾害）对象，其空间要素分类编码结构设计如图 2-4 所示；对于非地质灾害要素之外的其他空间要素，其编码结构设计如图 2-5 所示。

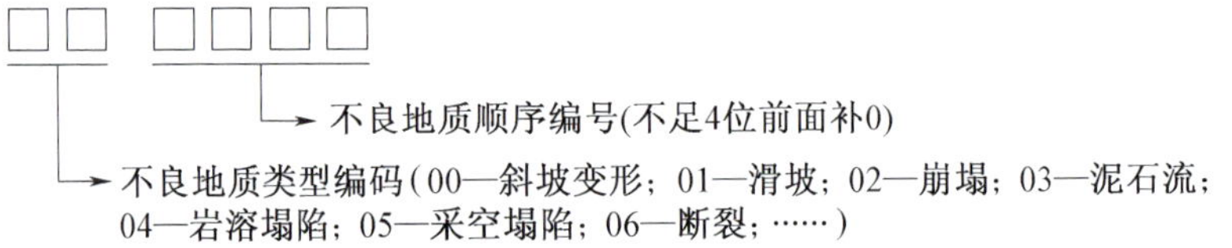

图 2-4 不良地质（灾害）空间要素编码结构

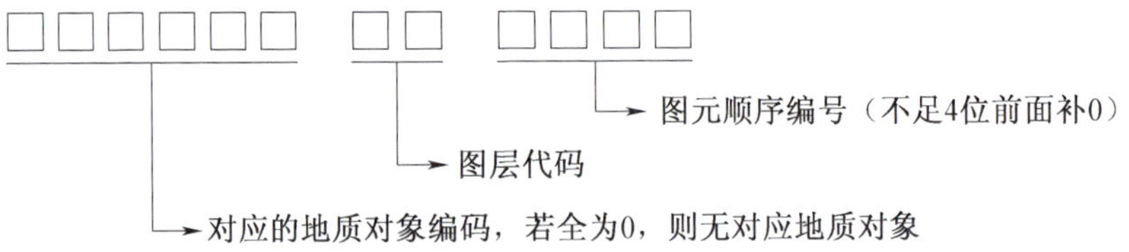

图 2-5 一般地质体空间要素编码结构

2.2.3 多尺度空间数据一体化

地质数据中多种比例尺空间数据并存的方式决定了地质灾害数据的多尺度性。多种比例尺空间数据叠加和显示的前提是统一的投影和坐标系。理想的多尺度空间数据一体化管理模式是在地质空间数据库中保存大比例尺的空间数据，小比例尺的空间数据则采用计算机自动逐级综合的方式获得。然而，由于地学要素的复杂性，很难确定不同尺度空间数据表达标准，地图数据的自动综合问题还没有完全解决，目前还不可能建立一种比例尺的空间数据库而抽取任意比例尺的空间数据。因此，由大比例到小比例尺的综合，基本仍由人工干预完成。因此，通过设置不同图层的比例尺显示范围与显示内容，根据当前的视图比例尺判定显示哪些空间数据，从而实现不同尺度空间数据的无级别显示与自动切换。对于同一尺度的空间数据，则在空间数据库中保存多种投影和坐标系的备份，当需要多种尺度空间数据叠加显示时，通过元数据描述从空间数据库中获取所需要的投影和坐标系的空间数据。

2.3 多源地质体数据的标准化

2.3.1 面向源集成技术

面向源集成在三维空间提供一个可视化统一通道,其目标是将不同来源的各种数据进行融合,使得各种地质数据格式都能够在统一坐标系中实现存储、处理、显示和使用。面向源集成技术主要分为两步:

①数字化各种地质数据。利用现有的各种软件系统和设备对各种来源的原始地质数据进行预处理,以获得一系列2D、2.5D、3D以及属性数据。

②转换数字化的数据。设计一系列转换工具将各种异构的数字化地质数据转换到统一的三维坐标系中,并保持数据的完整性和一致性完成异种系统的集成。

(1)属性数据及其转换

属性数据主要记录地质信息的文字信息和坐标信息,如岩性、断层要素和富水性等,可采用数据库系统进行存储管理。一种典型的属性数据是岩芯数据,可以从地质钻孔数据、钻孔柱状图、物探资料中可利用的地层柱状剖面图等中提取并存入数据库系统。属性数据的转换工具是通过数据库引擎实现各种数据库系统的数据转换。采用三层结构,底层是各种数据库服务器,用户可根据需要选择存储属性数据,中间层是数据库引擎(又称中间件),采用ADO技术连接后台数据同时提供公用接口,使顶层用户可通过该接口存储、访问数据库记录。

(2)图层数据及其转换

由于一般采用CAD、二维GIS或遥感解译软件制作二维图层或图像数据,如地质剖面、断层线、地质边界、遥感解译图等,而这些软件往往与实体建模系统不同,为了保证实体建模系统可以安全、完整地接受CAD、GIS等软件产生的数据,必须进行两者之间的数据转换。图层转换工具主要完成图形与附加在图形上的属性信息的转换。可借助GIS软件矢量化的各种地质图层数据或遥感解译软件矢量功能(图2-6),输出解译结果成为三维实体建模的有效输出数据。

2.3.2 地质空间数据标准化方法

在分析地质体实体对象特征及地质体数据多源异构特点的基础上,依据标准地层进行地质体空间数据的标准化、参数化提取。为能够综合利用地质体多源异构数据对复杂的地质体空间几何形态,进行高保真模拟表达,采用面向源

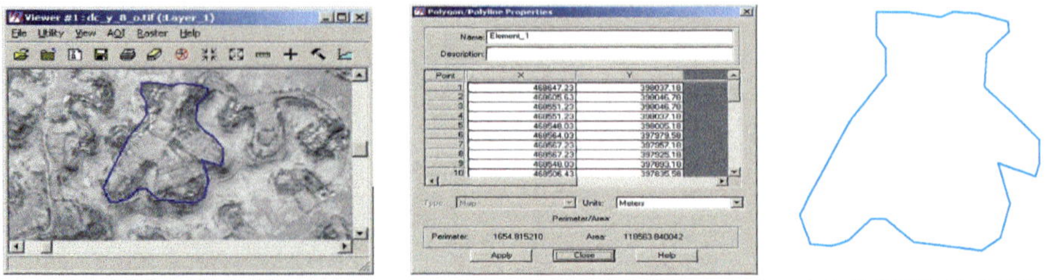

（a）通过AOI圈定范围　　（b）数字化信息获取　　（c）绘制不良地质对象

图 2-6　通过 AOI 功能获取数字化地质对象区域边界信息

和面向对象的空间数据集成组织方法，为地质体空间几何数据集成处理提供解决方案。

1. 建模区域整体地层编号

将整个钻孔区域的地层进行划分，按“从新到老，逐层递增”地层沉积顺序进行编号，生成覆盖建模区域全部地层的地层层序，并依次存储到地层属性表中。地层编号一旦确定，地层的上下空间拓扑关系就基本确定，后面的曲面拟合以及地层三维建模都将以此为基准。

2. 钻孔地层层面编号

将研究区钻孔中的各个地层与区域地层层序表比较，确定钻孔中的各个地层的层序号，忽略该钻孔中不存在的地层。编号规则是：对钻孔中地层采用自地表向下递增的顺序进行统一编号，钻孔迹线上分界点的编号为该点向下邻接的地层编号，这将方便下一步的构造推理和自动建模。对最终建模结果没有影响、无意义的小层，可忽略，不参与实际建模。

（1）地层标准化处理

地下空间经过历史演化及各种地质构造、应力应变的作用，使得从地表到地下深层空间内地层的出现有一个大致稳定的顺序结构。这个顺序结构被称为标准地层。标准地层能够反映地层的时代变化规律、岩性变化规律和沉积环境等。而在大量的地质勘测资料中，由于勘探目的和手段的不同，对于标准地层的划分也不尽相同。按照地质年代，可以划分为：Q_1、Q_2、Q_3、Q_4 等；按照岩性，可以划分为粉质黏土、砂土、杂填土等。分类标准的不同，将会影响所建模型的空间几何形态、精度及分布规律。

在地质三维建模过程中，根据数据量大小及分布情况，可以根据具体应用目的的不同，选择合适的地层分类标准，依据不同级别的分类标准，可以建立满足不同应用、不同尺度、不同精度的地质体三维模型。在确定了标准地层的划分类型后，地层的各种属性就可以用数学参数的方式进行表达，多源地质数据的标准化都可以此作为参照进行。在用于地质体三维建模的多源数据中，钻孔、地质剖面图等数据的分层标准都依据此进行标准化、归一化处理。

(2)地层参数化表达

经过标准化处理后的地层数据,其基本信息包括了地层编号、地层名称、代码、描述信息、地层颜色及地层纹理等。考虑标准地层的层次关系,通过建立标准地层的层次结构即地层序列表(表 2-1),每个层次就是一个节点。因此,对地层的参数化表达就是对层次结构中的每个节点信息参数化。

表 2-1　标准地层属性表

字段名称	数据类型	数据长度	描　　述
地层编号	BUMBER	2	1,2,3,…
地层名称	VARCHAR2	20	地层的名称,如粉质黏土、砂土、砂砾石等
地层代码	VARCHAR2	10	地层的代码,如 Q_1、Q_2、Q_3 等
地层年代	VARCHAR2	10	地层的年代,如 N 等
地层颜色	VARCHAR2	12	存储 RGB 三颜色的数据信息,如 252,126,213
地层纹理	BOLB	—	存储地层纹理的图像文件
地层描述	VARCHAR2	200	地层的描述信息

2.3.3　钻孔数据标准化

在使用各类地质勘探方法所获得的原始采样数据和部分指示性数据,尽管存在一定误差,但总体是钻孔数据的精度最高,是确定性的数据。通过钻孔取样可以直接获取详细的岩层分布状况。钻孔岩心数据包含了地质工程中涉及的绝大部分信息,如岩层岩性、断层特征、含水率等,这些特征反映了岩层的原始状况,或者说天然状况,是进行岩层可视化、模拟分析的主要数据。钻孔资料因其直观、准确、详细的特性在三维地质建模中具有至关重要的作用,是在铁路三维地质结构建模中最常见、最重要、最可靠的一类建模数据源。而根据钻孔数据,结合地质专家的经验和知识,通过分析、解释、推断、内插、外推所得到的剖面数据,多为不确定性数据。本节的研究主要以这两种数据为例进行数据的标准化处理。

1. 钻孔数据

用于地质体建模的钻孔数据主要包括各岩层、土层分界点的 x,y 坐标,高程、岩性等信息。由于初始状态的钻孔数据在平面上的分布的不规则性,一个钻孔含有多个地层层位(主层和亚地层)的高程信息。但是由于地层具有断层、尖灭等现象,因此一个钻孔数据又可能缺失某些地层的信息。这些数据点具有离散、有限、稀疏、不规则等特点。因此,建模前首先要进行钻孔数据的标准化处理,即进行钻孔内地层的划分、排序和统一编号等。

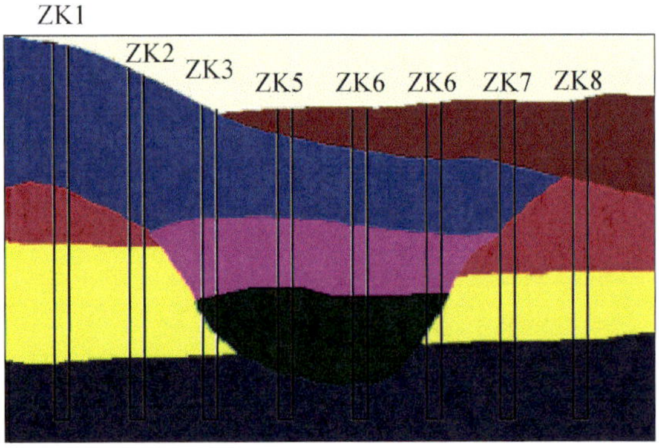

图 2-7　地层剖面及钻孔分布示意图

地层的划分层数可以根据钻孔遇到的岩层分界点综合分析获得,相同的岩性并且垂直方向位置相似的看作同一层。虽然地层序号各地不同的习惯用法,但在地层划分时,连同亚层序号按照岩层的年代先后顺序统一划分,即根据钻孔所遇到的岩层竖向 z 坐标的关系和层与层之间压与被压的上下关系确定地层的空间顺序关系,进行地层排序。由于每个钻孔数据所含地层属性分布在一般情况下不一定相同,首先统计所有的地层并编号,对所有的钻孔数据按“从新到老,逐层递增”的地层沉积顺序进行排序、编上序号,亚层也作为独立地层参与划分,如图 2-7 和图 2-8 所示。

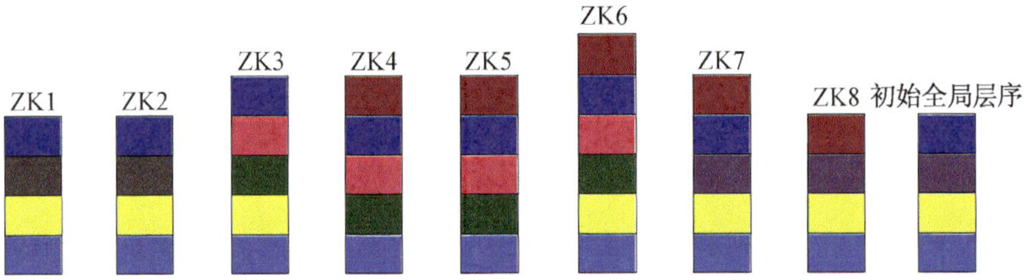

图 2-8　初始钻孔层序与初始全局层序

其次先设定一初始的全局层序(可以采用第一个钻孔的层序),将各个钻孔的地层层序与全局层序逐一对比,如果地层层序一致,则取下一个钻孔进行比对;如果不一致,则在全局地层中引入新的地层并更新全局地层层序。更新方法是:全局地层中已有的地层取较后的层序,新引入地层的层序如与全局地层中某一地层的层序相同,则新地层层序不变而另一地层层序向下移动,相应的其他下面的地层层序也要下移。如果钻孔层序与全局层序互相颠倒,则按钻孔的层序排列颠倒的地层并将它们的层序在全局层序中交换。最后,根据最终的全局层序修改钻孔的层序,如图 2-9 所示。最后将各钻孔的钻孔数据和地层数据分别存储到钻孔数据表和地层数据表中。

编号规则:对钻孔中地层采用自地表向下递增的顺序进行统一编号,钻孔迹线上分界点的编号为该点向下邻接的地层编号,方便下一步的构造推理和自动建模。

处理的内容:按照统一地层分类标准对钻孔地层进行编码,从而确定钻孔数据的属性表结构等信息。在整个建模过程中,钻孔信息存储为两个表格,分别为钻孔基本信息表(表 2-2)和钻孔岩性信息表(表 2-3)。在基本信息表中主

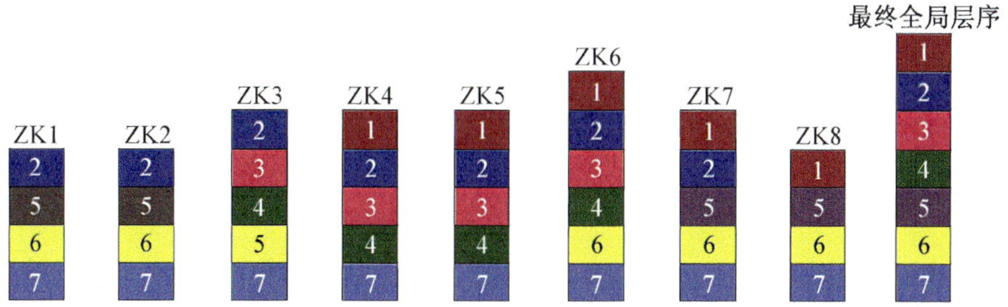

图 2-9　最终钻孔层序与最终全局层序

要记录钻孔编号、平面坐标及孔口高程等信息;在岩性信息表中,则记录钻孔编号、原始地层信息及层底深度、岩性、岩性描述等信息。这些信息主要以属性数据库形式存储,各表之间通过关键字(如:钻孔编号)建立关联关系。每一种数据的获取可以设计专门的数据获取插件,从而得到用于建模的钻孔数据源。

表 2-2　钻孔基本信息表结构

字段名称	数据类型	备　注
钻孔编号	VARCHAR2	钻孔的编号
X	NUMBER	孔口横坐标
Y	NUMBER	孔口纵坐标
Z	NUMBER	孔口高程
钻孔类型	NUMBER	钻孔类型,如实际钻孔、虚拟钻孔等
岩土层数	NUMBER	岩土层数
里程	NUMBER	钻孔的里程
孔深	NUMBER	钻孔总的孔深
孔径	NUMBER	钻孔孔径
勘探方法	VARCHAR2	钻孔所使用的勘探方法
比例尺	NUMBER	钻孔的比例尺

表 2-3　钻孔岩性信息表结构

字段名称	数据类型	备　注
钻孔编号	VARCHAR2	钻孔编号
地层层号	NUMBER	地层编号
层深	NUMBER	地层深度
高程	VARCHAR2	地层高程
层厚	VARCHAR2	地层的层厚
岩性	VARCHAR2	岩性名称
岩层说明	VARCHAR2	岩性描述信息

将研究区钻孔中的各个地层与地层属性表比较，确定钻孔中的各个地层的层序号，忽略该钻孔中不存在的地层。钻孔数据预处理示意图如图 2-10 所示。

通过导入钻孔信息表、钻孔地层信息表和地层属性表来获取取样信息，数据表之间的关系如图 2-11 所示。钻孔信息表和钻孔地层信息表通过“钻孔编号”字段关联起来，钻孔地层信息表与地层属性表通过“地层代码”字段关联起来。根据钻孔数据建立的正常地层、尖灭等可实现全自动建模过程。

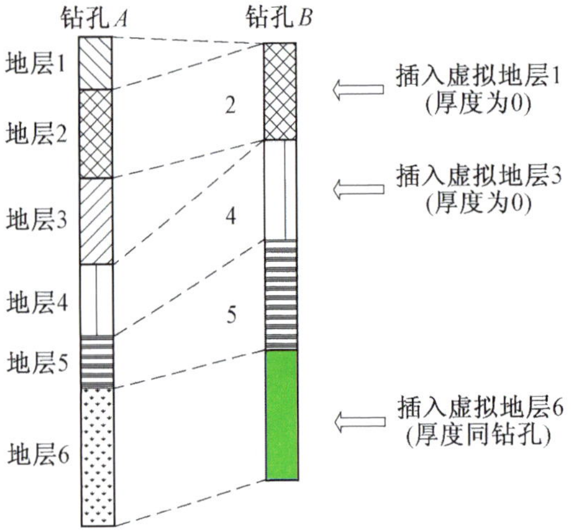

图 2-10　钻孔数据预处理示意图

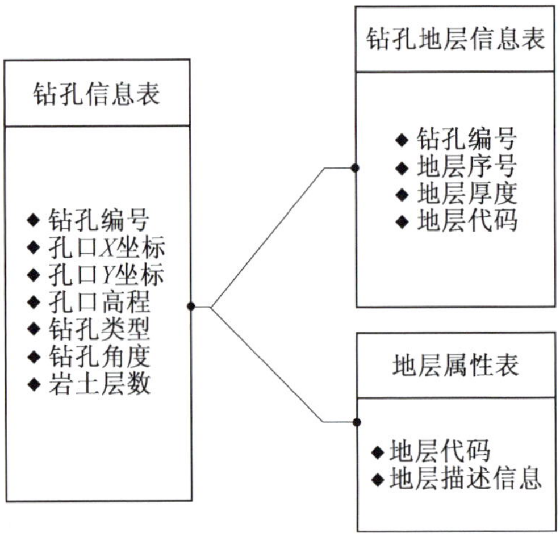

图 2-11　钻孔数据子库中表的关系

2. 剖面数据

工程地质剖面图是各类工程勘察实验和专家经验解释结果的综合，能够较好地反映研究区域典型的和特殊的地质现象，直观地表现地层分布和构造特征。二维地质纵断面是钻孔地层沿线位轴线的投影，而三维地质纵断面是现实世界地质的真实反映，比二维纵断面更形象、更具体。在建模过程中将已有的工程地质剖面图蕴涵的信息加入三维地层模型中，根据相邻钻孔绘制一系列新的剖面图，然后将这些剖面图与钻孔数据结合在一起进行建模，大大提高了三维层模型的精度与表现能力。

地质剖面数据来源主要有钻孔地层连接而成的剖面图、野外区域地质调查绘制的剖面图以及物探解释后的地质体剖面图等(图 2-12)。地质剖面图数据能够在垂直于地表的纵向上反映地层的空间变化及地质体倾向、倾角、断距等信息。钻孔剖面数据和物探剖面数据都可以描述地层及地质体信息，尽管这两种数据的精度差别较大，但建模的基本思路相同。这里主要讨论钻孔剖面数据，钻孔剖面数据由地质专家解译生成，大多为图片和 AutoCAD 格式，因此，在实际利用此类数据进行建模时，先要进行图片的扫描和文件格式的转换。

将剖面图上的钻孔分为两类：①实际钻孔：剖面图上实际存在的钻孔。②虚拟钻孔：根据剖面图上地层断点处或变化曲线大的位置，人为添加的钻孔。

①钻孔轨迹线

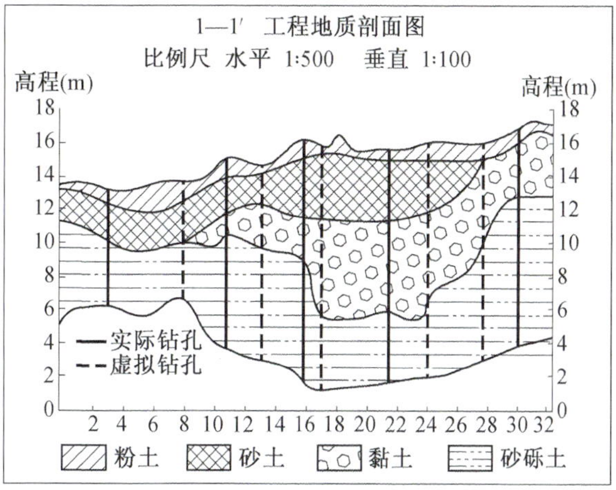

图 2-12 工程地质剖面图

钻孔轨迹线是钻孔(包括实际钻孔和虚拟钻孔)在地质剖面图上的投影,其起点为钻孔孔口标高点,终点为钻孔的钻探深度即孔深。钻孔轨迹线的起点和终点坐标是钻孔在三维空间的定位控制点。因此,要使一条地质体剖面在三维场景中进行模拟和展示,至少需要两条钻孔轨迹线来确定其空间位置。一般情况下,只要有钻孔经过的地方,剖面上都有钻孔轨迹线。据此,可以将二维剖面图投影到三维空间中。

每条钻孔轨迹线的起点三维坐标为(x_{i0},y_{i0},H_{i0}),终点坐标为(x_i,y_i,H_{ih})。

$$H_{ih}=H_{i0}+h$$

式中 i——钻孔编号;

h——孔深。

若$x_{i0}=x_i$,则为垂直钻孔,否则为倾斜钻孔。钻孔示意图如图 2-13 所示。

②地层边界线

地层分层数据反映了在当前剖面上地层分层的几何信息,通过地层的边界线表示,同一地层用一个多边形表示。在地层区内,可以设置不同的颜色[图 2-14(a)]、填充符号[图 2-14(b)]用以区分不同地层信息。

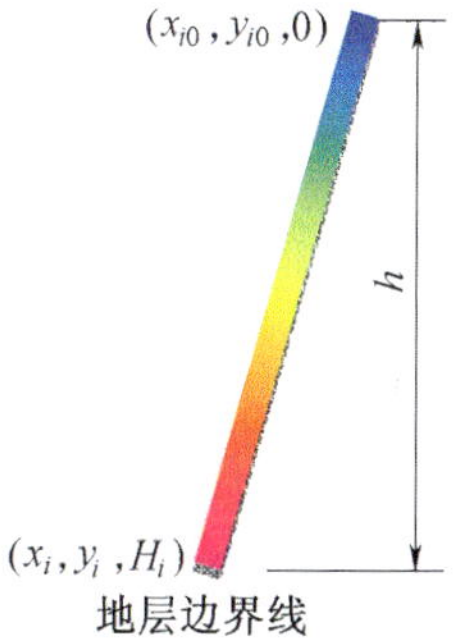

图 2-13 钻孔示意图

图 2-14 地层边界线示意图

根据剖面图上的钻孔轨迹线和地层边界线,记录各钻孔的地层数据,存储到钻孔数据表中,完成钻孔数据的数字化。

2.3.4 活动构造、断层数据标准化

运用岩柱体分区建模法(Rock pillar body partition modeling, RPBP),将复

杂断层系转化为多个简单断层系,然后采用构建简单断层系模型的方法来实现复杂断层系的三维建模。所谓简单断层系指受各次独立构造运动影响而形成的断层组合,断层间不存在相互切割与错断情况;复杂断层系是指受多期相互影响的构造运动而形成的断层组合,断层间存在相互切割和错断等复杂情况。其基本流程包括构建地面 CD-TIN、断层类型判断与断层构模优先级排序、界限三角形生成、断层模型的构建及断层模型的检验与交互编辑。断层基本信息表结构见表 2-4,断层数据表结构见表 2-5。

表 2-4　断层基本信息表结构

字段名称	数据类型	备　注
断层编号	VARCHAR2	断层或断裂编号,采用 F1,F2,F3,…顺序编号
断层分类	NUMBER	按断层两盘相对运动方向分:正断层、逆断层、平移断层
断层大小	VARCHAR2	分为巨型、大型、中型、小型、微型
断层性质	VARCHAR2	断层的性质
断层层数	NUMBER	1—表示单层,建模时单独建模 2—双层断层,建模时为对应的两个断层,同时建模

表 2-5　断层数据表结构

字段名称	数据类型	备　注
编号	VARCHAR2	断层编号
断层深度	NUMBER	断层的深度
断层断距	NUMBER	断层的断距
走向滑距	NUMBER	断层的走向滑距
倾向滑距	NUMBER	断层的倾向滑距
断层控制点坐标	MDSYS.SDO_GEOMETRY	存储断层地面走向线控制点坐标集,其中 SDO_POINT_TYPE = 2, MDSYS.SDO_ELEM_INFO_ARRAY(1,1003,1,53,1003,1),SDO_ORDINATES 的坐标形式为{X1,Y1,Z1,X2,Y2,Z2,…},几何对象为三维,存储三维坐标

断层单层结构和双层结构示意图如图 2-15 和图 2-16 所示。

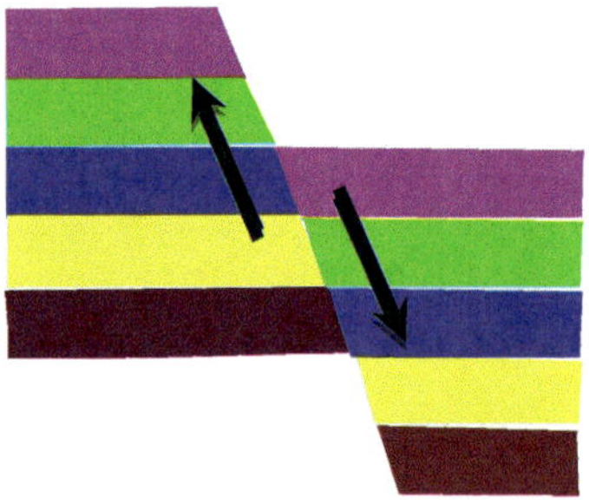

图 2-15　断层单层结构

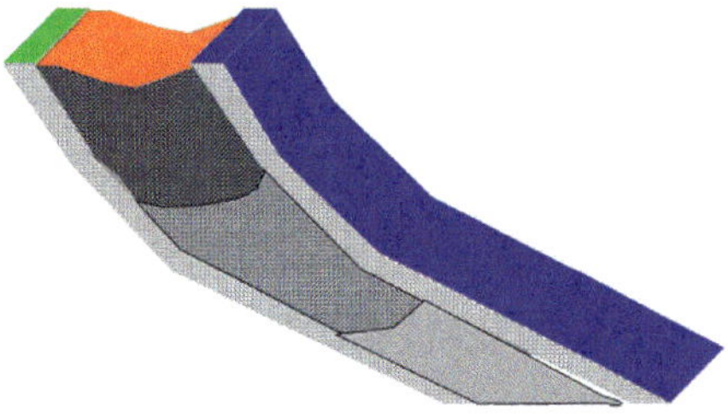

图 2-16　断层的双层结构

断层无地下控制点坐标和有地下控制点坐标如图 2-17 和图 2-18 所示。

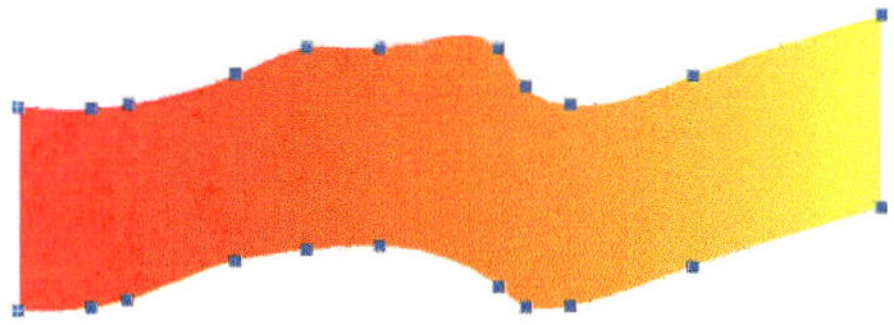

图 2-17　无控制点断层示意

图 2-18　有断层地下控制点坐标

2.3.5　泥石流数据标准化

泥石流数据按类型、危险级别、地貌部位等进行划分，定义的数据表结构见表 2-6。

表 2-6　泥石流数据表结构

字段名称	数据类型	备　注
编号	VARCHAR2	泥石流编号
类型	VARCHAR2	坡面型泥石流或沟谷型泥石流
岩土信息	VARCHAR2	存储泥石流范围的内岩土信息，如“地表覆盖第四系冲积层面0~10 m，下层为中粒黑云二长花岗岩”
危险级别	VARCHAR2	如轻微、中度、高度、严重危险
控制点坐标	MDSYS. SDO_GEOMETRY	存储泥石流边界线控制点坐标集，其中 SDO_POINT_TYPE = 2；MDSYS. SDO_ELEM_INFO_ARRAY(1,1003,1,53,1003,1)，SDO_ORDINATES 的坐标形式为{X1,Y1,Z1,X2,Y2,Z2,…}，几何对象为三维，存储三维坐标
水源类型	VARCHAR2	暴雨性泥石流、溃决性泥石流、冰雪融水泥石流
地貌部位	VARCHAR2	山区泥石流、山前区泥石流、谷型泥石流、山坡型泥石流
物质组成	VARCHAR2	泥流、泥石流、水石流
固体物质提供方式	VARCHAR2	滑坡泥石流、崩塌泥石流、沟床侵蚀泥石流、坡面侵蚀泥石流
流体性质	VARCHAR2	黏性泥石流、稀性泥石流
堆积物体积	VARCHAR2	巨型泥石流($V>50\times10^4 m^3$)、大型泥石流($20\times10^4 m^3 \leq V \leq 50\times10^4 m^3$)、中型泥石流($2\times10^4 m^3 \leq V<50\times10^4 m^3$)、小型泥石流($V<2\times10^4 m^3$)

2.4　空间数据存储结构设计

空间数据库方法主要是为了将数据的空间信息和属性信息进行有效地融

合。越来越多的地理信息系统采用空间数据库的方法来管理数据,它能有效地将各种形式的数据进行集成,而且管理统一,便于使用。空间数据库技术的发展为多元异构地质数据的一体化存储和管理提供了可能。本节在对多源地质数据的特点分析基础上,在 Oracle 平台上设计并建立多元地质信息数据库,以实现对多源异构地质空间数据进行统一管理。

2.4.1 地质信息数据库的组成与管理

地质数据的独特性和多元性增加了地质信息数据库结构的复杂性。为了实现地质信息的综合管理,达到多元异构数据一体化存储和管理的目的,按照不同数据类型构建数据库结构,将地质信息数据划分为以下几类:

(1)地质属性数据

地质属性数据是地质信息的基本组成部分,对地质本身进行描述,如地质体种类、区域等信息。地质属性数据属于描述性的记录,不同的地质对象拥有不同的描述指标,该类数据一般采用关系型数据库的格式化属性表进行存储管理,对应每种地质对象制作相应的属性表。

(2)空间数据

按照数据模型的不同,地质体空间数据可以分为矢量数据和栅格数据:矢量数据主要是一些基础地理数据,如行政区划,河流,水域,交通等。Oracle 数据库通过矢量数据对象类型 SDOGEOMETYR、元数据表和空间索引来管理矢量数据,并在此基础上提供一系列空间查询和空间分析函数。栅格数据主要包括多源遥感影像、数字栅格地图、数字正射影像、数字高程模型等。Oracle 通过栅格数据对象类型 SDOGEORASTER 来存储栅格数据,SDOGEORASTER 仅代表栅格数据的逻辑实体,包含 SDORASTER 对象、SDOGEOMETYR 对象和元数据表等,SDORASTER 是存储实际栅格数据的数据对象,SDOGEOMETYR 用于存储栅格数据的空间属性。

(3)多媒体数据

多媒体数据主要包括各种文档、图像、音频和视频等。近些年来数据库技术的发展已经为多媒体数据的存储、管理和应用提供了比较完善的解决方案。Oracle 数据库对不同的多媒体数据采用不同的对象类型,对于文档数据使用 BLOB 数据类型进行存储管理,对于图像数据、音频数据和视频数据分别采用 ORDAudio、ORDImage 和 ORDVideo 对象来存储管理。

2.4.2 基于 Oracle Spatial 的空间数据存储结构设计

(1)Oracle Spatial 几何体对象类型

Oracle Spatial 将所有的地理空间数据类型(矢量、栅格、网格、影像、网络、拓扑)统一在单一、开放的、基于标准的数据管理环境中,减少了管理单独、分离的专用系统的成本、复杂性和开销。Oracle Spatial 通过元数据表、空间数据字段(即 SDO_GEOMETRY 字段:表示一个几何对象,可以是点、线、面、多点、多线、多面或混合对象。)和空间索引来管理空间数据,并在此基础上提供一系列空间查询和空间分析的函数,使用元数据表来管理具有 SDO_GEOMETRY 字段的空间数据表,并采用 R 树索引和四叉树索引技术来提高空间查询和空间分析的速度。SDO_GEOMETRY 支持的几何体对象类型见表 2-7。

表 2-7 ORACLE SPATIAL 支持的几何对象编码及类型

SDO_EIYPE	SDO_INIERPRETATION	含 义
0	任意值	用于为 Oracle Spatial 不支持的几何类型建模
1	1	点
1	n>1	具有 n 个点的点集
2	1	由直线段组成的线串,一个直线段由起点和终点组成
2	2	由弧线段组成的线串,一个弧线段由起点、弧上任意一点以及终点组成。相邻两段弧的接点不需要重复存储
1003 或 2003	1	由直线段组成的多边形,起点和终点必须相同
1003 或 2003	2	由弧线段组成的多边形,起点和终点必须相同。一个弧线段由起点、弧上任意一点以及终点组成。相邻两段弧的接点不需要重复存储
1003 或 2003	3	矩形,由左下角和右上角两点确定
1003 或 2003	4	圆,由圆周上的不同三点确定
4	n>1	由直线段和弧线段连成的复合线,n 表示组成复合线的相邻子元素的个数,子元素的 SDO_EIYPE 必须为 2,一个子元素的最后一点是下一个子元素的第一点,并且该点不能重复
1005 或 2005	n>1	由直线段和弧线段连成的复合多边形,n 表示组成复合多边形的相邻子元素的个数,子元素的 SDO_EIYPE 必须为 2,一个子元素的最后一点是下一个子元素的第一点,并且该点不能重复。多边形的起点和终点必须相同

(2)元数据表说明

Oracle Spatial 的元数据表存储了有空间数据的数据表名称、空间字段名称、空间数据的坐标范围、坐标参考信息以及坐标维数说明等信息。必须通过元数据表才能知道 ORACLE 数据库中是否有 Oracle Spatial 的空间数据信息。一般可以通过元数据视图(USER_SDO_GEOM_METADATA)访问元数据表。元数据视图的基本定义见表 2-8。

表 2-8 Oracle Spatial 元数据表说明

字段名	类　型	描　述
Table_Name	VARCHAR2(32)	含有空间数据字段的表名
Column_Name	VARCHAR2(1024)	空间数据表中的空间字段名称，即表结构中定义为 MDSYS. SDO_GEOMETRY 的字段名称
Diminfo	MDSYS. SDO_DIM_ARRAY	是一个按照空间维顺序排列的 SDO_DIM_ELEMENT 对象的动态数组
Srid	NUMBER	用于标识与几何对象相关的空间坐标参考系，NULL 则没有指定坐标系统，默认为是笛卡尔坐标系

SDO_DIM_ELEMENT 对象的定义如下所示：

```
Create Type SDO_DIM_ELEMENT as OBJECT (
SDO_DIMNAME VARCHAR2(64),
SDO_LB NUMBER,
SDO_UB NUMBER,
SDO_TOLERANCE NUMBER);
```

其中，SDO_DIMNAME 是空间维名称，如'x','y','z','Longtitude',"Latitude"，SDO_LB 为该空间维的左下角坐标，SDO_UB 为该空间维的右上角坐标，SDO_TOLERANCE 为几何对象的表示精度。

存储滑坡元数据表信息示例如下：

```
 INSERT INTO USER_SDO_GEOM_METADATA (TABLE_NAME,  COLUMN_NAME,  DIMINFO,
SRID)
   VALUES ('GEOD_landslide ', 'LOCATION ', MDSYS. SDO_DIM_ARRAY
        (MDSYS. SDO_DIM_ELEMENT('X ', 557265. 1945, 565059. 9731, 0. 0001),
        MDSYS. SDO_DIM_ELEMENT('Y ', 2937718. 7811, 2951498. 0009, 0. 0001)
        ), NULL);
```

2.5 地质多源空间数据集成

2.5.1 多源数据集成原理

地质空间数据集成是地质体三维建模的基础，也是实现三维地质选线的关键。在地质体三维建模过程中，地质体空间数据的集成不仅包括多源异构数据的集成，还包括建模结果数据的集成。

多源异构原始数据的集成是指对不同种类、不同来源的数据通过制定相应的标准，进行归一化处理、合并，形成符合地质体在空间分布特征、成因、影响和发育规律等规则约束下的多源异构原始数据的统一表达；建模结果数据的集成是指利用多源异构的数据进行三维建模、空间分析、应用等操作后，对该数据集的统一集成表达，从而解决地质实体的高保真、完整描述与地质体模型的无缝集成表达问题。地质实体数据集成的原理，如图 2-19 所示。

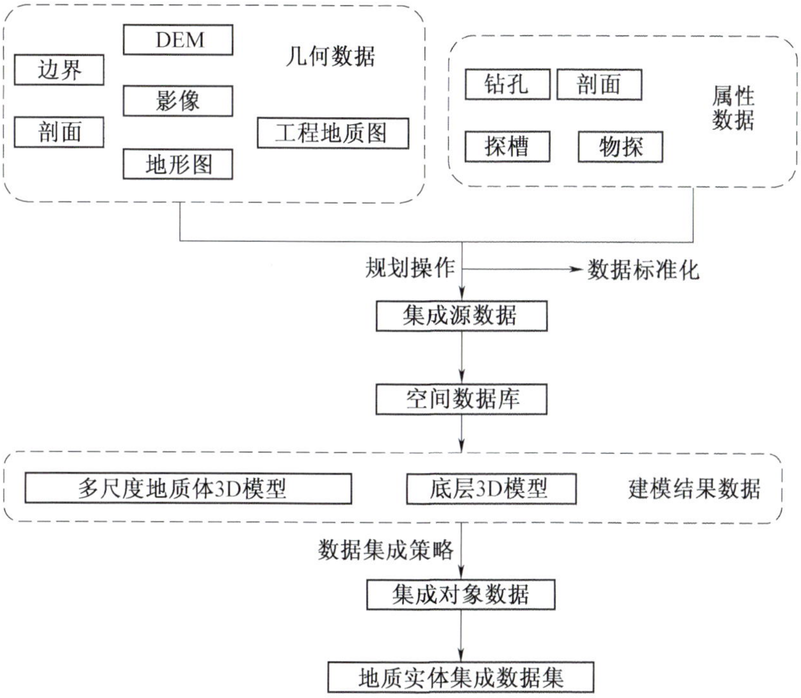

图 2-19　地质实体空间数据集成原理图

(1)通过对多源异构的原始数据按照相应的规则进行标准化、归一化操作，从而得到地质体三维建模所需的源数据。

(2)由于多尺度地质体三维模型、地层三维模型及线路三维模型都不相同，因此，利用集成的多源数据，对于不同的地质实体对象，依据其特点，采用不同的建模方法构建其三维模型，然后依据相应的数据集成策略，从而得到地质实体集成数据集。

(3)以三维地形空间环境为依托，将地质实体模型和线路三维模型，按统一的空间坐标，最终集成在三维地理环境中。

2.5.2　地质实体定义

任何复杂的空间形体都是由基本的几何要素构成，采用面向对象的建模思想，将地质对象分解为由空间几何对象的基本要素——点、线、面、体构成。据此，地质体对象可以由空间中的闭合曲面包围而成，每个曲面可以由一条或多条封闭曲线构成，每条曲线由一组有序的点来确定。因此，可以将地质实体抽象为以下几种几何实体：

(1)点状地质实体

任何空间几何形体都可以用有序的点集合进行表示,因此,点是空间几何建模中最基本的几何要素。在数字三维环境下研究地质体,用计算机对其进行存储、管理和模拟,其实质都是对构成地质体的点集及其相互连接关系进行处理和表达。这些点不仅记录坐标信息,依据其表达对象的不同,还可以分为控制点、型值点、插值点等。

而在空间面积非常小,也可以简化的一个点来代替的地质实体,如面积很小的岩堆、岩溶、热融滑塌等。因此,点状地质实体既可以表示能够用一个空间点表示的微小地质实体,也是线状、面状地质实体基本组成部分。

点状地质对象的基本结构定义如下:

```
struct  C3DPoint
{
    string style;           //点对应的地质类型
    int ID;                 //对应的地质对象 ID
    string Attribute;       //地质实体属性
    int SerialNumber;       //点在地质对象中的序号
    double x;
    double y;               // x, y, z 记录点的三维空间位置
    double z;
}
```

(2)线状地质实体

线状地质实体主要是指在几何形态或逻辑意义上成线状的地质空间实体,如断层、断裂等。线状地质实体由一系列有序的点连接而成,具有方向性。采用曲线形式时,可以用一系列的控制点和型值点来描述,复杂的线状地质对象不仅需要记录坐标序列,还需要记录曲线的连接关系等内容。同时,线状地质实体可以由一个或多个线性实体的部分或全部组成,还可以是组成面状实体的边界,或者同时具有两者的属性。

线状地质对象的结构定义如下:

```
struct  C3DLine
{   string style;           //对应的地质类型
    string name;            //地质实体对象名称
    string Attribute;       //地质实体属性
    int ID;                 //对应的线状地质对象 ID
    int vertNum;            //控制点总数
    CArray< C3DPoint, C3DPoint > PtVertices;  //记录线状对象空间坐标集合
}
```

(3)面状地质实体

崩塌、滑坡、泥石流、特殊岩土体等不良地质都属于面状地质实体,此外断层面、地表面、地层界面等是常见的地质几何形态,这些地质现象在空间几何表达上呈曲面形态,在空间表面分布上呈封闭多边形。面状地质实体由组成面的节点坐标(控制点)序列组成,基于这些结点序列和结点之间的连接关系表达了地质体空间三维曲面的几何形态。为表示地质体在地下空间复杂的空间几何形态时,可以用多个面的组合来表示。图 2-20 显示了滑坡地质体示意图(面状地质实体)。

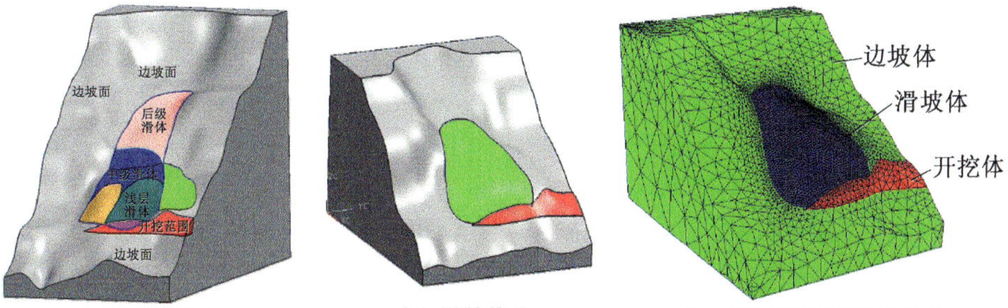

(a) 三维地表形态　　(b) 滑坡体型　　(c) 划分网格后的计算模型

图 2-20　滑坡地质体示意图

面状地质对象的结构定义如下:

```
struct  C3DFace
{  string style;            //对应的地质类型
   string name;             //地质实体对象名称
   string Attribute;        //地质实体属性
   int ID;                  //对应的地质对象 ID
   int vertNum;             //控制点总数
   CArray< C3DPoint,  C3DPoint > PtVertices; //记录面状对象空间坐标集合
   CArray< C3DPoint,  C3DPoint > PtDEM;  //记录面状对象空间范围内的地表
                                           面数字高程模型数据
}
```

(4)体状地质实体

为了能够对建立的地质体三维模型进行空间分析提供模型基础,将地质对象抽象为体状实体进行描述(线状和面状地质实体扩展成体状实体)。体是多个面的并集,由多个封闭的边界面围成,实体内部属性可能相同,也可能有差异。对于地质体体状实体的描述,关键是对地质体对象顶点坐标序列及顶点拓扑结构的描述。在实际建模过程中,可根据建模对象的特点及应用需求,选择合适的体模型进行实体建模。

2.6 基于 GIS 的地质多源信息空间数据管理系统

三维地质建模离不开数据的支持,数据的可靠性、数据组织方式的合理性都直接影响到如何将多源、多时相、多分辨率的图形、图像、文本等地质信息异构数据有机地集成起来,形成一体化的信息技术体系,以解决地质三维建模的数据存储、处理以及可视化等一系列问题。GIS 具有较强的空间数据存储和管理能力,能够根据需要建立起数据间的联系,从而便于对多源数据的综合处理。此外,GIS 的图形和数据相联系的信息表达方式以及较强的空间数据综合分析和评价能力,都为多源地质信息的管理提供了直观、方便而有力的工具,而且便于对工程地质信息需求和分析处理的扩展。

2.6.1 总体结构设计

地质多源信息空间数据管理系统的主要目的是建立将现有的多种数据集成在统一平台下进行管理、查询和分析,以便为三维地质体建模、选线设计和选线决策等提供服务。根据系统设计目标和原则,系统结构如图 2-21 所示。

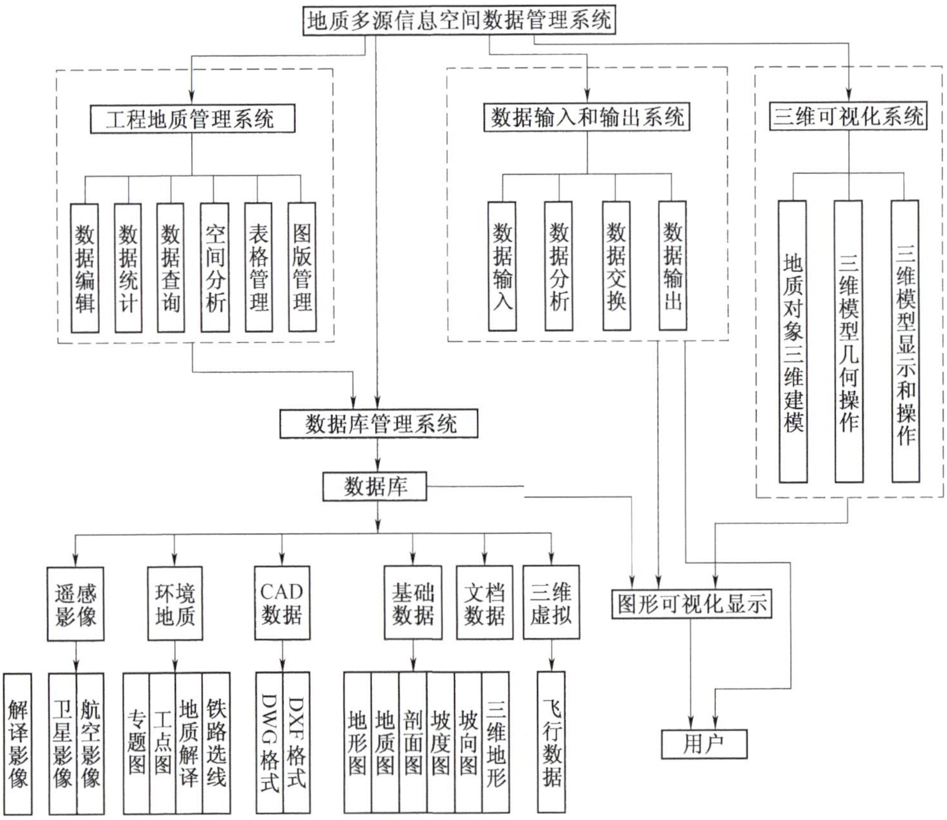

图 2-21 系统结构图

系统共分为工程地质管理系统、三维可视化系统及数据输入和输出系统三大子系统。它们各自承担相对独立的任务，在内部则紧密联系。

（1）工程地质管理系统主要是基于 GIS 技术对工程地质信息进行管理，它既实现了常规的数据库数据操作，又在空间数据库引擎的支持下能基于地图对数据进行操作，而且集成了多种常用的工程地质信息分析方法。

（2）数据输入和输出系统主要负责数据源的录入以及规格化的处理，不同格式数据间的转换以及按要求输出或存储不同类型的数据。

（3）三维可视化系统对多源的建模数据进行组织，选择适当的三维模型来模拟地质对象，然后用可视化技术将模型以三维图形的方式展现出来，并提供适当的交互浏览操作。

在程序实现上，整体框架和用户界面使用面向对象的编程语言 Visual C#来实现，子系统功能实现方法是：通过功能 ArcEngine GIS 组件来完成基于 GIS 的大部分工程地质信息的管理；数据输入和输出系统则是基于关系数据库（Oracle）管理系统，并添加相应的数据转换模块来实现的。各个子系统之间的联系信息可以通过子系统之间所建立的通信机制来传达，而数据间的共享则直接通过相应的数据库操作。

2.6.2 总体技术框架

基于 GIS、地质、三维可视化和 OSG 技术，采用 Oracle 数据库、ArcGIS 及 ArcEngine GIS 组件，建立了三维环境下的海量、多尺度、三维地质信息的建模、集成、共享和可视化的总体技术框架。系统总体技术框架如图 2-22 所示。

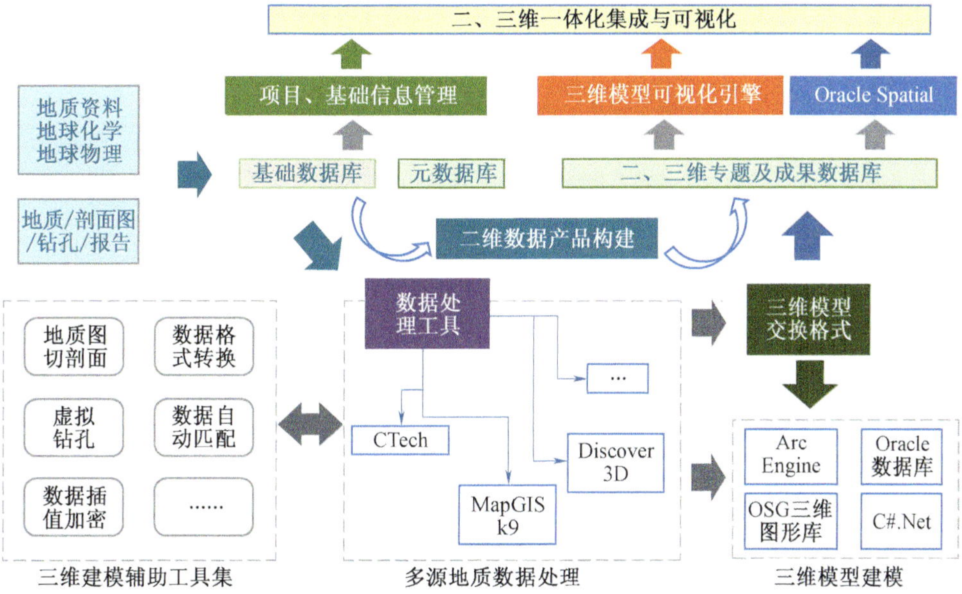

图 2-22 系统总体技术框架

2.6.3 系统功能设计

地质多源信息空间数据管理系统的主要目标是把各种类型数据集成在同一平台上进行管理，方便用户进行信息提取和分析研究，通过专门的数据管理模块实现了对空间数据、属性数据、文本数据及多媒体数据的管理和调用。系统功能结构如图 2-23 所示。

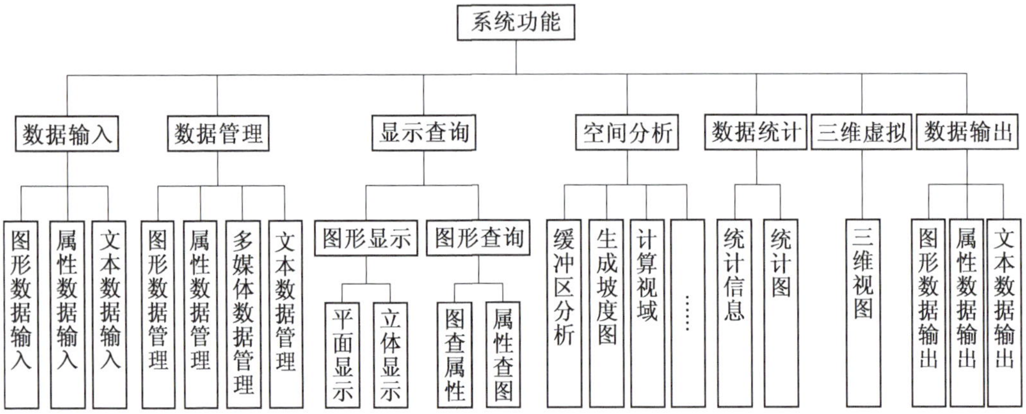

图 2-23　系统功能结构

系统实现的功能主要有如下几类：

(1)数据输入功能

铁路线路选择需要参照多种信息，系统支持 JPG、IMG、TIF 等多种栅格数据格式，各种卫星影像，不同比例尺的地形图、地质图件经扫描后均可以直接输入；针对地质勘查过程中产生的大量图件多以 CAD 格式存储的情况，系统设立了 CAD 数据模块，以支持 DWG 和 DXF 两种格式数据的读取；对于由其他 GIS 软件产生的矢量数据，通过系统本身 Arctoolbox 工具经格式转换同样可以输入；另外，钻孔图、报表和勘察报告等资料可以通过文本数据输入模块直接读取。

(2)数据管理功能

对于输入的各种图件必须经校正配准之后才能统一到同一坐标系统中，实现信息集成。ArcGIS 本身的空间配准模块可以方便地完成对图形数据的管理，同时还可以对扫描的地形图、地质图进行矢量化并对其属性数据进行编辑处理，对于多媒体数据，如铁路沿线地质环境的三维虚拟飞行数据，系统多媒体数据管理模块通过调用计算机本身播放器实现播放管理。对于一些钻孔图，可以根据其地理坐标以图签的形式添加进来。

(3)数据查询统计功能

数据的查询与检索是 GIS 最基本的功能之一,系统提供了图形查询属性和属性查询图形及 SOL 查询,用户可以根据不同条件完成特定属性的查询,同时可以实现对不同时期或不同精度的数据进行实时对比显示。如通过对比铁路沿线不同时期的遥感影像来研究其地质环境变化等。

(4)空间分析

山区铁路选线,外动力地质现象如滑坡、泥石流等地质灾害和活动断裂构造往往是控制铁路走向的主要因素。因此,可利用 GIS 的缓冲区分析功能,获得地质体和线路的空间关系,得到的结果图可以指导铁路选线。

(5)三维建模

实现空间数据的三维显示,将沿线重要的地层界限、地质构造、地质灾害信息及重要工程设施在三维状态下直观地表现出来,以辅助铁路选线和方案决策。

(6)数据输出

提供各种专题地图出图和各种数据报表。

2.6.4　系统主界面

系统采用 C#语言,Oracle 数据库,Oracle Spatial 空间数据库组件,ArcEnginee GIS 组件开发,实现了对地形数据、钻孔数据、断层数据、不良地质数据、特殊岩土数据、遥感影像等多源数据的数据库一体化管理,为地质三维建模准备基础数据。主界面如图 2-24 所示。

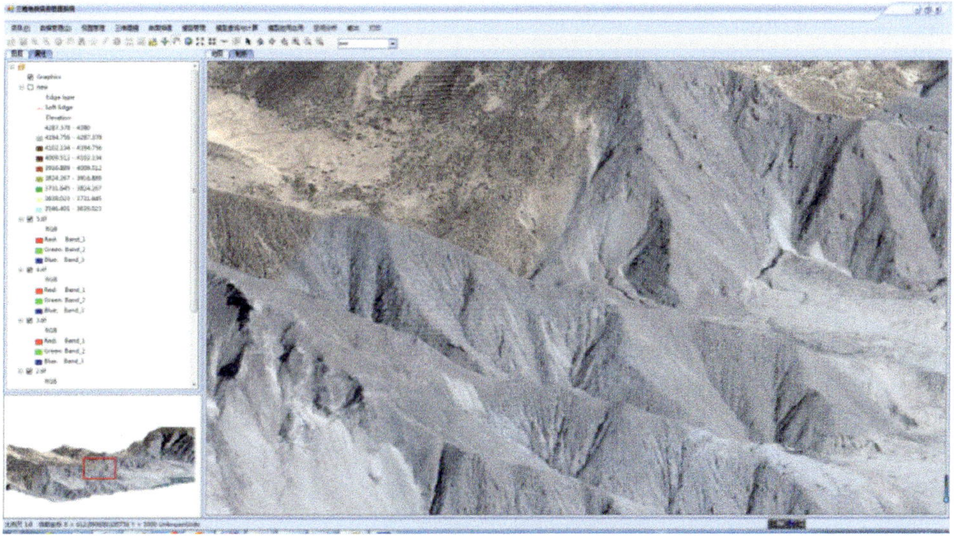

图 2-24　基于 GIS 的地质多源空间数据管理系统主界面

2.6.5　系统主要功能

1. 三维地质资料集成

以元数据和文件数据库技术为基础，实现三维地质基础资料、原始资料的一体化存储、管理和集成，建立基础资料存储管理系统。如图 2-25～图 2-29 所示。基于元数据信息可存储的数字化资料的名称、描述、关键字、空间位置等信息，实现信息的数据目录、名称关键字等方式的查询检索。

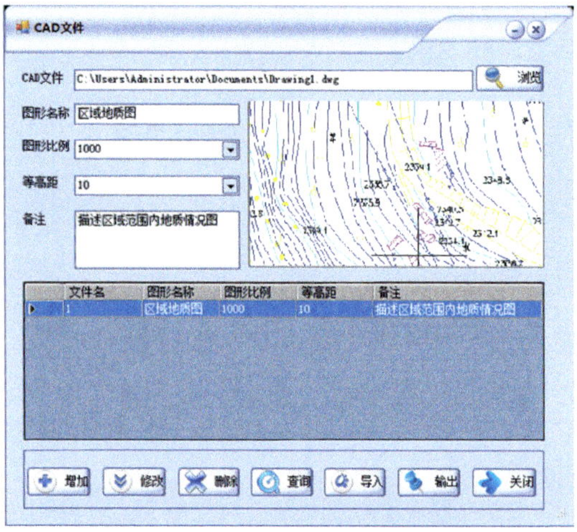

图 2-25　CAD 地质图形数据存储

图 2-26　卫星遥感影像

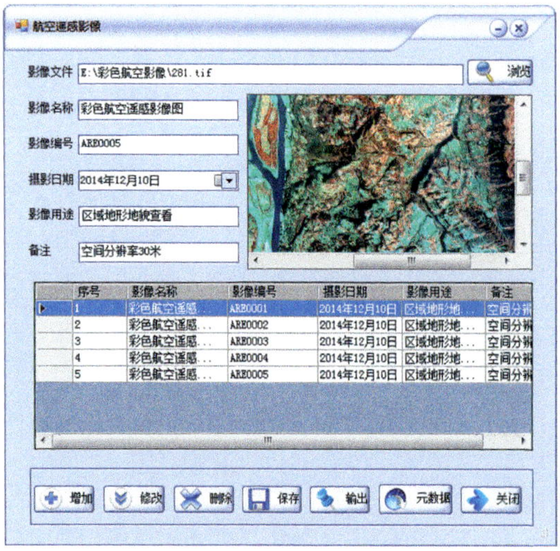

图 2-27　航空遥感影像

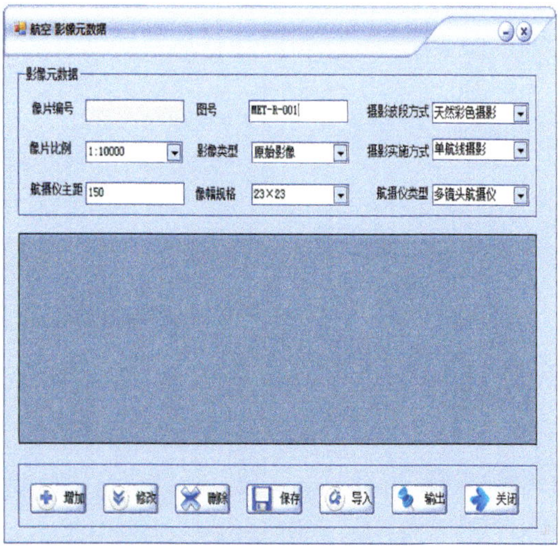

图 2-28　航空遥感影像元数据输入

地质图像类型分为工程地质图、区域地质图、地形地质图、工点地质图、地质剖面图和钻孔柱状图 6 种类型，存储示例如图 2-30 和图 2-31 所示。

图 2-29 航空遥感影像显示

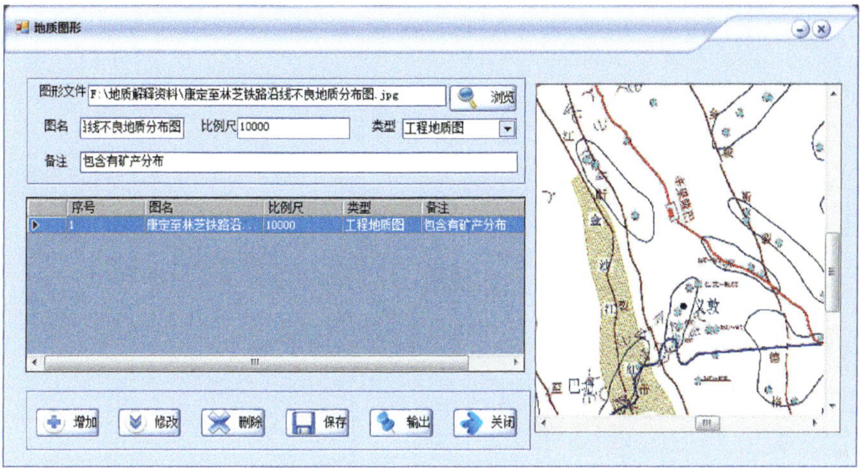

图 2-30 工程地质图存储

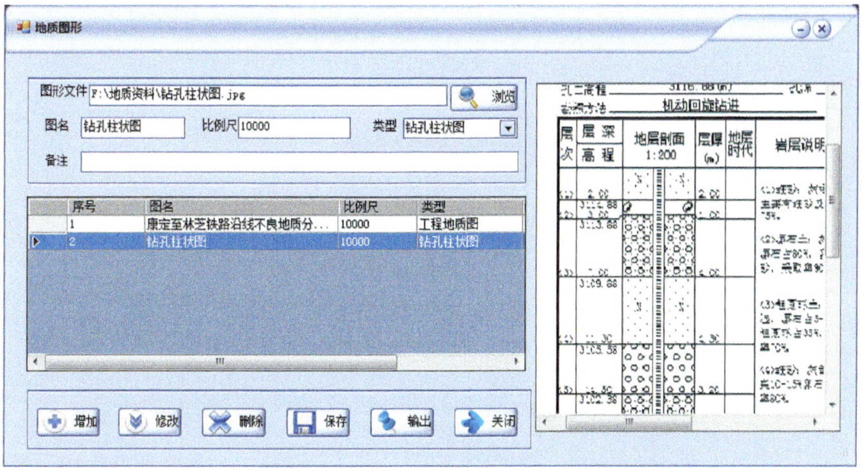

图 2-31 地质图像存储

2. 数字高程模型数据

可导入、增加、修改数字高程模型数据，并通过 ArcEnginee GIS 组件进行二维和三维模型生成和显示，如图2-32～图2-36 所示。

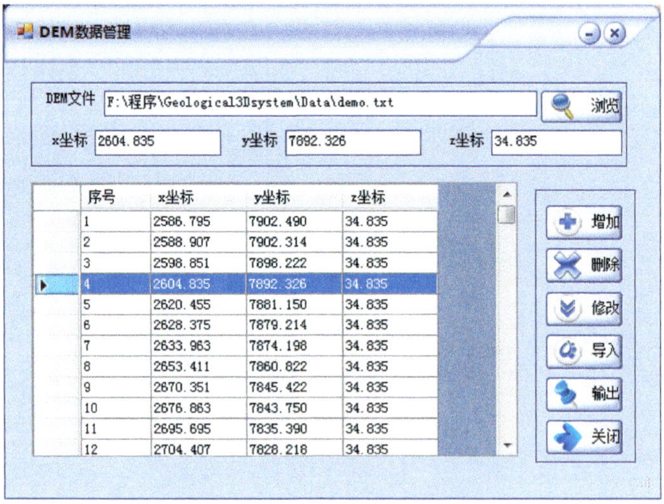

图 2-32　DEM 数据存储

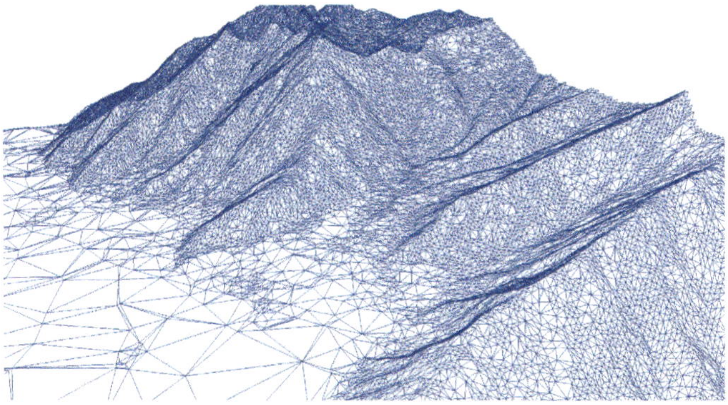

图 2-33　数模点三维空间分布效果

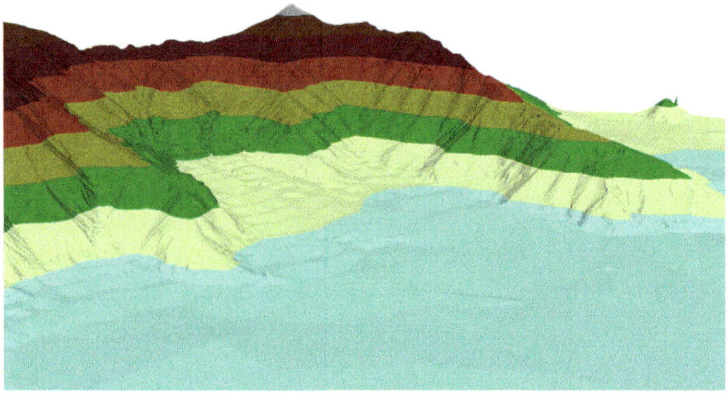

图 2-34　生成数模三维模型–分层着色模

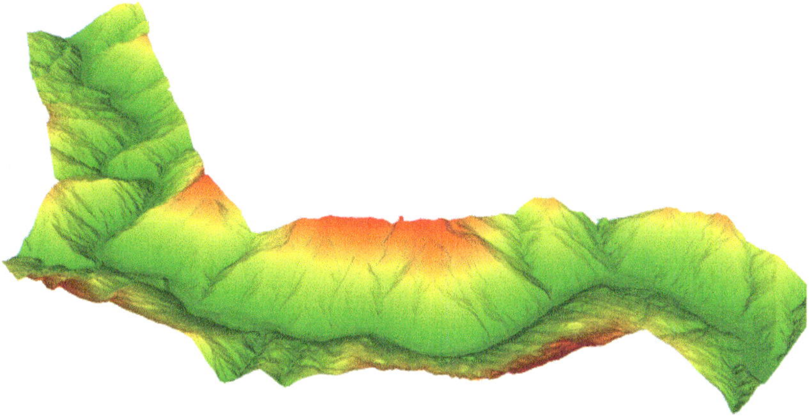

图 2-35 生成数模三维模型-色彩渐变模式

图 2-36 生成数模模型-二维栅格格式

3. 栅格影像数据

可以导入 ArcSDE 栅格、ASCII Grid、Big TIFF、二进制 Terrain（BT）、数字影像地图（DIMAP）、压缩的 ARC 数字化栅格图形（CADRG）、增强型压缩栅格图形（ECRG）、增强的小波压缩（ECW）、GDAL 虚拟格式（VRT）、GeoEye 卫星影像、图形交换格式（GIF）、网格交换文件（GXF）、Golden Software 格网（.grd）、IDRISI 栅格（RST）、IKONOS 卫星影像、Intergraph 栅格文件、JPEG 2000、陆地资源卫星（1-7）、OrbView-3 卫星、多分辨率无缝影像数据库（MrSID）、SPOT 卫星、WorldView 卫星等栅格数据格式，并可调整栅格影像的显示质量，如图2-37~图 2-39 所示。

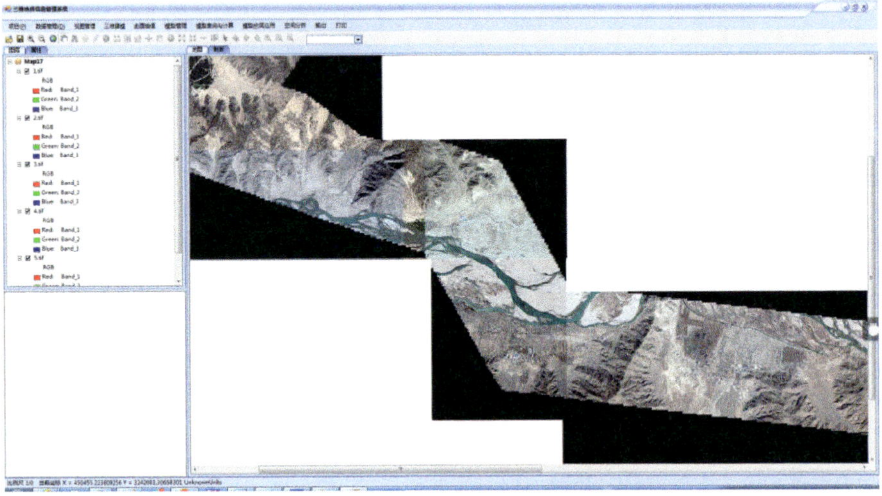

图 2-37　导入栅格影像

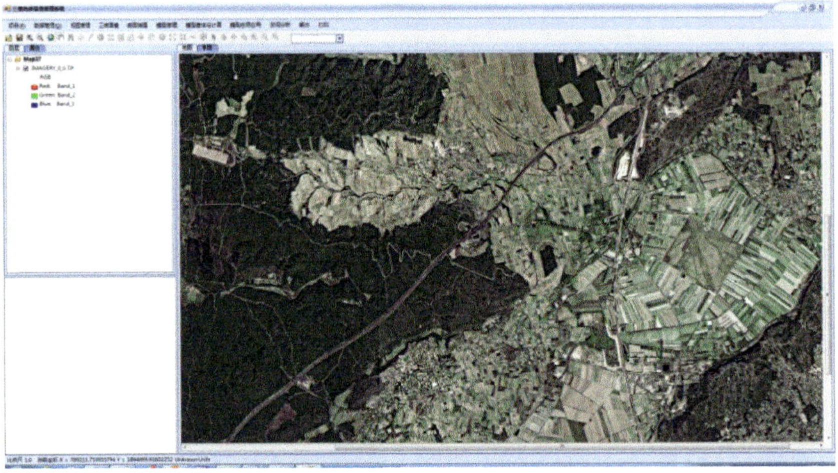

图 2-38　导入 SPOT5 卫星影像

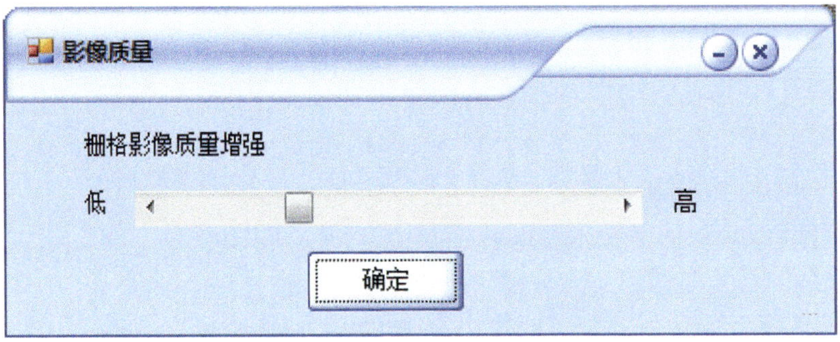

图 2-39　栅格影像显示质量控制

4. 钻孔数据输入

钻孔数据录入、导入、配置管理、钻孔标准地层生成与编辑、地质数据资料整合和管理。

(1)地层设置

设置常用地层(图 2-40),设置完成后在地层选择下拉列表中就会自动增加所选地层。导入功能可将地层数据导入,导入格式为 . txt 文本格式:第一列为地层名称;第二列为地质代码。

(2)设置地层顺序及颜色

地层顺序和颜色设置完成后将会重新构建地质模型。“上移”“下移”可调整地层顺序;点击显示颜色可直接更改地层颜色,也可点击使用色谱,如图 2-41 所示。

图 2-40　地层设置

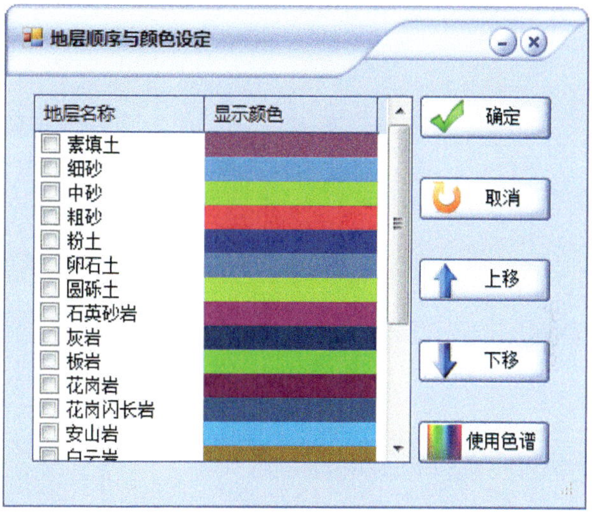

图 2-41　地层顺序及颜色设置

(3)钻孔数据管理

输入并修改各钻孔数据信息:钻孔编号、工程名称、里程、孔口标高、钻孔深度、勘探方法、比例尺、开钻日期、完钻日期、初见水位、稳定水位、钻孔类型(实测钻孔和虚拟钻孔两种),如图 2-42 所示。

(4)修改钻孔:可修改钻孔的层深、高程、层厚、岩性信息,如图 2-43 所示。

(5)钻孔信息三维可视化查询

根据钻孔信息可构建三维钻孔模型,实现三维可视化查询,如图 2-44 所示。

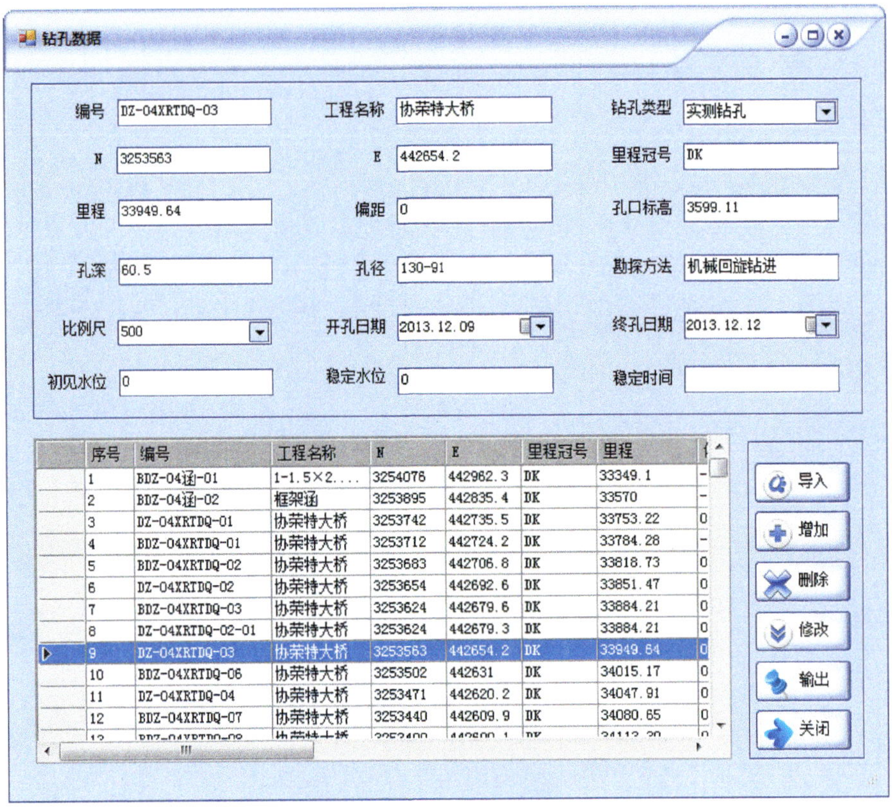

图 2-42　钻孔数据管理

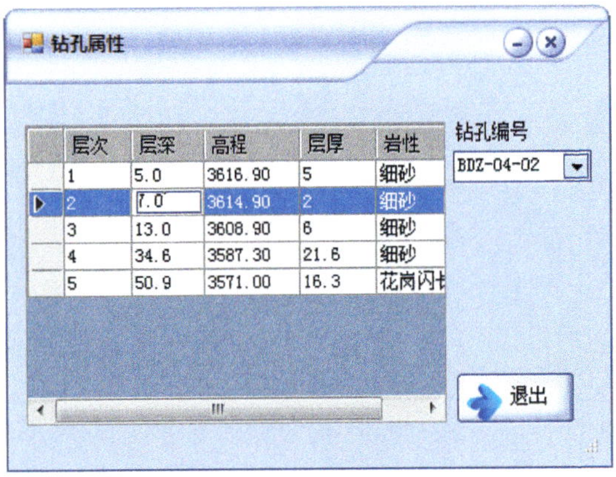

图 2-43　钻孔属性修改

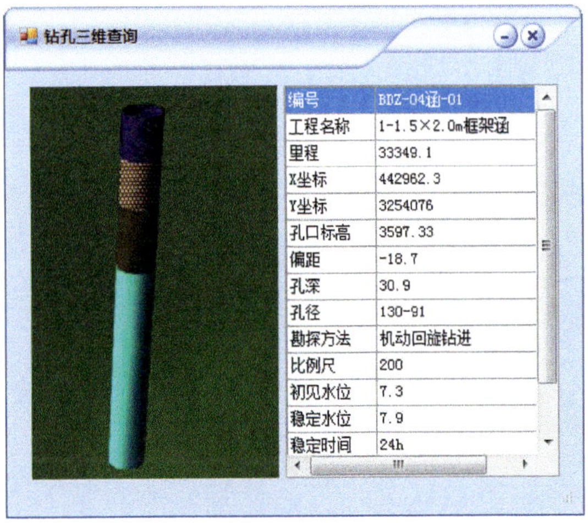

图 2-44　钻孔信息三维可视化查询

图形区域以三维方式显示当前工程的所有钻孔,如图 2-45 所示。

5. 地质概况数据输入

输入不同地质分区的桩号段落、地质分区和地质概况,如图 2-46 所示。

图 2-45　区域钻孔三维分布图

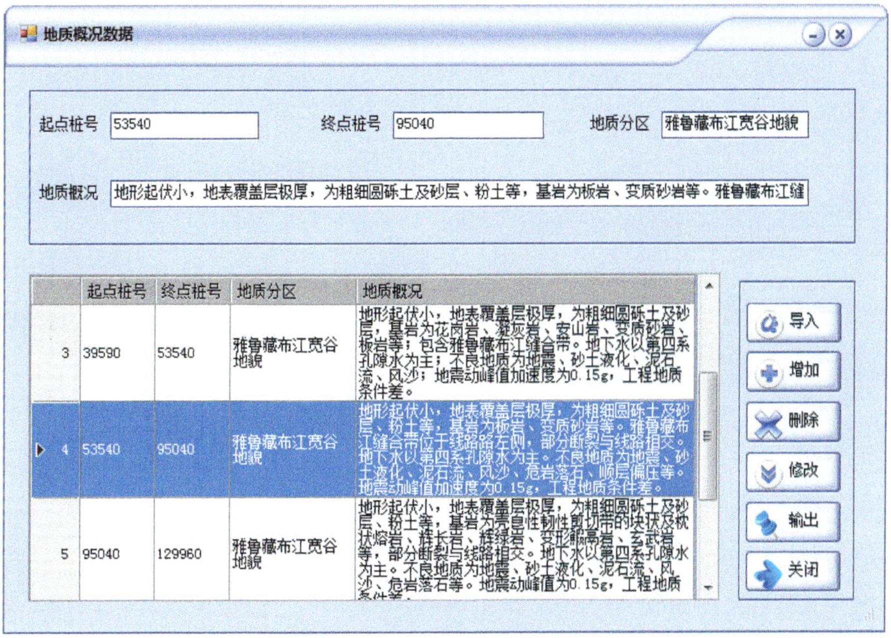

图 2-46　地质概况数据

6. 数据查询检索

基于元数据技术，实现基于元数据技术的数据资料查询检索功能模块，提供的数字化资料、三维地质模型等原始资料的名称、描述、关键字、空间位置、比例尺、坐标系统等方式的立体检索查询，如图 2-47 所示。

7. 空间分析

包括距离量测、面积量测、体积量测、坡度分析和坡向分析等。如图 2-48～图 2-53 所示。

图 2-47　遥感影像图查询

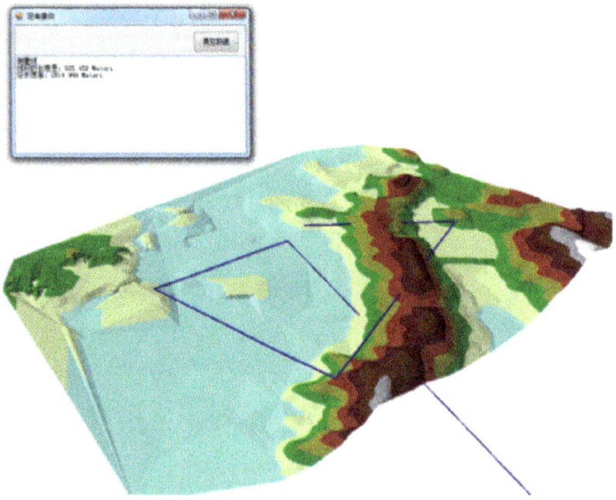

图 2-48　距离量测

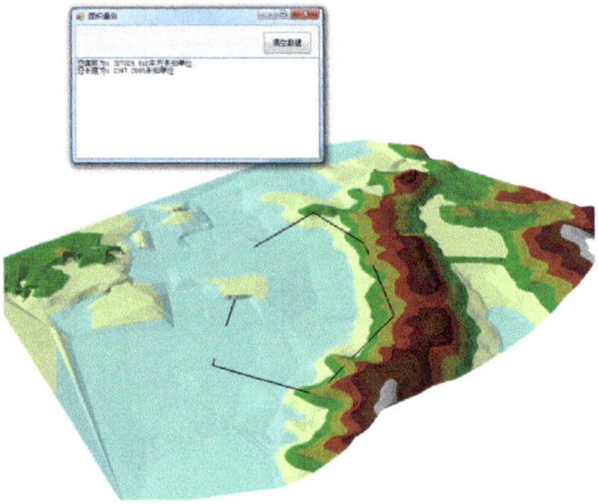

图 2-49　面积量测

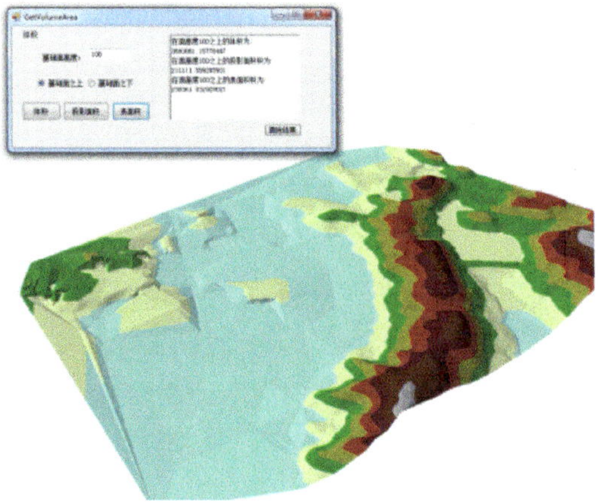

图 2-50　体积量测

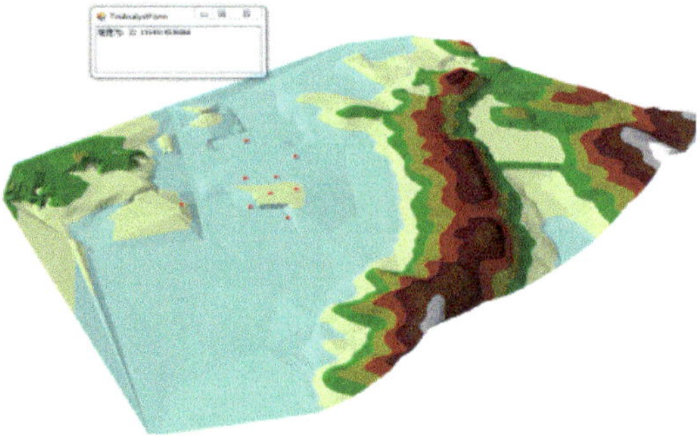

图 2-51　坡度量测

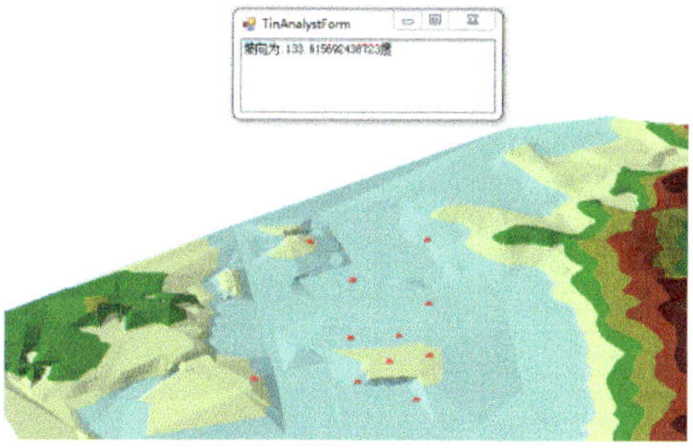

图 2-52　坡向分析

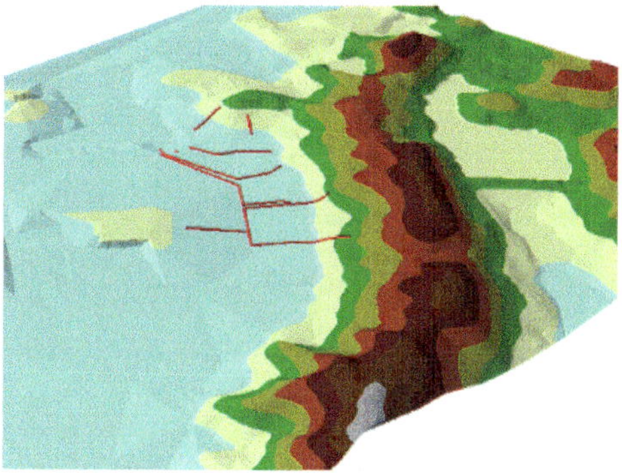

图 2-53　最短路径寻找

8. 三维地形建模

采用 OSG 技术、DEM 数据和遥感影像数据，实现地理环境三维建模，如图 2-54~图 2-57 所示。

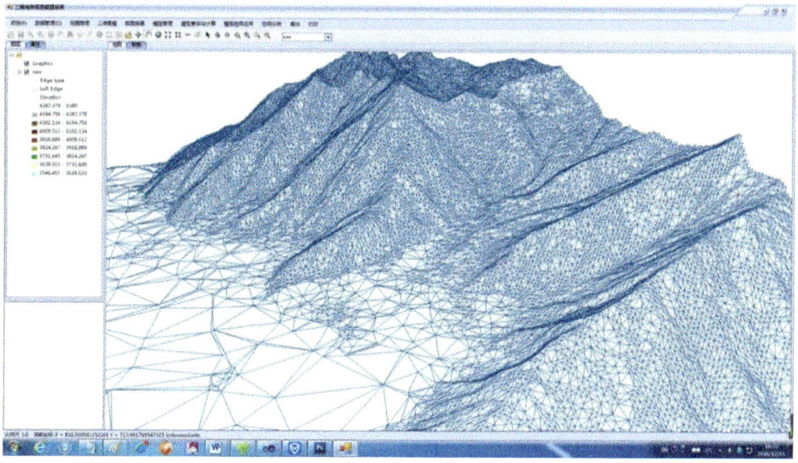

图 2-54　三维地形建模效果——线框模式

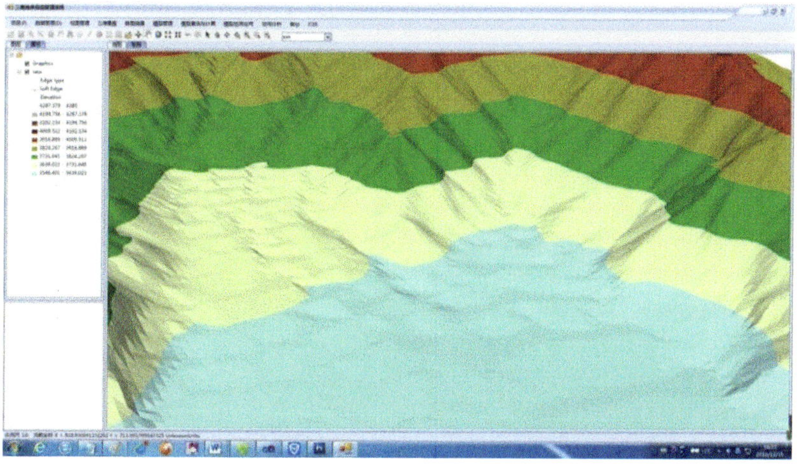

图 2-55　三维地形建模效果——色彩模式

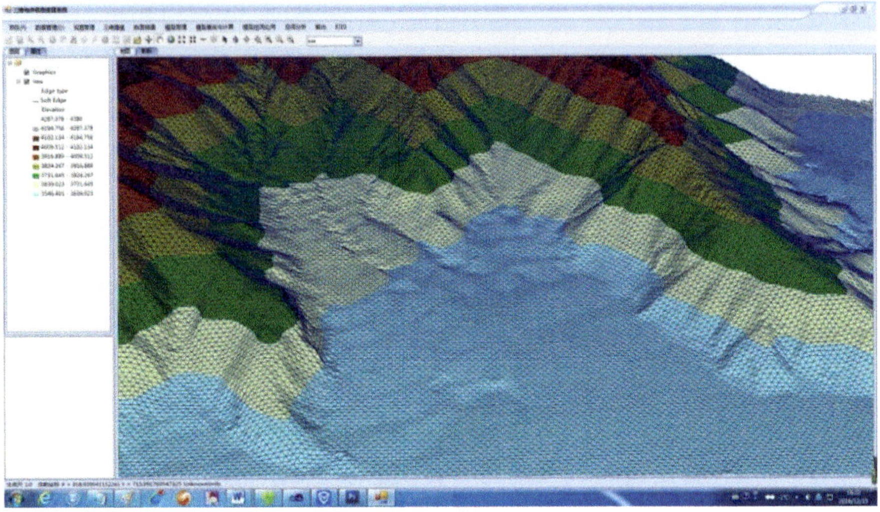

图 2-56　三维地形建模效果——线框色彩叠加模式

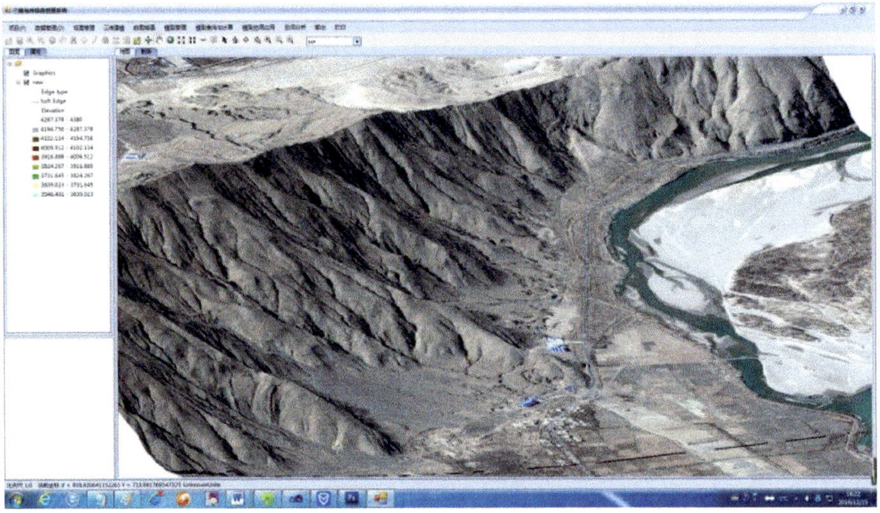

图 2-57　三维地形建模效果——纹理模式

3 三维地质环境可视化建模方法

三维地形环境为实现数字选线提供了环境基础，而将通过遥感解译等手段获取的各种多源地质数据，包括矢量数据、栅格数据、专题数据等同时也集成在三维地形环境中，并能够以一种有效的手段进行选线应用和综合分析，则是铁路数字化选线三维地质环境建模需要解决的关键问题和难点。

本章针对复杂地质区域数字选线技术的关键问题，立足于复杂地质区域建设环境和铁路数字化三维选线设计的要求，阐述铁路数字化三维选线的矢量数据和栅格数据一体化的三维地质环境建模方法。介绍采用不同数学曲线实现不同类型地质对象在三维环境中的矢量化表达和定位方法，基于纹理定位的栅格解译影像定位和表达方法，实现矢量数据和栅格数据一体化的三维地质环境建模方法。

3.1 数字地质信息获取方法

数字化地质信息即为地质信息的数字化表示，数字化选线系统中的数字化地质信息主要来源于遥感地质解译。利用遥感图像解译判释可获取沿线地貌、地层（岩性）、地质构造、不良地质、水文地质等信息。对铁路勘测中常见的不良地质现象，如滑坡、崩塌、岩堆、泥石流、岩溶、沙丘、沼泽、河岸冲刷等的影响范围、类别、产生原因、分布规律、发展趋势、危害程度等均可通过对遥感图像的判释加以确定。获得遥感地质解译结果后，将其分为解译坐标、解译图像、解译属性，统一存储到 Oracle 数据库。

1. 矢量化遥感地质信息获取

目前应用的主要遥感软件 ERDAS IMAGE、ER MAPPER、ENVI、PCI 等都提供了相应模块来实现对解译对象空间位置属性的提取。利用 ERDAS IMAGE 的

AOI(area of interest)功能模块提取解译地质对象空间位置属性的流程如下：①打开经过几何校正的正射影像；②新建 AOI 区域；③以折线、多边形等图形工具圈定不良地质灾害的范围；④保存输出矢量分布范围、面积、周长，根据分布范围数据在对应的位置上绘出各种不良地质灾害的范围，其流程如图 3-1 所示。

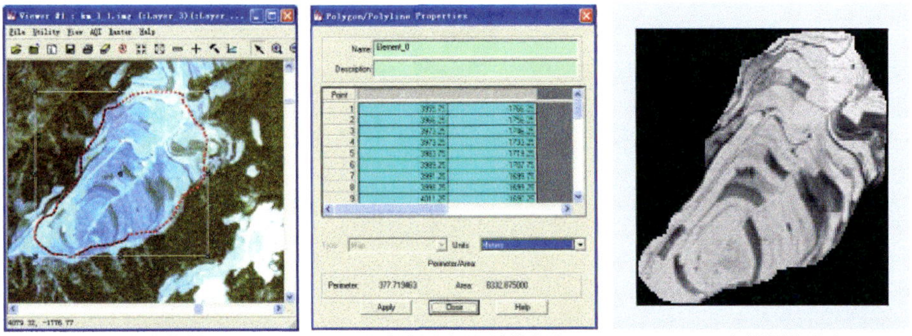

(a) 圈定范围　　(b) 解译坐标和属性获取　　(c) 解译图像获取

图 3-1　数字化地质对象信息获取流程示意图

2. 栅格遥感解译影像的获取

矢量化遥感地质信息主要是文本格式的信息，只以矢量化数据对地质对象在三维环境中进行表达还不够直观，如果能够将遥感解译影像也同时显示在三维环境中，实现地质对象在三维环境中的矢量化和栅格影像的联合表达模式，为选线工程师提供更为直观、有效的表达和识别模式，更有助于选线工程师在三维环境中进行选线设计。因此，必须解决地质对象遥感解译影像的获取。在这一问题上，遥感软件同样提供了解决方案，利用遥感软件对遥感图像进行数字化处理(如空间卷积、比值增强、IHS 变换等)来获取遥感解译图像，然后利用遥感软件的 AOI 等功能模块实现了对地质对象空间位置的定位，利用解译模块的影像剪裁就可以实现 AOI 范围内的影像提取，即实现地质对象的栅格遥感解译影像的获取，并同时以二进制格式(BLOB)存储到数据库中。图 3-2 和图3-3给出了示意图。

图 3-2　基于 AOI 确定不良地质区域

图 3-3　不良地质对象的遥感解译图像

通过遥感软件进行人机交互解译,能够获取所解译的地质对象的矢量化解译数据和栅格解译影像,这些信息共同构成了地质对象的数字化信息,其构成模式统一表示为地质对象的空间位置属性、属性数据和解译影像组成,即数字化遥感地质信息的数据模型(图 3-4),并通过数据库存储和调用(图 3-5)。

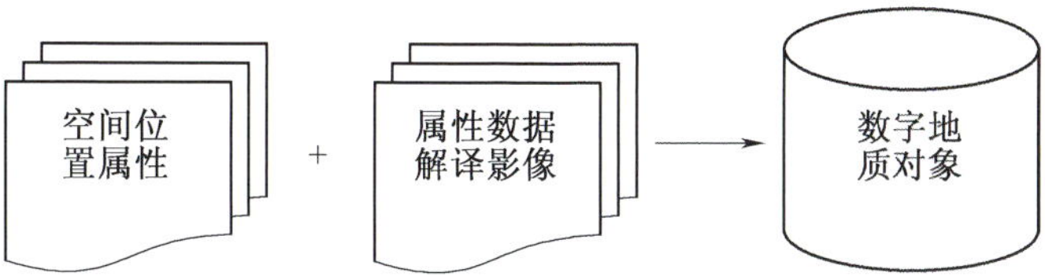

图 3-4 数字化遥感地质信息的数据模型图

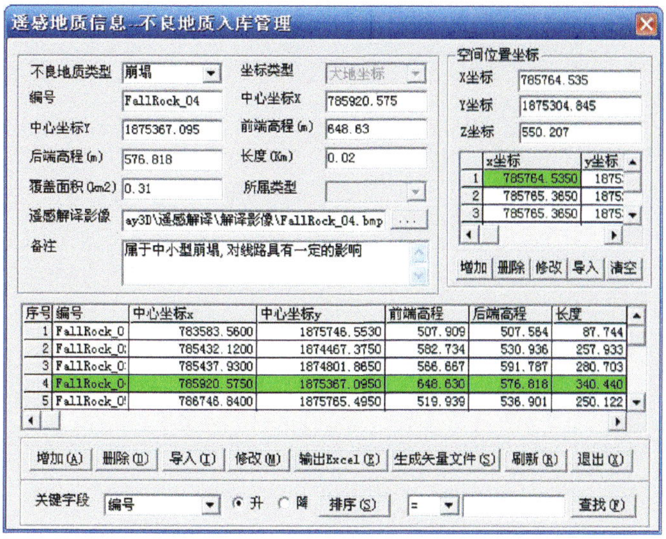

图 3-5 遥感地质信息数据库入库接口

3. 数字化非遥感地质信息获取

这里主要指在选线研究区域内,通过传统方法已获取的以纸质、图形和文档等格式保存的地质信息。这些地质信息还不能够在三维地理环境中直接使用,必须通过数据接口转换为数字化地质信息,与数字化遥感地质信息一同存储数据库中,作为遥感地质信息的补充,共同构成虚拟地理环境的数字化地质信息。

(1)数字化岩层信息获取

工程钻探法是获取地下三维空间信息的重要方法,通过钻孔采样可以直接获取详细的岩层分布状况,如岩层岩性、断层特征、土质等。这些特征反映了岩层的原始状况,或者说天然状况,是进行岩层可视化、模拟分析、三维地质体建模的主要数据源。此外地质剖面图、勘探剖面图等相关图形资料也都在一定程度上可解译成基本钻孔数据,因此,在选线研究区域内若存在这些纸质或图形资料,统一解译成基本钻孔数据,存储到钻孔数据库中,实现数字化岩层信息的获取。

(2)区域性地质信息获取

包括研究区域的气候、地震带等信息,在分布特征上属于无规则多边形分布。在大范围内的研究区域内,很可能会存在多个不同的气候区域、地震带区域等。但通过遥感解译软件同解译不良地质一样,确定其空间区域范围,得到其区域边界数据,连同已有属性信息一起存储到数据库中,在虚拟地理环境中按面状地质对象进行表达和空间定位。设计的区域性地质信息结构见表3-1。

表3-1　区域性地质信息结构表

序　　号	字段名称	数据类型
1	编号	VARCHAR2
2	属性信息	VARCHAR2
3	空间坐标	NUMBER
4	解译影像	BLOB

3.2　数字地质对象定义与存储

数字地质(Digital Geology,简称DG)是地质信息的数字化表现形式,地质对象的信息能够以数字化表现和存储,此时的地质对象就称为数字地质对象。既可以根据地质属性进行组织,也可以根据研究区域的地理范围进行组织或两者结合进行组织。数字化地质对象构成了选线系统数字化地质环境(Digital Geologic Environment,DGE),其定义如下

$$DGE=\{O_i,A_{ij}\}\quad(i=1,2,\cdots,n;j=1,2,\cdots,m)\tag{3-1}$$

式中　O_i——地质空间对象集合;

A_{ij}——地质空间对象 O_i 的描述数据集合。

在数字化地质环境中可以有 n 个地质空间对象,对于一个给定的地质空间对象可以有1个或 j 个描述数据,但都具有空间位置这一描述数据,这也是实现数字地质对象的空间定位和表达的基础。

为了更有效地管理,这里将数字地质对象按空间形态分为线状(如断层、断裂、小的河流水体等)和面状(如滑坡、泥石流、不良岩土、大的河流水体等)两种,而点状(如很小的塌陷)作为面状的一种特殊形式。空间数据库为数字地质信息的存储提供了良好的解决方案,通过空间数据库可以对数字地质信息有效

存储和传输利用,也能够保证信息安全性。另一方面,选线区域通常为大范围的带状区域,数字地质对象的数量大,分布范围广,存储方案的优劣直接关系到数据地质对象的检索、查询和分析利用。因此必须设计良好的存储方案,这也是数字地质对象数据建模的基本要求。系统采用分层、分块技术相结合的存储方案。

1. 分层存储

分层存储即根据地质对象的类型,将不同类型的地质对象作为一个独立的图层,同时根据空间范围坐标可以建立矢量化图层(ERSI Shape、DXF 等矢量格式),在三维环境中可以任意显示或关闭各类型的地质对象,以更好的分析选线区域内不同类型地质对象的空间分布状态和特征,其结构图为树型结构,如图 3-6 所示。

2. 分块存储

分块存储即首先对选线区域进行网格单元划分,网格单元间距可根据实际情况而定,对划分的网格单元予以编号,根据编号确定每个网格单元的边界坐标,如图 3-7 所示。根据获取的数字地质对象的范围坐标,计算所属的网格编号,即该地质对象位于哪个网格内或贯穿哪些网格,并在网格数据表内存储对应的地质对象的 ID 号。

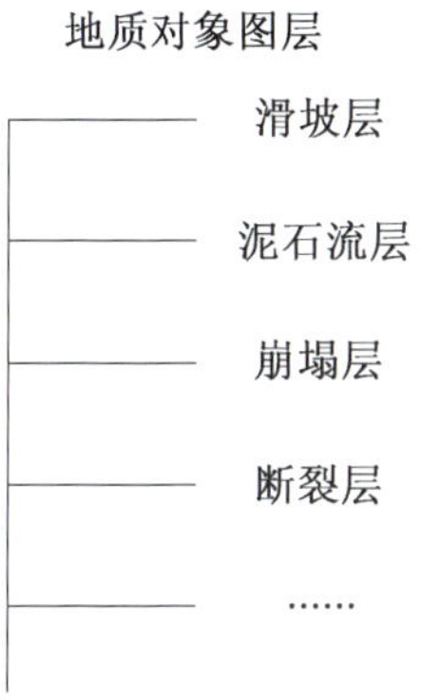

图 3-6 数字地质对象分层存储示意图

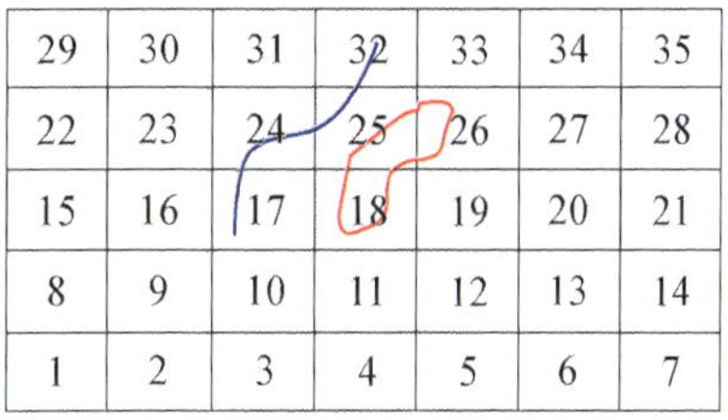

图 3-7 数字地质对象分块存储示意图

(1)网格单元确定规则

只要地质对象穿越网格单元即认为网格单元包含该地质对象,因此网格单元间距大小影响着所包含的地质对象数量。如果间距小,包含的地质对象数量少,则查询检索的时间短,有较高的查询检索效率;而间距大,包含的地质对象数量多,查询检索的时间就会长一些。但网格单元间距如果过于小,就会造成多个地质对象穿越,这样网格单元包含的地质对象数量将增多,反而会降低查询检索效率。因此,网格单元间距不能过小,一般以不低于 1 km 为宜。

(2)网格单元查询计算方法

分别计算组成地质对象边界的控制点所处的网格单元,这些网格单元集合即为该地质对象的分块网格单元。计算方法如下:

设网格左下角坐标为(x_0,y_0),网格单元间距为L,划分网格为$M\times N$(M行N列)。设地质对象的边界由n个坐标点组成$P_i(x_i,y_i)$,$i=1,2,\cdots,n$,则点$P_i(x_i,y_i)$所处的网格单元按下面公式计算:

$$\text{Cols}=\frac{x_i-x_0}{L}+1,\text{所处的列}$$

$$\text{Rows}=\frac{y_i-y_0}{L}+1,\text{所处的行}$$

$$\text{CellID}=\text{Rows} * N+\text{Cols}$$

CellID 即该控制点所处的网格单元号。所有边界控制点的网格单元号集合即为该地质对象所分布的网格单元。如图 3-7 表示了具有两个不良地质对象A(线状)和B(面状),其 ID 号分别为 P0001 和 P0002,则网格表中存储数据见表 3-2。在检索时根据鼠标转换后的实际地理坐标判断鼠标所处的网格,只对该网格内的地质对象进行检索判断,可有效的节省检索时间。

表 3-2　网格表中存储的对应数据

网格编号	地质对象 ID 号	左下角 x 坐标	左下角 y 坐标	右上角 x 坐标	右上角 y 坐标
…	…	…	…	…	…
17	P0001	…	…	…	…
18	P0002	…	…	…	…
…	…	…	…	…	…
24	P0001	…	…	…	…
25	P0001, P0002	…	…	…	…
26	P0002	…	…	…	…
…	…	…	…	…	…
32	P0001	…	…	…	…
…	…	…	…	…	…

3. 数字化地质信息数据库

铁路数字化选线设计系统采用 Oracle 数据库进行遥感解译数据存储。Oracle 数据库提供的二进制(BLOB)格式可以方便高效的存储解译图像。每个地质对象作为一个独立的三维空间实体,封装构成此地质对象的空间组成信息、影像信息和属性信息。因此数据库表中分别设计了解译坐标、解译图像和解译属性字段。为了方便不同地质对象的分类别显示,还设计了层号字段,将不同的地质对象类型进行了分层存储。地质对象数据库表结构见表 3-3。

表 3-3 地质对象数据库表结构

序 号	字段名称	字段类型	长 度
1	对象编号	NUMBER	6
2	层号	NUMBER	6
3	解译坐标	BLOB	—
4	解译图像	BLOB	—
5	解译属性	VARCHAR2	200

3.3 矢量化建模方法

矢量数据结构具有“位置明显，属性隐含”的特点，通过坐标值来精确地表示点、线和面等地理实体。因此，地质对象的空间边界数据和属性信息能够通过矢量数据结构表达和存储。

3.3.1 三维空间点数据生成

点数据是最重要的矢量数据之一，是生成多边形数据和多段线数据的基础。由于三角网线性插值法是通过建立剖分不规则三角网(TIN)直接内插，能够很好的适合用于地质对象内部数据点的 DEM 内插计算，如图 3-8所示。

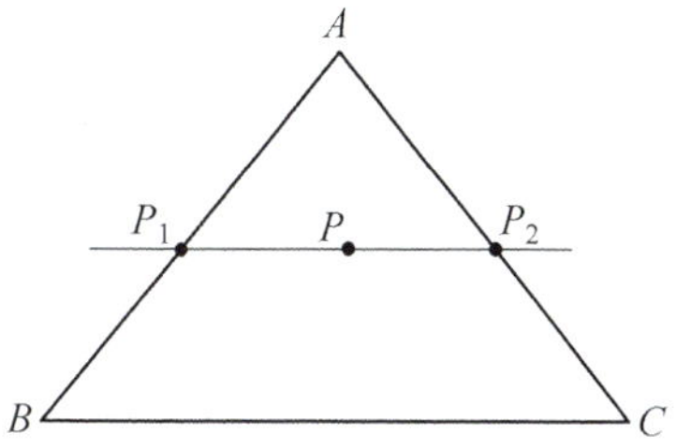

图 3-8 基于三角网双线性插值

步骤如下：

(1)计算地质对象内部所有离散数模点，并建立 TIN 三角网；

(2)采用三角网双线性插值法计算内插点 $p(x_p, y_p, z_p)$ 高程。

$$\begin{cases} z_l = z_{p1} + (z_{p2} - z_{p1})(x_l - x_{p1})/(x_{p2} - x_{p1}) \\ z_r = z_{p1} + (z_{p3} - z_{p1})(x_r - x_{p1})/(x_{p3} - x_{p1}) \\ z_p = z_l + (z_r - z_l)(x_p - x_l)/(x_r - x_l) \end{cases} \tag{3-2}$$

3.3.2 线状地质对象生成

线状地质对象可认为是由一系列三维坐标点组成的曲线段组成，为了更真实的在三维空间中表达具有不同走向或形状的线性地质对象(如断层、断裂等)，采用具有计算简洁性和易用性的 Bézier 曲线。根据线状地质对象具有多个边界特征点，采用插值 n 次 Bézier 曲线，定义如下：

设线状地质对象三维控制点 $Q_i(x_i,y_i,z_i)$ 的有序表($0 \leqslant i \leqslant n$),取其二维平面坐标集构造 n 次 Bézier 曲线,实际上反求 n 次 Bézier 曲线的特征顶点 $P_i(i = 0,1,\cdots,n)$ 。

取

$$l_i = |Q_i Q_{i-1}| \quad (i = 1,\cdots,n) \tag{3-3}$$

$$L = \sum_{i=1}^{n} l_i, t_i = \frac{\sum_{i=1}^{i} l_i}{L} \quad (i = 1,\cdots,n) \tag{3-4}$$

根据 Bézier 曲线的端点性质并可设定

$$\begin{cases} P_0 = Q_0 \\ P(t_i) = \sum_{i=1}^{n} C_n^i (1 - t_i)^{n-i} t_i^i \cdot P_i \\ P_n = Q_n \end{cases} \tag{3-5}$$

通过求解线性方程组(3-5),解得 $P_i(i = 0,1,\cdots,n)$,然后连接求得的 P_i 坐标点,就能够获得插值 n 次 Bézier 曲线,如图 3-9 所示。

然后再按照高程值内插求解方法,计算每个特征点的高程 Z 坐标,就可以得到线性地质对象的 n 次 Bézier 曲线三维特征点 $P_i(x_i,y_i,z_i)$。 连接 P_i 即可实现线状地质对象在三维地形上绘制。

3.3.3 面状地质对象生成

面是由一组有序线段包围所构成的区域,为了适合面状地质对象特征,采用“点点通过”式累加弦长三次参数样条曲线来描述面状地质对象,构造过程如下:

设有 $P_1,P_2,\cdots,P_n$ 共 n 个空间型值点,相临两点之间通过三次参数样条曲线段进行连接,由 $P_1,P_2,\cdots,P_n$ 构成的曲线则由 $n-1$ 个三次参数曲线段连接而成并达到 C_2连续。

(1) 三次参数曲线段的矢量方程

已知 P_i,P_{i+1} 为两个相邻的型值点,若对应的切矢量 p'_i,p'_{i+1} 已知,则构造的三次参数曲线段如图 3-10 所示。

由 P_i,P_{i+1} 两点建立的三次多项式方程如下

$$p_i(t) = p_i + p'_i t + \left[\frac{3}{t_i^2}(p_{i+1} - p_i) - \frac{1}{t_i}(p'_{i+1} + 2p'_i)\right] t^2 + \left[\frac{2}{t_i^3}(p_{i+1} - p_i) + \frac{1}{t_i^2}(p'_{i+1} + p'_i)\right] t^3 (0 \leqslant t \leqslant t_i) \tag{3-6}$$

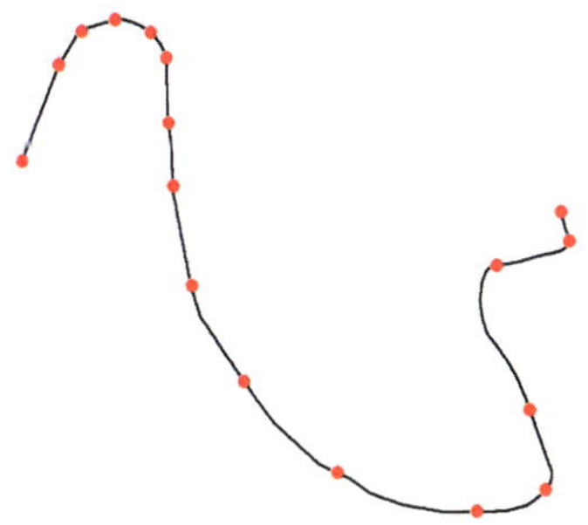

图 3-9 插值 n 次 Bézier 曲线

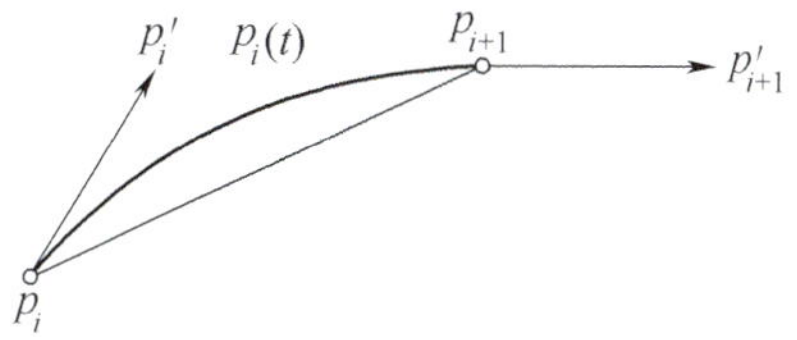

图 3-10 三次参数曲线段

三次参数样条曲的二阶导矢量的连续方程如下：

$$\lambda_i p'_{i-1} + 2p'_i + \mu_i p'_{i+1} = b_i \tag{3-7}$$

式中

$$\lambda_i = t_i/(t_{i-1} + t_i)\ ,\mu_i = t_{i-1}/(t_{i-1} + t_i)\ ,\ b_i = \frac{3\mu_i}{t_i}(p_{i+1} - p_i) + \frac{3\lambda_i}{t_{i-1}}(p_i - p_{i-1})$$

根据面状地质对象的封闭特性，补充累加弦长三次参数样条曲线的边界条件如下：

$$t_n = t_1\ ,\ p_{n+1} = p_2\ ,\ p'_1 = p'_n$$

建立的补充方程如下：

$$2(t_1 + t_{n-1})p'_1 + t_{n-1}p'_2 + t_1 p'_{n-1} = \frac{3t_{n-1}}{t_1}(p_2 - p_1) + \frac{3t_1}{t_{n-1}}(p_n - p_{n-1}) = b_1$$

$$t_{n-1}p'_2 + t_1 p'_{n-1} + 2(t_1 + t_{n-1})p'_n = \frac{3t_{n-1}}{t_1}(p_2 - p_1) + \frac{3t_1}{t_{n-1}}(p_n - p_{n-1}) = b_n$$

（2）n 阶切矢量求解

由建立的两个补充方程和式(3-7)联合可得到一个求解曲线切矢量的 n 阶线性方程组

$$\begin{bmatrix} M_{1,1} & M_{1,2} & M_{1,3} & \cdots & M_{1,n-1} & M_{1,n} \\ \lambda_2 & 4 & \mu_2 & & & \\ & \ddots & \ddots & \ddots & & \\ & & & \lambda_{n-1} & 4 & \mu_{n-1} \\ M_{n,1} & M_{n,2} & M_{n,3} & \cdots & M_{n,n-1} & M_{n,n} \end{bmatrix} \begin{bmatrix} p'_1 \\ p'_2 \\ \vdots \\ p'_{n-1} \\ p'_n \end{bmatrix} = \begin{bmatrix} b_1 \\ b_2 \\ \vdots \\ b_{n-1} \\ b_n \end{bmatrix} \tag{3-8}$$

方程组中的 $M_{1,1}$ ，$M_{1,2}$ ，…，$M_{n,n}$ 对闭合曲线，$M_{1,1} = 4$，$M_{1,2} = 1$，$M_{n-1,1} = 1$，$M_{n,n} = 4$，其他元素为 0。对于线性方程组，可采用追赶法求解，然后将 n 个点 $p_i(i = 1,2,\cdots,n)$ 分段拟合，每相邻两点之间使用一个参数方程进行绘制。

绘制思路：将参数 t 的区间 $[0\ ,t_i]$ 划分为 k 等分，利用方程计算各分段点的坐标，然后依次连接各分段点，绘制的效果如图 3-11 所示。

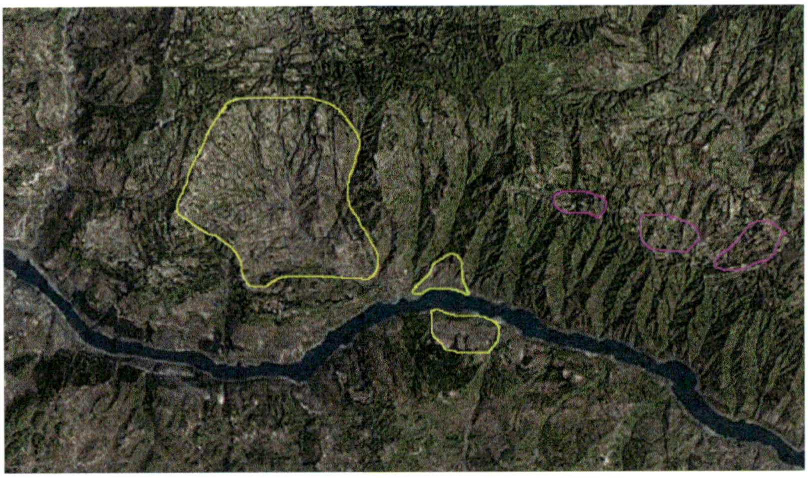

图 3-11　面状地质对象绘制效果图

3.4　栅格化建模方法

通过遥感软件构建矢量区域的方式(Area of Interest , AOI)定义栅格数据操作的研究区域,实现区域影像剪裁,能够快速的获取地质对象的栅格遥感解译影像,作为建模的栅格数据源。而解译影像在三维环境中的精确定位和有效表达则是实现三维地质环境建模的根本要求,这也关系到整个建模的应用效果。不同类型地质对象实现方法如下。

3.4.1　面状地质对象

(1)首先读取不良地质对象的数字化空间分布区域边界坐标数据。

(2)内插出区域范围内的 DEM 数据,连同边界数据点共同构成离散点数据,采用 Delaunay 的逐点插入法进行区域范围内离散点 Delaunay 三角剖分,构建地质对象的不规则三角网模型(图 3-12)。以地质对象的遥感解译影像作为

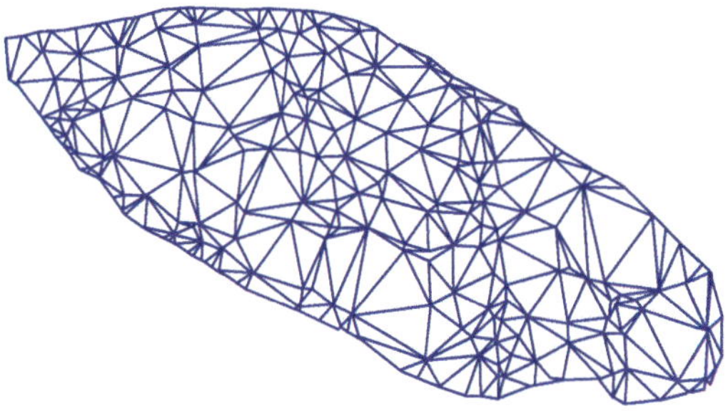

图 3-12　不良地质对象的 TIN 模型

图 3-13　遥感解译影像纹理

纹理(图 3-13),叠加在 TIN 模型上,实现影像的精确定位和影像叠加显示,其流程如图 3-14 所示。

纹理坐标的计算方法如下:

设坐标为 $P_1(x_1, y_1)$、$P_2(x_2, y_2)$ 分别表示解译影像的左下和右上角点坐标,$P_i(x_i, y_i)$ 为解译影像内的某点坐标。

令

$$\begin{cases} w = x_2 - x_1 \\ h = y_2 - y_1 \end{cases} \tag{3-9}$$

则点 $P_i(x_i, y_i)$ 对应的纹理坐标 $T(x_{i\_T}, y_{i\_T})$ 为

$$\begin{cases} x_{i\_T} = \dfrac{(x_i - x_1)}{w} \\ y_{i\_T} = \dfrac{(y_i - y_1)}{h} \end{cases} \tag{3-10}$$

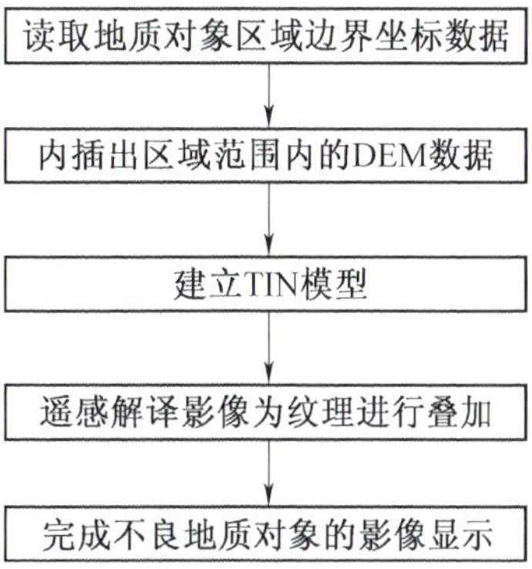

图 3-14　不良地质对象的影像建模流程

图 3-15 即为通过定位实现的地质对象遥感解译影像在三维选线环境中的叠加显示。

图 3-15　地质对象遥感解译影像在三维环境中表达

3.4.2　线状地质对象

线状地质对象(如断层)在空间上表现为具有较大延伸长度和较窄宽度(相对长度宽度可忽略)特点,为了适应这一特点,可在线状不良地质对象周围确定其一定边界范围,建立线状地质对象的封闭边界。将线状不良地质对象作为 TIN 模型的特征线,采用 CDT 构建方法建立约束 TIN 模型(图 3-16),然后按照面状不良地质对象处理,最后叠加在三维选线环境中。

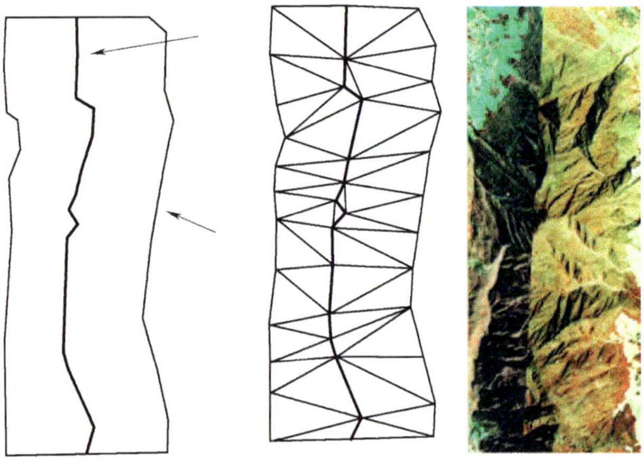

图 3-16　线状地质对象约束 TIN 模型与解译影像

3.4.3　地质对象文化特征建模

通过将数字地质对象的空间区域范围数据在三维选线环境中的描述和显示，实现了地质对象在三维选线环境中的集成，但是有一个问题还没有解决，即类型相同的地质对象如何区别。例如对于同为面状的滑坡、泥石流在三维地形上均表现为多边形，并不能够有效的加以区别。因此，这里提出地质对象文化特征概念，即用地质对象的名称和 ID 标识号作为其文化特征，将文化特征作为地质对象特殊的矢量数据，按照相应的地理位置叠加于地质对象的矢量三维目标上。这样，通过文化特征就能够有效的识别不同类型的地质对象。如滑坡：滑坡/ID_ *** ；泥石流：泥石流/ID_ *** ；崩塌：崩塌/ID_ *** 等。

标识位置确定方法如下：对于点状地质对象，直接在对应的三维点坐标处标识；线状则在多段线起终点或中心点处标识；面状则在多边形中心点处标识。由于多段线的起终点是已知的，下面说明多段线和多边形中心点确定方法。

(1)线状地质对象中心点确定

步骤 1：求解多段线总长度 L；

$L = \sum_{i=1}^{n-1} {}_{i}$，$n$ 为多段线控制点总数。

式中，$l_i = \sqrt{(x_{i+1} - x_i)^2 + (y_{i+1} - y_i)^2 + (z_{i+1} - z_i)^2}$，$(x_i, y_i, z_i)$ 为控制点 P_i 的坐标，$(x_{i+1}, y_{i+1}, z_{i+1})$ 为控制点 P_{i+1} 的坐标。

所有相临两控制点距离之和即为线状地质对象(多段线)的总长度 L，并保存所有 l_i 值。

步骤 2：根据步骤 1 所求解的 l_i 值，寻找 $\sum_{i=1}^{n-1} l_i \geqslant \frac{L}{2}$，满足此条件的 i 所对应控制点 $P_i(x_i,y_i,z_i)$ 即可作为多段线的近似中心点。求解过程可用下面代码表示。

```
int i=1;
float m_sumL=0;
while (m_sumL<=L/2)
{
  m_sumL= m_sumL+li;
  i++;
  loop;
}
```

(2)面状地质对象中心点确定

步骤 1：设多边形矢量边界控制点集 $P_t = \sum_{i=1}^{n} p_i(x_i,y_i)$，令

$P_{\min}(x,y) = \min(P_t)$，控制点集最小 x,y 坐标点；

$P_{\max}(x,y) = \max(P_t)$，控制点集最大 x,y 坐标点；

点 $P_{\min}(x,y)$ 和 $P_{\max}(x,y)$ 为多边形外接矩形左下角和右上角坐标。

$P_{\text{center}}(x,y) = \frac{1}{2}[P_{\min}(x,y) + P_{\max}(x,y)]$，多边形外接矩形的中心坐标。

步骤 2：判断点 $P_{\text{center}}(x,y)$ 是否位于多边形内，如果 $P_{\text{center}}(x,y)$ 位于多边形内，则不需要重新计算中心点，将点 $P_{\text{center}}(x,y)$ 近似的作为多边形的中心点，如图 3-17 所示；否则，依次计算 $P_{\text{center}}(x,y)$ 到多边形控制点的距离，取最小距离对应控制点为近似中心点，图 3-18 显示了处理过程。

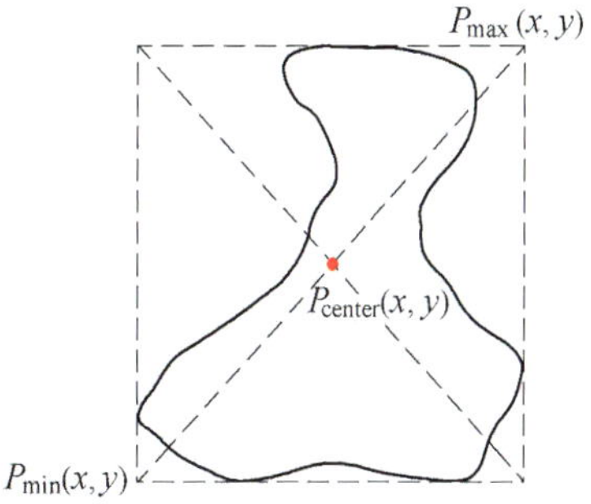

图 3-17　外接矩形中心在多边形内

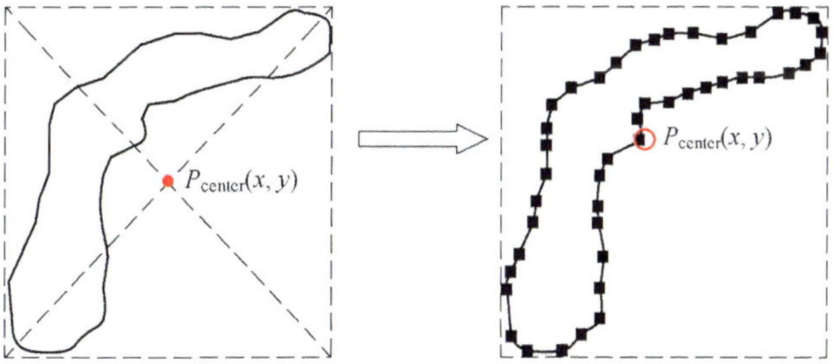

图 3-18　外接矩形中心在多边形外的处理方法

计算点 $P_{\text{center}}(x,y)$ 的高程值 z，最终点 $P_{\text{center}}(x,y,z)$ 为多边形的近似中心

点。图 3-19 即为地质对象文化特征信息在三维环境中的显示。

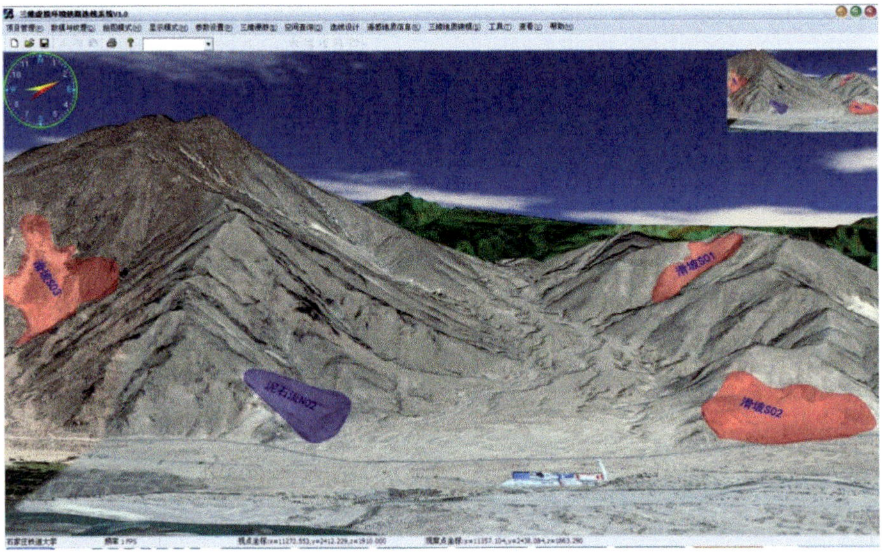

图 3-19　地质对象文化特征信息在三维环境中的显示

OSG 显示地质文化特征示例程序如下：

```
//创建文字
osg::ref_ptr<osg::Geode>createText(const char*  string,double x,double y,
double z)
{
    osg::ref_ptr<osgText::Text> text = new osgText::Text;
    osg::ref_ptr<osgText::Font> font = new osgText::Font();
    font = osgText::readFontFile("simhei.ttf");          //读取字体
    text->setFont(font.get());             //设置字体文件
    text->setText( L"滑坡 S02" );          //设置文字信息
    text->setCharacterSize( 20.5f );    //设置字体大小
    text->setColor( osg::Vec4(1.0f, 0.0f, 0.0f, 1.0f) );  //设置字体颜色
    osg::Vec3f position = osg::Vec3f( x , y, z );          //设置显示的位置
    text->setPosition( position );
    text->setAlignment( osgText::Text::CENTER_TOP );//设置文字对齐方式
    text->setAxisAlignment( osgText::Text::SCREEN );//设置文字方向正对屏幕
    osg::ref_ptr<osg::Geode> geode = new osg::Geode();//添加到叶节点中
    geode->addDrawable(text.get());
    return geode.get() ;
}
```

3.5　工程地质虚拟环境建模

在铁路数字化选线设计系统中,三维地形模型是基于不规则三角网(TIN)建立的表面模型。如何将地质对象的解译坐标精确定位到三维地形模型上,并叠加上解译图像进行外部显示,是实现不良地质对象融合建模的关键。铁路数字化选线系统中的数字地质信息包括矢量和栅格两种不同的数据模型。矢量结构的数据模型在计算机中存储方便,拓扑关系易于表达,并能快速有效的被计算机识别;栅格结构的数据模型通常具有表达直观形象的特点。这里采用矢量栅格混合结构数据模型,在计算机内部进行判断分析时,采用矢量结构数据模型,屏幕外部显示时,采用栅格结构数据模型。矢量数据也即解译坐标加入地形,选用动态加入法调入解译坐标。即在地形进行三角剖分形成 TIN 网格后,动态加入解译坐标,再对受影响地形区域进行块编辑和重新构网,形成新的 TIN 网格。该方法便于地质对象信息的管理,查询和分析。

根据数字化地质信息的类型将不良地质对象融合建模分为三个过程:解译坐标加入地形网格,解译影像叠加和解译属性的组织和动态显示。

解译坐标动态加入的关键是地形 TIN 网格的重构。其主要步骤如下:

(1)从数据库中读入地质对象的解译坐标;

(2)解译坐标连接成地质对象的边界线,将该边界线作为三角网构网的特征线;

(3)对受影响地形区域进行编辑,删除受影响区域内的三角网,保留离散点信息;

(4)更新影响区域范围内的三角网,使地质对象边界线成为三角网的边;

(5)保存该地质对象的 TIN 网格到数据库中。

图 3-20 给出了解译坐标加入后三角网重构的流程示意;图 3-21 给出的是

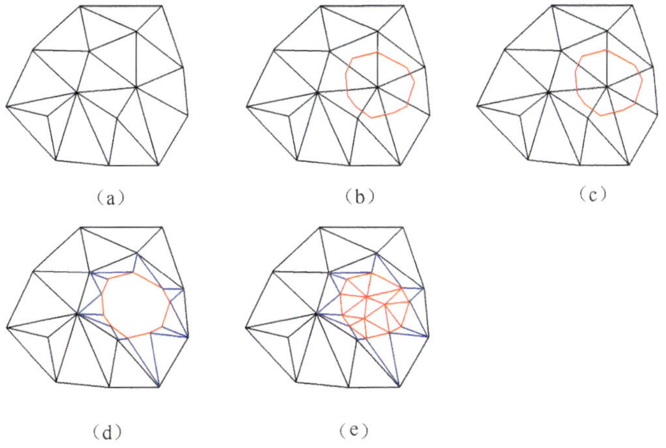

图 3-20　解译坐标加入后三角网重构示意

建模实例的解译坐标动态加入过程；图 3-22 给出的是地质对象集成的建模效果图。

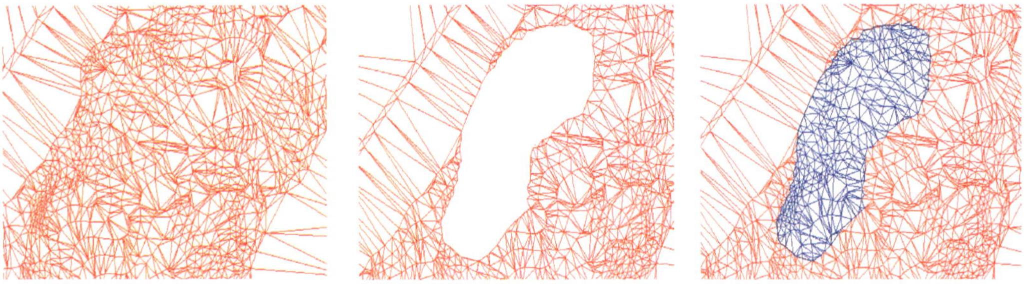

（a）地形TIN　　（b）删除影响区域的三角网　　（c）更新影响区域的三角网

图 3-21　解译坐标动态加入过程

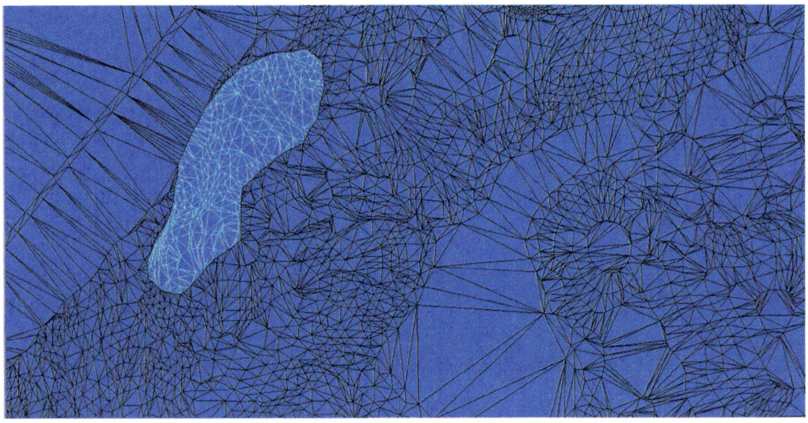

图 3-22　地质对象集成建模效果图

解译坐标动态加入地形后实现了地质对象在计算机内部的有效表达，使得计算机能够方便的识别各种地质对象，为解译图像的叠加和解译属性的显示提供了基础。

解译图像的叠加步骤：

(1)从数据库中读入地质对象的解译图像；

(2)读取地质对象对应的 TIN 网格信息；

(3)计算 TIN 网格顶点的纹理坐标，进行纹理映射，完成解译图像叠加。

图 3-23 显示了解译图像在三维地形环境中的叠加。

解译属性的动态显示：

基于 OSG 的纹理贴图融合技术，在选线设计时，当线路进入不良地质区域，对该地质对象进行高亮显示。并通过唯一识别的地质对象 ID，调入数据库中的解译属性进行提示。图 3-24(a)和(b)分别为在正射环境下和透视环境下地质对象解译属性的动态显示。图 3-25 显示的是多个不良地质区域对象与三维数字地形融合后的效果图。

（a）解译图像　　（b）解译图像叠加到三位地形环境中

图 3-23　解译图像的叠加

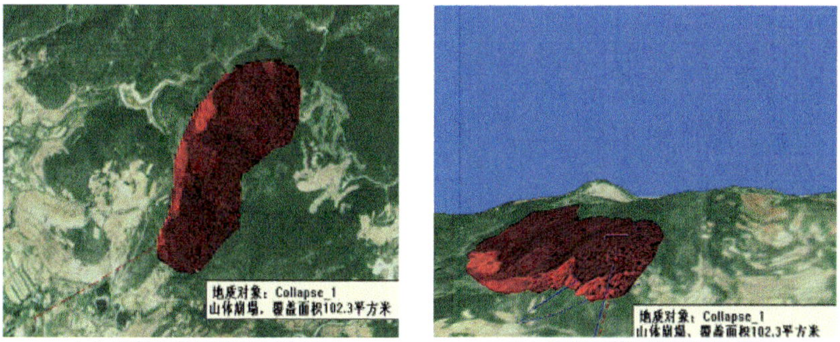

（a）正射环境下解译属性提示　　（b）透视环境下解译属性提示

图 3-24　解译属性的动态显示

图 3-25　多个不良地质区域对象与三维数字地形融合后的效果图

3.6 选线地质超地图模型

三维地理环境是实现选线设计的载体,如何在三维环境中进行选线设计时,能够为设计人员自动或交互式的提供这些信息,并将这些信息能够更有效的表达、组织和应用,是选线系统三维地理环境建模另外一个重要问题。既有研究的超文本方式主要是一种离散的个体信息,并不适合三维环境选线设计的需要。为此,引入超地图概念,因为超地图是具有地理数据获取功能的多媒体超文档(Laurini & Millerent Rafford,1990),通过地理坐标实现对地理数据的获取,能对与某一地区相关的所有超文档进行浏览,这个区域可以通过点击地图或通过定义查询窗口中的某一对象及范围来表达。所以,超地图不仅能做专题查询,而且还可以做地图查询。使用超地图概念,为对环境的理解提供了更有效的方法(Laurini,1992)。因此,以遥感正射影像图为基础,将地理、地质、水文信息和地质选线知识融入到超地图模型中,在三维地理环境中建立基于地理信息、地质、水文信息、地质知识的选线超地图模型,实现基于超地图模型对这些信息之间关系的非线性存储、组织、管理和浏览,为工程师提供图文并茂的地质、地理环境,辅助工程师在三维环境中更为有效的进行选线设计。

3.6.1 超地图概念

Laurini 和 Milleret-Raffort 借鉴超文本(Hypertext)和超媒体(Hypermedia)思想,于 1990 年提出超地图(Hypermap)的概念,他们把地图作为多媒体超文档的地理位置的参考架,并应用到 GIS 中。“超地图”是地图和超媒体的结合,可以通过地理坐标的形式在地图上确定的区域为超媒体文档信息,检索的方式可以选取地图上的一个目标、一个区域、定义一个窗口。

超地图理论可通过设置节点与超链,把不同目标以超文本方式链接起来;通过对节点的定义,以超链来实现地理信息的获取和以目录服务来实现地理信息的组织管理。本节建立的选线超地图模型涉及的概念主要有超地图工作区、超地图节点等,下面对这些概念做进一步的定义。

(1)超地图工作区

超地图工作区是一定区域内地物层的集合。就选线设计而言,是指在三维选线环境中,交互或自动确定的某一区域,该区域内所有的地理、地质、水文信息以及地质知识等信息的集合。通过将超地图工作区的一定区域或图形对象设置为超地图节点,可以建立该超地图节点到其他节点数据库。

(2)超地图节点

超地图节点作为一种特殊的对象,它表现为对地图一定区域范围或某个空间对象的链接关系,它的属性包括链接对象的特征、与被链接对象的特征、超链关系等。其类型包括文本、图像、矢量图形、虚拟现实等超媒体介质。对于三维选线环境来说,节点类型主要是与地理信息关系密切的矢量图形超地图节点,在影像地图中定义热区作为节点响应超链的空间范围,对于热区的确定一般有设置矩形区域、设置多边形区域和设置点、线、面等空间对象 3 种方法,其中数字地质对象的空间区域范围直接就可以作为矢量图形超地图节点。

3.6.2 三维选线环境超地图模型

1. 模型的组成

从面向对象的观点看,三维选线环境的超地图模型为空间信息对象(spatial object,O^S)的集合,由一系列的空间信息对象组成,即

$$H = \{O_1^S, O_2^S, \cdots, O_n^S\}, \qquad i = 1,2,\cdots,n \tag{3-11}$$

空间信息对象主要为超地图工作区内的地质对象、对应地质知识、地理、水文信息、三维地质模型等对象。

每一个空间信息对象 O^S 包含有 4 个基本的内容: ID^S 、H^M 、H^G 和 H^L ,表示为

$$O^S = \{\mathrm{ID}^S, H^M, H^G, H^L\} \tag{3-12}$$

式中 ID^S ——对象的唯一标识;

H^M ——非几何属性,如图形、图像、三维虚拟现实等多媒体信息;

H^G ——几何属性,如空间属性和其他数值型数据, H^M 和 H^G 一起组成为 O^S 的内部状态;

H^L ——O^S 的方法集合,定义了 O^S 对象内部之间、对象之间以及超地图内部之间的非顺序连接关系和操作方法集合。

所建立的超地图模型是从面向对象的分析方法出发,将超媒体视为地理信息的属性,同时将超图形视为地理信息的空间属性,二者一起形成对象的内部状态。超链接视为对象内部之间、对象之间以及超地图内部之间、超地图之间的非顺序连接关系和操作方法集合。

2. 模型的超目录结构

建立超地图模型的超目录结构就是对超地图模型中信息的基本组织方式采用目录树结构,并以各类对象类型为基本单元,建立面向对象的综合组织结构形式,将各类对象都纳入到同一个概念框架下,由超目录结构统一组织管理,提供快速定位功能的目录索引功能。

根据超地图工作区内各对象的类型,将超地图工作区内的节点按树型目录组织。每类地质对象与其相应的地质知识组成一个类,如图 3-26 所示。

(1)超目录结构的特点体现在:

①丰富节点与链的类型,进一步发挥超媒体模型的优点,以提供不同节点之间的灵活链接关系。

②建立基于对象类型的统一协调机制和结构模型。

③支持非地图信息的表达,特别是多媒体信息的表达。

(2)节点类型有以下四种:

①类型节点:用来在超地图工作区内不同对象类型间进行链接。

②对象节点:实现同一类型下各对象的链接。

③属性节点:实现对象内部各属性的链接。

④知识节点:实现不同类型地质对象的地质知识的链接。

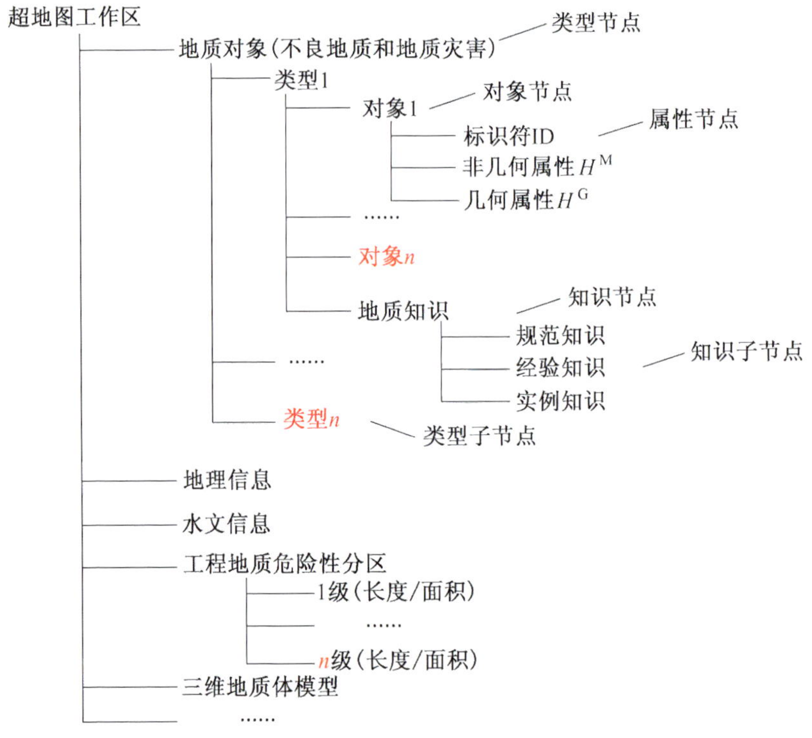

图 3-26　超地图模型的超目录结构

通过与地形数据库、遥感地质数据库、地质知识库等数据库的连接,检索超地图工作区范围内的所有相关地质、地理、水文、地质知识等信息,然后根据对象的类型,建立超目录结构,以超目录对信息进行组织和管理,从而建立基于影像地图的三维地理环境的超地图模型,能够很好地组织和表达多媒体数据,为工程师提供图文并茂的地质、地理和地质知识环境,在设计过程中,让工程师通过信息与知识的查询对线路所经行地区的地理环境进行分析,发挥想象力,调动工程师的智能,辅助工程师在三维环境中更为有效的进行选线设计。图 3-27 显示了超地图模型应用实例。

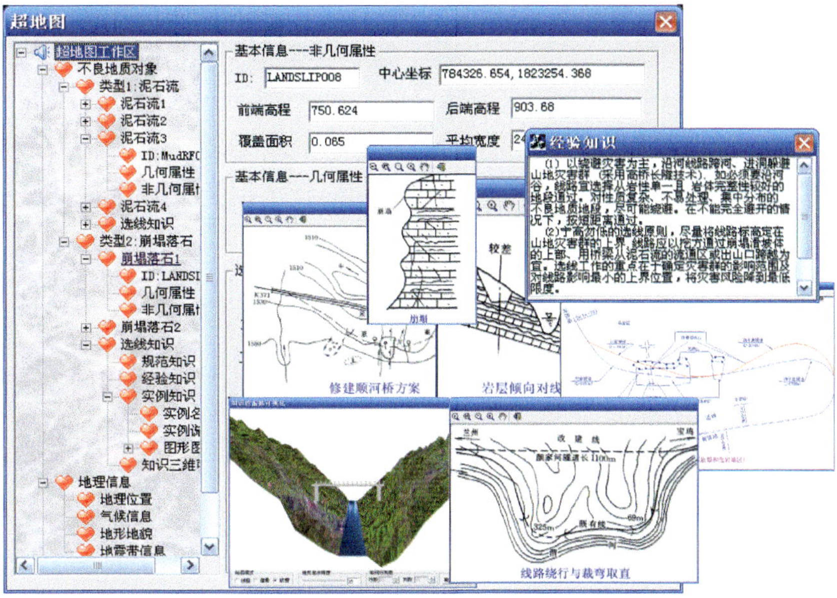

图 3-27　超地图模型应用实例

4 三维地质实体建模理论与方法

要开展空间立体地质选线就必须查明地下空间的基本结构特征，熟悉地质构造。传统的工程地质选线中地质资料的表达通常是以地质平面图、剖面图以及表格等形式提供，这种表达方式通常只能反映离散、局限的地质数据，地质对象的拓扑关系也难于确定。同时，由于地质构造的复杂性、模糊性与不确定性，在仅仅具有少量钻孔或地质离散点数据的地区，选线工程师很难得到直观有效的地质信息。现有的二维数据和较小比例尺的三维地质模型，也只能基本展示地下结构的相对位置，不能有效的说明具体地层，详细阐释空间结构、丰富展示地质对象信息，所以在线路特殊工点设计、桥梁选址、隧道洞门选址局部方案比选，线路优化设计等具体应用中，所起的作用不大。

因此，利用空间信息技术、虚拟现实技术、计算机图形学及可视化技术，将二维抽象的地质信息以三维可视化的图形效果直观形象地表达出来，构建逼真的三维地质实体模型，并任意剖切地质体、对地质体进行多角度观察、三维交互信息查询、地质对象拓扑关系快速展示等，能够辅助选线工程师快速的对线路经行区域的重点地质地下环境进行准确认识，及时掌握不良地质区域的位置、危险程度等，从而做出正确的决策判断。

本章主要阐述三维地质实体建模数据的获取、数据存储、数据模型设计、地质数据插值、地质体构建等关键技术及实现方法。

4.1 长大带状铁路区域地质建模数据的获取

长大带状铁路区域地质建模所需的数据主要包括：地表数字高程模型数据(Digital Terrain Model, DTM)、地表数字正射影像(Digital Orthophoto Map, DOM)、数字化的地质勘察资料(包括数字化的地质遥感解译数据、不良地质区域分布数据、钻孔数据、断层数据等）。通过地形 DTM 则可以得到地质体的边界，通过钻孔数据可以直接获取详细的岩层分布数据，可以得到地质体的各个层面。

4.1.1　三维地质环境的地表 DTM 获取

目前获取 DTM 数据的方法有多种，从数据源及采集方式主要有：(1)直接从地面测量，例如用 GPS、全站仪 、野外测量等；(2)从现有地形图上采集，如格网读点法、数字化仪手扶跟踪及扫描仪半自动采集，然后通过内插生成 DTM 等方法；(3)根据航空或航天遥感影像，通过摄影测量途径获取，如立体坐标仪观测及空三加密法、解析测图、数字摄影测量等；(4)通过激光扫描、干涉雷达等获取。四种获取方式对比见表 4-1。

表 4-1　DTM 获取方式的对比

序　号	获取方式	DTM 精度	速　度	成　本	更新程度	应用范围
1	地面测量	非常高(cm)	耗时	高	很困难	小范围区域，特别工程项目区域
2	既有地形图	图上精度(cm/m)	比较耗时	比较低	周期性	国家范围，中小比例尺地形采集
3	摄影测量	比较高(cm/m)	比较快	比较高	周期性	大的工程项目，国家范围
4	激光扫描、干涉雷达	非常高(cm)	很快	非常高	容易	高分辨率，各种范围

适用于长大带状地质环境地表 DTM 数据的获取方式，一般宜采用摄影测量或激光扫描、干涉雷达获取。考虑到成本的话，也可以采用精度较高的既有地形图数字化获取。数字摄影测量系统以遥感影像为基础，通过计算机进行影像匹配，自动相关运算识别同名像点得其像点坐标，再运用解析摄影测量的方法内定向、相对定向、绝对定向及运用核线重排技术，由此可以测定所拍摄物体的空间三维坐标，获得 DTM 数据，具有自动大规模生产 DTM 的功能。这里采用数字摄影测量系统 JX4-4G 获取地质环境建模中用到的 DTM，同时利用既有的 1：2 000 和 1：10 000 的等高线地形图提取离散点三维点坐标作为地表高程点数据的补充。

1. JX-4G 数字摄影测量工作站作业流程

JX-4G 数字摄影测量工作站(DPS)是结合生产单位的作业经验开发的一套半自动化的微机数字摄影测量工作站，主要用于各种比例尺的数字高程模型

“DEM”、数字正射影像“DOM”、数字线划图“DLG”生产，是一套实用性强，人机交互功能好，有很强的产品质量控制的数字摄影测量工作站。航空摄影测量内业生产 DTM 的作业过程即是地形、地物要素特征点、线的采集过程，作业流程如图 4-1 所示。

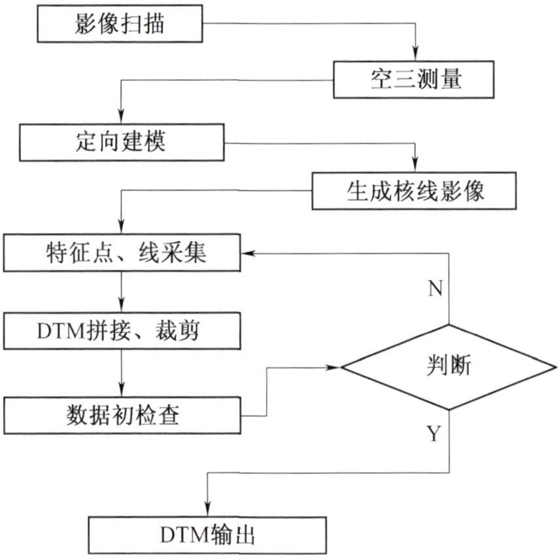

图 4-1　JX-4G 生产 DTM 作业流程

2. DWG 等高线图的离散点坐标自动提取

针对既有 dwg 格式既有等高线地形图，通过 AutoCAD 二次开发程序（由于 AutoCAD 二次开发读取 dwg 或 dxf 文件数据的方法已经很成熟，不再赘述），自动选择和提取出图中的所有等高线多段线上的三维点坐标作为地表高程点数据的补充。选取川藏铁路拉林线协荣—扎其段经行区域的既有等高线地形图，提取出离散点数模，如图 4-2(a)、图 4-2(b)所示。

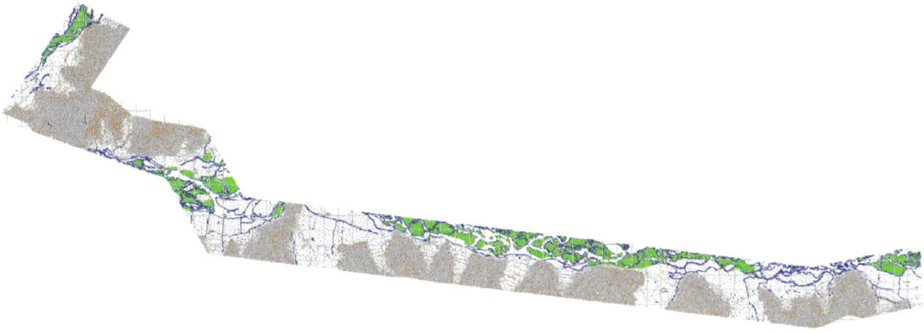

(a) 川藏铁路拉林线协荣—扎其段经行区域的既有等高线地形图

(b) 川藏铁路拉林线协荣—扎其段经行区域的提取

图 4-2 等高线图的离散点坐标自动提取

3. 地表离散点数模粗差值剔除

由于地形点的任意性强,变化多且无规则,而且数据量大,原始地形点的粗差检测与剔除一直是影响数字高程模型精度的最主要原因。DEM 粗差的产生主要出现在 DEM 提取过程中,并最终表现在高程 Z 上。同系统误差、偶然误差相比,粗差实际上是一种错误,与前两种误差相比,粗差对数字高程模型所反映的空间变化的扭曲极为严重。在有些情况下,粗差的存在还会导致 DEM 及其产品严重失真甚至完全不能应用,即使利用全数字摄影测量方法自动生成的 DEM 数据,同样会存在粗差,也要对 DEM 的粗差进行必要的检测与剔除。在对 DEM 粗差检测和剔除上,有 Hannah (1981) 提出的基于坡度信息算法,Feliásimo (1994) 提出的统计参数法等。但这些方法都具有一定的局限性,如 Hannah 的方法最大缺点是在于所接受的或拒绝的既定准则都是建立在绝对意义上,如阈值选择等,在地形起伏大的地区,很难找到一个适应于全局的阈值。韩玲提出改进的基于坡度信息的粗差检测与剔除方法,考虑坡度变化的相对值并以这些相对值计算一个统计值,作为判定数据点合法性的阈值,避免使用预先给定的绝对阈值所带来的问题。但单独利用坡度信息的方法,并不能全部检测(如边界点、当粗差分布集中时)、改正所有粗差点,因此,采用改进的基于坡度信息和三维可视化相结合的方法,共同对 DEM 粗差进行检测和剔除。

(1) 基于坡度信息的粗差检测与剔除

1) 算法推导

由于坡度是地表面的一个基本属性,因此可利用坡度的连续性和一致性来检测格网数据中的粗差。如果在一个点的周围一定局部区域内约束的坡度和允许坡度变化量大于给定的约束条件(阈值),就可以认为该点可能存在粗差。这就是基于局部区域的坡度约束技术的原理。对于每个格网点$[i,j]$均有 8 个相邻点,每个点都可以用相对于$[i,j]$点的方向矢量 D_i、D_j来辨认,如图 4-3 所示。

该算法是基于坡度连续性的，它考虑坡度变化的相对值并以这些相对值计算一个统计值，作为判定数据点合法性的阈值，避免使用预先给定的绝对阈值所带来的问题。如图 4-3 所示，P 点在高程矩阵中的行列号为(i, j)，它的八邻域点 5，6，7，10，11，14，15，16 的行列号分别为：5 点$(i+1, j-1)$，6 点$(i+1, j)$，7 点$(i+1, j+1)$，10 点$(i, j-1)$，11 点$(i, j+1)$，14 点$(i-1, j-1)$，15 点$(i-1, j)$，16 点$(i-1, j+1)$，P 点与 8 个邻域点在行列方向可分别计算出 6 个坡度值。以行方向上的计算为例，这 6 个坡度值分别是 5 和 6、6 和 7、10 和 P，P 和 11、14 和 15 以及 15 和 16 之间的坡度。

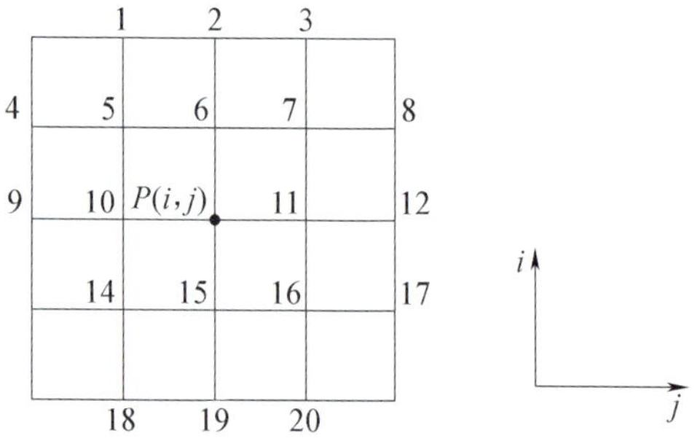

图 4-3　点位关系图

①P 点与任一相邻点的坡度定义

坡度定义

$$\text{slopej}(i+1,j-1)=[H(i+1,j)-H(i+1,j-1)]/\text{Dist}(j-1,j) \tag{4-1}$$

式中，$H(i,j)$ 为与格网点联系的高程；$\text{Dist}(j-1,j)$ 是指点 $(i+1,j)$ 和 $(i+1,j-1)$ 之间的欧几里德距离。同理，可计算其余 5 个 j 方向坡度 $\text{slope}j(i+1, j)$，$\text{slope}j(i, j-1)$，$\text{slope}j(i, j)$，$\text{slope}j(i-1, j-1)$，$\text{slope}j(i-1, j)$，以及 i 方向的坡度计算。设格网间距为 width，则 $\text{Dist}(j-1,j)$ 的计算公式如下：

令 $\text{der}H=H(i+1,j)-H(i+1,j-1)$

则
$$\text{Dist}(j-1,j)=\sqrt{\text{der}H*\text{der}H+\text{width}*\text{width}} \tag{4-2}$$

②坡度变化差值的计

j 方向：$\text{Dslope}j(i,j,1)=\text{slope}j(i,j)-\text{slope}j(i+1,j)$

$\text{Dslope}j(i,j,2)=\text{slope}j(i,j)-\text{slope}j(i-1,j)$

i 方向：$\text{Dslope}j(i,j,1)=\text{slope}j(i,j)-\text{slope}j(i,j-1)$

$\text{Dslope}j(i,j,2)=\text{slope}j(i,j)-\text{slope}j(i,j+1)$

如果所探测的 P 点没有粗差，虽然坡度和坡度变化的绝对值在不同地方可能会有变化，但在同一方向（如行方向）上的坡度变化差值（Differences in Slope Change，DSC）应保持一致，因此这些坡度变化差值可以作为评估坡度一致性和检测粗差的基础。所有点的 DSC 值将用于计算是否接受或拒绝某点的阈值。

③阈值的计算

坡度变化是否一致,可从所有数据点的 DSC 值计算出来的某些统计标准来判定。如绝对平均值、均方根值、标准偏差、算术平均值等。试验是采用分别计算行、列方向两个均方根误差(root-mean-square deviation,RMSE),计算每个数据点在同一方向上的两个 DSC 值相加,其和用于计算 RMSE 值,该方法优点是如果坡度变化一致的话,则同一点在同一方向上的两个 DSC 值和的绝对值将是很小的(接近 0),反之,如果坡度变化不一致的话,这个值将比较大。如果一点在行列方向上的 DSC 值都大于阈值(阈值为 RMSE 的 K 倍),则可确信它含有粗差。对于 K 值,不同情况下,可以使用不同的值,如果 DSC 值分布比较均匀(此时 RMSE 值比较小),K 可以取大一些的值,反之,则 K 可以取小一些的值。

2)粗差的剔除

设 P 点含有粗差,点 1 到 20 是它的邻点,所有点(邻近边界的点除外)的坡度及坡度变化值在检测粗差的过程中都已计算出来,另外点 6、16、10、11 处的 4 个估值也已计算出来,估计值的计算以点 10 为例,j 方向的点 5 和点 14 的坡度变化值的平均值作为点 10 在 j 方向的估计值,则点 10 对 P 的新坡度值以下式计算。

$$\mathrm{Slope}(10,j)=\mathrm{slope}(9,j)+(\mathrm{slope}(5,j)+\mathrm{slope}(14,j))/2 \tag{4-3}$$

利用上式计算 P 点的高程,将 4 个方向上的估值都计算完后,取其的平均值便可以作为 P 点的高程值。如果点 9 和点 10 或这一边的其他领域点(4、5、6、14、15、16)被怀疑含有粗差,则这一边的估计值的可靠性就会降低,不能参与下一步的计算。与此相似,在单独一轮计算中 P 点也有可能不能取得可靠估计值,需要进一步计算或进行交互处理。如果粗差分布比较集中,则有可能在单独一轮计算中有些粗差不能被检测出来。在这种情况下,含有粗差的点的相邻点也含有相同大小不一的粗差,因此该点被认为不含粗差,因此需要进一步的检测以发现残余的粗差。这个算法只用于改正那些不在边界点附近的可疑点,至于边界上的点,将不作任何处理。

3)算法实现

根据上述检测算法,对于 DEM 进行粗差检测,系数 $K=3$,共检测到 332 个粗差数据点;当 $K=2$ 时,共检测到 8 942 个粗差数据点,可见系数 K 对检测结果影响很大。可按照上述的粗差剔除方法进行自动剔除,并将改正后的 DEM 结果输出到外部文件,对改正后的输出结果进行多次粗差检测,检测结果见表 4-2。

表 4-2　多次粗差检测结果

检测次数	检测数据文件	检测粗差点数
1	原始数据文件	322
2		46
3	上一次检测,粗差改正	39
4	输出的数据文件	35
5		35

从表 4-2 中可以看出,使用上述算法对数据进行处理后,粗差点能够有效的减少,对改正后的输出文件进行重复检测,发现当达到一定次数后,检测到粗差点数保持一个相对稳定值,并不能完全消除所有粗差点,说明粗差分布集中,因此,需要进行交互改正。

(2)基于三维可视化的粗差检测与剔除

由于单独利用坡度信息的方法,并不能全部检测(如边界点、当粗差分布集中时)、改正所有粗差点,而 DEM 有着非常适宜于建立三维可视化的特点,采用 DEM 三维可视化技术,可以交互式地来检查 DEM 中出现的可疑数据,剔除严重影响 DEM 数据质量的粗差,这样可以结合区域地貌变化规律对异常点进行快速准确的判定,如图 4-4 所示。

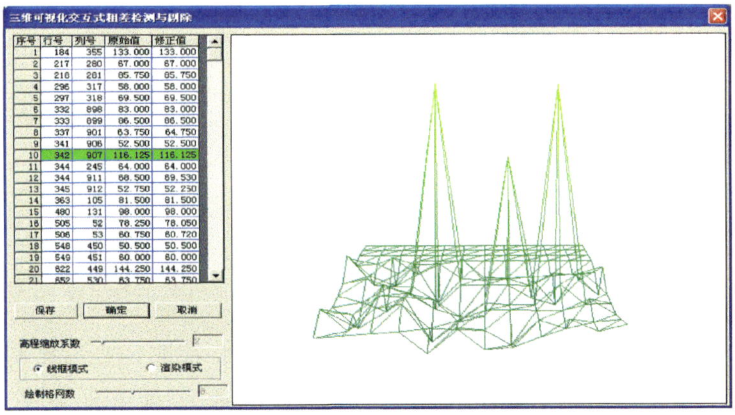

图 4-4　基于三维可视化的粗差检测与剔除

在利用坡度信息的方法所检测到的所有可疑点全部读取到左侧数据表格中,选择任一行数据,即可建立以该点为中心的三维可视化模型,进行交互式检测,并可以直接在改正数据列中手工输入正确的高程数据。

通过键盘的上、下、左、右键对三维模型进行动态观察,调整参与建模的可疑点区域范围。三维模型有线框模式的渲染模式两种,如图 4-5 所示。

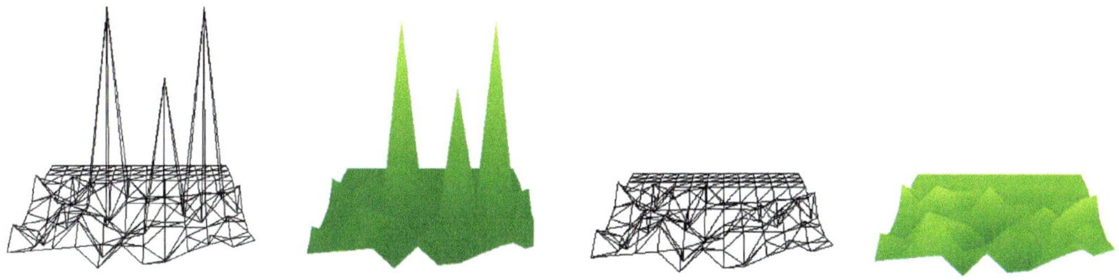

图 4-5　三维可视化检测的线框透视与渲染模式

4.1.2　基于 Google 地理信息服务的地表影像获取

地质体的地表影像一般可以采用航测、遥感卫星影像通过数字摄影测量系统进行解析获取。当线路处于前期规划阶段或者航片、卫片影像资料缺乏的情况下，为了开展基于地质实体建模的数字地质选线，可以采用公共网络平台发布的地理信息进行地表影像的获取。

1. 网络地理影像资源分析

对于影像资源，能够直接从网络上获取的种类较多，主要分为两类：一是初级的影像的产品，如 Landsat 系列影像、EO-1 卫星影像等，其影像多光谱波段分辨率为 30 m。这类影像可以直接从发布网站上下载，发布这类影像的组织会提供完整的影像信息，例如影像的来源精度、坐标、拍摄时间以及处理技术等，但该类影像只经过了初级的矫正，应用于实际生产前还需专业的处理；二是网络地图服务提供的影像，例如 Google Earth/Maps、World Wind、Yahoo 地图、百度地图等提供的卫星影像。相对于前一类，这类影像的分辨率较高，最高分辨率为分米级，并且现势性好。网络地图服务除了提供卫星影像资料之外，还能提供较全的地名、河流、既有道路以及边界等标注图层，非常有利于开展选线工作。经过对上述几种影像资源进行综合分析和对比测试，Google Earth/Maps 的影像相比其他几种网络地图的影像资料最为全面，因此，选定 Google 网络地理影像作为影像数据源，针对 Google Earth/Maps 的影像下载技术进行了研究，获取了案例区域地质建模需要的地表影像。

通过下载的北纬 32.18°N，东经 118.98°E 附近各种影像进行对比，缩放等级较小，范围较大时，显示的低分辨率截图，如图 4-6 所示。

缩放等级较大，范围较小时显示的高分辨率截图（百度，Yahoo 影像缩放等级放大后，很多区域无高分辨率影像），如图 4-7 所示，从图上可以看出，Google 影像更清晰。

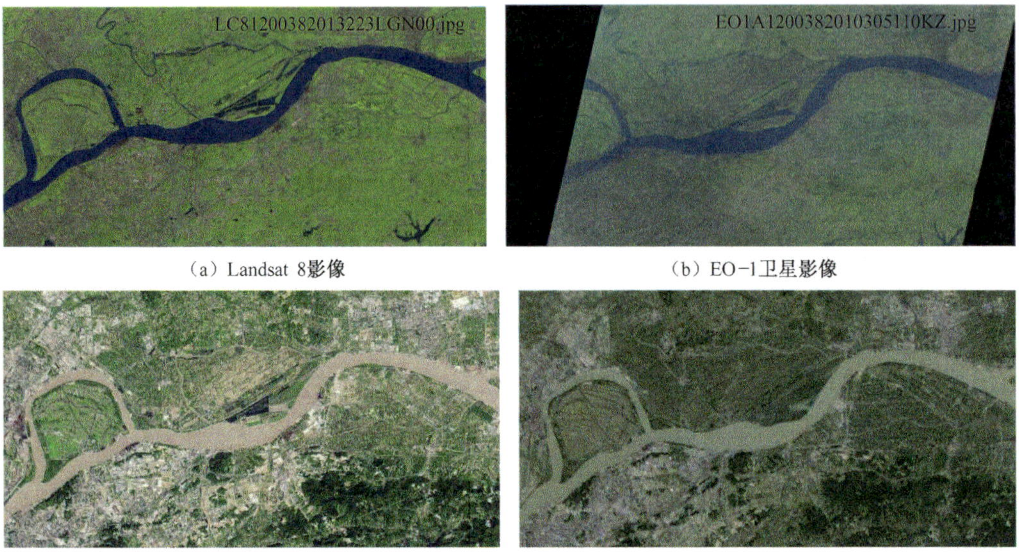

（a）Landsat 8影像　（b）EO-1卫星影像

（c）Google影像　（d）百度影像

图 4-6　缩放等级较小的网络地理影像截图对比

（a）Landsat 8影像　（b）EO-1卫星影像　（c）Google影像

图 4-7　缩放等级较小的网络地理影像截图对比

2. Google 地理影像获取技术

无论是 Google Earth 还是 Google Maps 都没有提供直接的影像数据下载接口，目前主要使用三种方法进行影像获取。

(1)借助第三方工具在 Google Earth 平台进行影像截图获取。

(2)通过 Google Earth 提供的 COM API 函数，编制提取程序实现目标区域内的影像。

(3)基于 Google 影像的地图投影和影像瓦片的切片原理，通过自动计算瓦片 URL 地址，采用 http 协议实现 Google 影像的远程下载。

采用方法(1)在 Google Earth 上截取影像的软件比较多，方法也较简单；方法(2)在较多文献也有详细论述，本书中不做讨论，只针对方法(3)的下载方法进行研究。

3. 基于 Google Maps 服务器的影像下载

(1)Google Maps 地图投影原理

地图投影是指建立地球球面点与地图平面点之间一一对应关系的数学变

换方法。Google Maps 采用的地图投影方式为 Web 墨卡托(Web Mercator),也叫公共可视化伪墨卡托(Popular Visualisation Pseudo Mercator,PVPM)。该投影的大地基准面采用的是 WGS84 椭球体,但是为了网络可视化的方便,采用了球面墨卡托的投影计算公式(投影定义 EPSG(Eourpean Petroleum Survey Group) 3875,投影运算方法代号 1024)。假设球面经纬度坐标为(λ, φ),地图平面坐标为(E, N),其投影正算公式为

$$
\begin{aligned}
E &= R \cdot \lambda \\
N &= R \cdot \ln[\tan(\pi/4 + \varphi/2)]
\end{aligned}
\tag{4-4}
$$

式中　E——东西方向坐标;

N——南北方向坐标(m);

λ——经度;

φ——纬度(弧度);

R——球体半径,计算过程中取 WGS84 椭球的长半轴半径 6 378 137.0 m。

由式(4-4)可知,当 φ 角度取值接近±90°时,也即靠近南北两极,y 值趋向于无穷,考虑到图幅切割和算法实现的方便,Google 工程师们对基本地图影像进行了裁剪,使其刚好成为方便四叉树分割的正方形地图。根据 Web Mercator 投影坐标系的定义,这个正方形地图投影坐标区域为:$[(-\pi R, -\pi R), (\pi R, \pi R)]$,因此式 4-4 中 λ 的角度取值范围为[-180.0°,180.0°],φ 的角度取值范围为[-85.051128°,85.051128°]。

(2)瓦片索引计算

Google Maps 采用瓦片金字塔模型对影像瓦片进行组织与管理,每个瓦片大小为 256×256 像素。经测试,目前 Google Maps 瓦片最高缩放等级 $n=23$,但是并非每个区域都有第 23 级影像,最低缩放等级 $n=0$,此时整个地球经过投影和裁剪后得到一块 256×256 像素的瓦片。瓦片数据采用四叉树进行编码,树的根节点对应缩放级别为 0 的单张全球影像瓦片,缩放等级每提高一级,上一级叶节点四分为 4 个子节点,每个节点对应一块瓦片数据。Google 服务器利用瓦片坐标来标识每个瓦片,瓦片坐标由 i, j 两个整数组成,由左至右、由上至下 i, j 依次递增,左上角瓦片坐标设置为(0,0),对应第 n 级瓦片的右下角为$(2^n-1, 2^n-1)$,Google Maps 瓦片坐标及四叉树分割示意如图 4-8 所示。

为了给出经纬度范围就能获取 Google Maps 的瓦片数据,需要根据经纬度(λ, φ)计算出瓦片坐标(i, j)。当缩放等级为第 n 级时,整个投影区域被分为 4^n 块,i、j 方向各均分为 2^n 等份,第 n 级瓦片的分辨率(单位:m/像素)为

$$\gamma_{res} = \frac{2 \cdot \pi \cdot R}{256 \times 2^n} \tag{4-5}$$

根据投影坐标系与瓦片坐标系的等比例关系，得到瓦片坐标与投影坐标的计算公式为

$$\begin{aligned} i &= \mathrm{ent}\left(\frac{E + \pi \cdot R}{256\gamma_{res}}\right) \\ j &= \mathrm{ent}\left(\frac{-N + \pi \cdot R}{256\gamma_{res}}\right) \end{aligned} \tag{4-6}$$

将式(4-6)与式(4-4)、式(4-5)联立得，瓦片坐标与球面经纬度坐标计算公式为

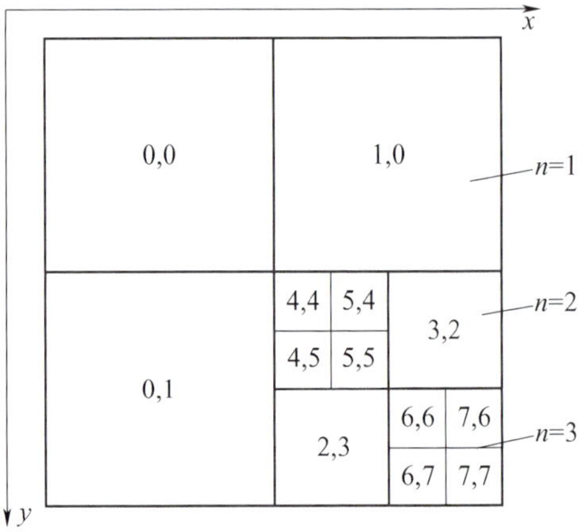

图 4-8　Google Maps 瓦片坐标及四叉树分割示意图

$$\begin{aligned} i &= \mathrm{ent}\left(\frac{\lambda + \pi}{2 \cdot \pi} \cdot 2^n\right) \\ j &= \mathrm{ent}\left(\frac{-\ln[\tan(\pi/4 + \varphi/2)] + \pi}{2\pi} \cdot 2^n\right) \end{aligned} \tag{4-7}$$

式中　ent——取整符号；

其他参数意义同前。

(3)瓦片 URL 地址分析

打开 GM 官网 www. google. com/maps 或是 http://ditu. google. com/，前者为国际版，后者为中文版。打开 GM 网页后点击 Satellite 显示卫星影像。利用 Google Chrome 浏览器开发人员工具可以查看瓦片的 URL 信息，具体步骤利用 Google Chrome 浏览器打开 http://maps. google. com/，打开开发工具，点击资源标签，在 Frame\\(maps. google. com/)\\Image 目录下可以看到类似以下命名的元素：

lyrs=h@218000000&hl=en&src=app&x=216&y=94&z=8&s=Galile

lyrs=m@218000000&hl=en&src=app&x=216&y=94&z=8&s=Galile

v=130&src=app&x=216&y=94&z=8&s=Galile

单击这些元素在右侧显示这些详细信息，从详细信息中看到，前两者为 png 格式图片，第三个元素为 jpg 格式图片对应 URL 分别为：

http://mt1. google. com/vt/lyrs=h@218000000&hl=en&src=app&x=216&y=94&z=8&s=Galile(简称 URL1)

http://mt1. google. com/vt/lyrs=m@218000000&hl=en&src=app&x=216&y=94&z=8&s=Galile(简称 URL2) http://khm0. google. com/kh/v = 130&src = app&x = 216&y = 94&z = 8&s = Galile(简称 URL3)

对应的图片如图 4-9 所示。

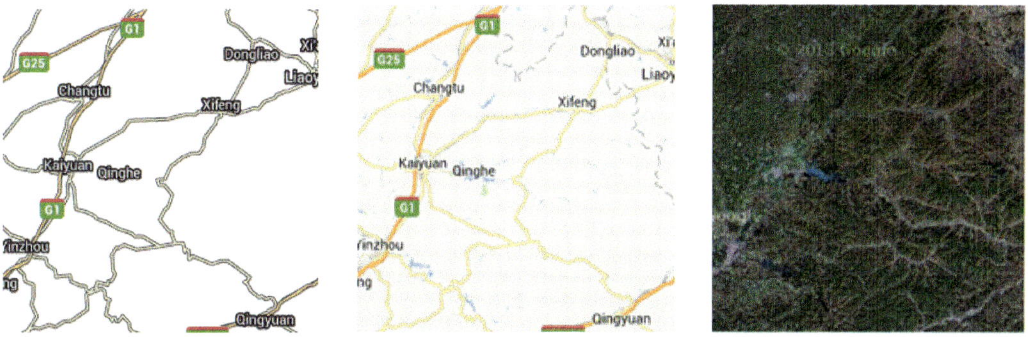

图 4-9 URL1(左)、URL2(中)、URL3(右)对应瓦片

从域名上分析前两个 URL 指向一个服务器,暂命名 mt *,第三个 URL 来指向另一台服务器,暂命名为 khm *,通过改变 URL 中各字段参数测试可得到部分字段含义。mt * 服务器能提供普通地图、卫星影像以及包含道路、界线信息的合成地图下载服务,khm * 仅提供卫星影像。通过构造 URL 进行 Google Maps 影像瓦片下载,首先需要了解瓦片 URL 各字段的含义。以 URL1、URL2、URL3 为例对瓦片 URL 各关键字段含义进行测试,其测试结果见表 4-3。

表 4-3 Google 影像瓦片 URL 字段含义

字　段	含　义	可否缺省
mt1	mt 表示 Google Maps 服务器;数字表示服务器编号,取 0~3	No
vt	mt 服务器存储瓦片数据的文件夹	No
lyrs=h@167	lyrs 表示图层;等号后面的首字母表示不同的图层,h 标注图层,s 无标注卫星影像,y 有标注卫星影像,m 为底层地图,r 为道路、河流等图层,p 等高线图层;@后的数值表示不同的标注字体	No
hl=en	hl 表示标注语言种类;en 英语,zh-cn 简体中文	Yes
x=216	瓦片 x 坐标	No
y=94	瓦片 y 坐标	No
z=8	瓦片缩放级别	No
src=app	含义暂不明确	Yes
s=Galile	s 取值共有八个字符:Galileo 和空字符,含义暂不明确	Yes

续上表

字　段	含　义	可否缺省
khm0	khm 表示 Google Maps 服务器;数字表示服务器编号,取 0~3	No
kh	khm 服务器存储瓦片数据的文件夹	No
v=140	影像版本号	No

明确 Google Maps 瓦片 URL 各字段含义就可以根据需要来构造 URL 地址,并通过 libcurl 库(应用于客户端的开源多协议文件传输库)函数进行下载。需要注意的是,在构造瓦片 URL 地址时,语言种类 hl 应尽量选择为英语或者直接缺省,因为经测试发现,当为简体中文时,影像存在地理坐标偏移。

(4)基于 CURL 的下载技术

CURL 是应用于客户端的开源多协议文件传输库,支持 HTTP、HTTPS、IMAP、POP3、FTP 等协议,并且支持 SSL 证书、代理、Cookies、文件断点续传 http 代理等。CURL 具有良好的移植性、可在多种台工作,具有免费、高速、线程安全、高兼容性等优点,因此,采用基于 CURL 模拟浏览器访问 Google 瓦片服务器并实现 http 协议下文件的多线程下载。CURL 库提供三个接口 Easy Interface(负责单任务处理)、Multi Interface(批量任务处理)、Share Interface(负责多线程间共享数据时采用)。

WMS 瓦片下载本属于批量任务范畴,但在下载影像瓦片时并没有采用 Multi Interface,而是基于多线程实现批量任务,目的在于 WMS 瓦片下载的过程服务器反馈的信息做出及时响应。

下面只对 CURL 的 Easy Interface 的函数加以介绍,其他接口可参考文献 CURL 官方说明文档。Easy Interface 常用函数说明见表 4-4。

表 4-4　Easy Interface 常用函数说明

函　数	说　明
curl_easy_init	第一个被调用的 CURL 函数,完成初始化任务,非线程安全
curl_easy_setopt	通过该函数设置 CURL 执行函数的相关选项及参数
curl_easy_perform	该函数应在所有 curl_easy_setopt 之后被调用,该函数会按照 curl_easy_setopt 函数设置的句柄选项和参数执行数据传输
curl_easy_cleanup	最后被调用,释放 curl_easy_init 申请的内存空间
curl_easy_getinfo	获取 CURL 会话的内部信息
curl_version	获取当前 CURL 版本信息,返回指向 string 的指针
curl_getdate	将 string 格式时间转换成 time_t 格式
curl_slist_append	创建一个链接链表
curl_slist_free_all	释放一个链接链表

续上表

函　数	说　明
curl_easy_escape	URL 编码
curl_easy_unescape	URL 解码

使用 CURL 下载 Google 影像瓦片,有时会被服务器拒绝,但是通过浏览器却可以访问,例如 http://mt.google.com/vt/lyrs=s@167x=99&y=49&z=7,浏览器下载可以,但如果直接通过该 URL 无法访问,服务器将拒绝数据请求,错误代码为 403,解决方案是调用 curl_easy_setopt 函数对 CURLOPT_USERAGENT 选项进行设置来模拟浏览器,其值可以为"User-Agent: Mozilla/5.0 (compatible; MSIE 8.0; Windows NT 5.1; CIBA)"。经测试可以为空,但此步不可省。下载是否成功利用 curl_easy_getinfo 函数的 CURLINFO_RESPONSE_CODE 选项返回值来判定,返回 200 表示下载成功。

(5)多线程下载策略

为了平衡用户请求,Google 的 mt 服务器和 khm 服务器都各有 4 台,对于下载高分辨率的瓦片,瓦片数量巨大,所以为了实现高速下载,宜采用多线程技术。由于不同线程链接的服务器可能不同,所以下载速度也存在差异,如果直接将任务均分给 n 个线程,则必然使某一线程成为瓶颈。因此,设计了一种"能者多劳"的多线程下载任务分配方式,首先将待下载的瓦片地址计算好,假设有这样一个"任务池",将每个瓦片看成一个"任务",将计算好的瓦片放入任务池中,当一个线程开始执行或是完成了上一个下载任务,就会主动向"任务分派模块"发送任务请求,然后由"任务分派模块"从"任务池"中获取任务,如果获取成功,则将任务信息发送给该线程,并将该"任务"从"任务池"中删除,如果"任务池"中没有任务了则向该进程发送终止运行消息,线程正常退出,不再执行任务,直至最后一个线程正常退出,向系统发送下载完成消息,否则发送异常退出消息,并记录在下载日志文件中,多线程下载示意图如图 4-10 所示。

在多线程下载过程中,构造的瓦片 URL 服务器编号可以不指定,这样空闲线程会主动寻找最快链接上的服务器。不过这时使用 curl 库函数下载瓦片,服务器将拒绝数据请求并回复 403 错误,需要调用 curl 库中 curl_easy_setopt()函数对 CURLOPT_USERAGENT 选项进行模拟浏览器设置,其值可以为空,也可以为"User-Agent:Mozilla/5.0 (compatible; MSIE 8.0; Windows NT 5.1; CIBA)"。使用 curl 库的 curl_easy_getinfo()函数获取 CURLINFO_RESPONSE_CODE 的返回值,可以判断是否下载成功,当返回值为 200 时,代表

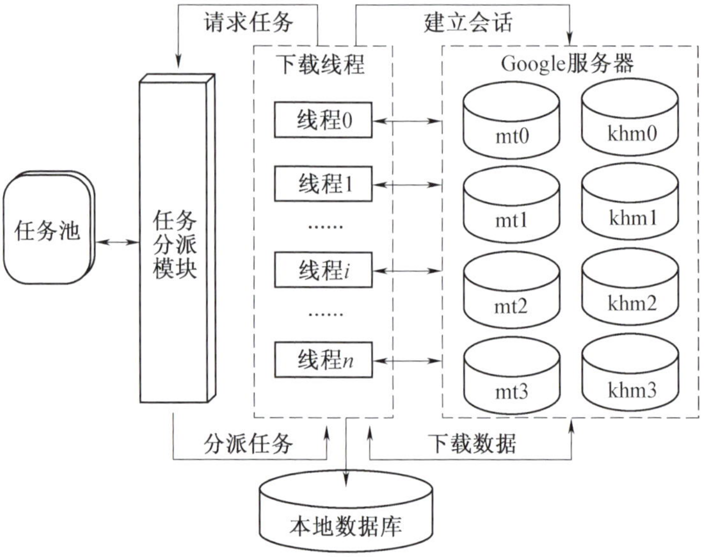

图 4-10　瓦片多线程下载示意图

下载成功。下载完成后为影像瓦片指定一个唯一索引标记 Key,并将其作为该瓦片的文件名。Key 的生成规则为:Key = Ln_Xi_Yj;n 为缩放等级,i, j 为瓦片索引坐标。

(6)影像瓦片拼接及重投影变换

由于 GE/M 瓦片为正射影像,所以拼接前无需对瓦片进行处理,但往往需要拼接的瓦片数量巨大,建议采用开源 GDAL 进行影像拼接,其优点是占用内存小,运行稳定,拼接速度快。拼接工作主要通过 GDALRasterBand::RasterIO 函数或 GDALDataset::IRasterIO 函数来对影像进行读写,两者略有不同,其函数原型及用法请参考 GDAL 官方说明 http://gdal.org/annotated.html ,这里不再赘述。

与影像多线程下载类似,引入"任务池"概念,利用多线程实现多瓦片同步拼接。由于拼接后的影像较大,不利于存储,建议采用 jpg 格式存储,但是 GDALRasterBand::RasterIO 无法直接生成 jpg 格式的图片,需要先生成 Tiff 格式的,然后通过 GDALDriver::CreateCopy 函数根据生成的 Tiff 格式影像创建一个 jpg 格式的副本即可。

对于瓦片坐标投影变换有两种方案:其一,单独对瓦片进行重投影,然后统一拼接在一起;其二,先将瓦片拼接在一起,然后进行投影变换。矩形的瓦片经过投影变换后,往往得到的是不规则四边形,拼接后影像边缘会产生部分无效区域,拼接时要对无效区域进行判断需要一定的计算量,采用先拼接后做投影变换,影像重投影过后分块,分块原则为在保证计算机能够处理的前提下分块越大越好，过小分块会导致磁盘频繁的读写，降低程序的执行效率。

由于拼接后影像可能会很大而无法一次性写入，GDAL 内部会采用分块写入的方式来处理，用户不需要关心写入的操作，完全由 GDAL 负责输出影像的写入工作，由于读入到内存时需要做一次影像的重采样，消耗 CPU 时间，所以宜采用多线程完成拼接，但是多线程同时写入将会出现错误，同一时间只能有一个线程具有写入权限，其他线程应当等待该线程完成写入再申请写入权限，可以通过临界区间来实现。线程数应刚好大于读写总时间与写入时间的比值。拼接变换后 WMS 瓦片影像与航拍影像对比如图 4-11 所示。

图 4-11　下载影像(左) 与航拍影像(右)对比

该方法实现的部分下载代码如下：

```
bool HttpDownLoad(const char*  const url,const char*  const out)
{
    CURL * curl = NULL;  FILE * fp = NULL;  CURLcode res = CURLE_OK;
    boolbRes = true;   curl = curl_easy_init();
    if (curl == NULL)
    {
      printf("Set curl_easy_init error! \n");
      bRes =  false;
    }
    fp = fopen(out,"wb");//以二进制可写方式打开文件，保存下载得到的数据
    if (fp == NULL)
    {
      printf("Set file path error! \n");
  bRes =  false;
    }
```

```
        res = curl_easy_setopt(curl, CURLOPT_USERAGENT, "Mozilla/5.0 (Windows
NT 10.0; WOW64) AppleWebKit/537.36");  //设置代理
        if (CURLE_OK ! = res)
        {
          printf("Set <CURLOPT_USERAGENT> error! \n");
          bRes =  false;
        }
        // 根据 libcurl 的使用方法，设定下载的 URL、写入函数以及写入的文件
        res = curl_easy_setopt(curl, CURLOPT_URL, url);if (CURLE_OK ! = res)
        {
          printf("Set <CURLOPT_URL> error! \n");
          bRes =  false;
        }
        res = curl_easy_setopt(curl, CURLOPT_HEADER, false);
        if (CURLE_OK ! = res)
        {  printf("Set <CURLOPT_HEADER> error! \n");  bRes =  false;}
        res = curl_easy_setopt(curl, CURLOPT_WRITEFUNCTION, write_data);
        if (CURLE_OK ! = res)
        {printf("Set <CURLOPT_WRITEFUNCTION> error! \n");  bRes =  false;
        }
        res = curl_easy_setopt(curl, CURLOPT_WRITEDATA, fp);
        if (CURLE_OK ! = res)
        {
          printf("Set <CURLOPT_WRITEDATA> error! \n");
          bRes =  false;
        }
        curl_easy_setopt(curl, CURLOPT_NOPROGRESS, true);//curl_easy_setopt
(curl, CURLOPT_HEADERFUNCTION, header_callback);
        int times_of_try = 0; //瓦片下载失败尝试次数
        int Max_try = MAX_HTTP_TRY_TIMES;
        for (times_of_try = 0;times_of_try<Max_try;times_of_try)
        {
            res = curl_easy_perform(curl);// 调用 curl_easy_perform()函数执行
                                              下载操作
            long ReCode = 0;
```

```
        curl_easy_getinfo(curl,CURLINFO_RESPONSE_CODE,&ReCode);
        if (200 = = ReCode)
        break;
      }
      if (times_of_try = = Max_try)
      {
        bRes = false;
      }
      curl_easy_cleanup(curl);  //下载完成，进行最后的清理工作
      fclose(fp);  //关闭文件
      fp = NULL;// 确保 fp 不再使用
      curl = NULL;
      if (!bRes)
      {
        // 下载失败则删除该无效文件，下载刚建立 CURL 会创建一个新的文件
        remove(out);
      }
      return bRes;
    }
```

4. 项目实验区影像下载

由于通过 Google Earth COM API 截屏下载影像的方法，在大范围影像获取上存在如下弊端：(1)影像经过多次压缩，影像质量下降；(2)Google Earth COM 接口对取点函数 GetPointOnTerrainFromScreenCoords(int,int)存在 5000 次限制；(3)在获取影像过程中无法进行其他操作；(4)程序容错性较差，容易出现意外终止等。而基于 Google Maps 服务器下载影像瓦片的方法，通过程序自动计算瓦片 URL 地址，采用 libcurl 库函数和多线程下载技术，下载影像瓦片速度稳定、快捷、自动化程度高；获取的 DOM 分辨率可高达 0.2 m 以上。因此在应用中，通过该方法进行地质体的地表影像获取。

选取川藏铁路拉林线协荣—扎其段，纬度范围 29°12'44"N ~ 29°24'39"N，经度范围 90°53'10"E ~ 91°25'21"E 区域，分条带区域下载了其影像数据，选择影像瓦片等级为第 19 级，影像分辨率可达 0.4 左右。获取的影像瓦片如图 4-12 所示。

影像瓦片下载拼接处理后显示的条带化影像图，如图 4-13 所示。

影像瓦片下载拼接后局部放大图，如图 4-14 所示，可以清晰的看见房屋、道路、田地等。

图 4-12 下载的影像瓦片

图 4-13 下载的影像瓦片拼接图

4.1.3 基于地质勘察资料的数字地质信息提取

铁路工程项目的地质勘察根据项目阶段不同,获取的地质资料详细程度不同。一般在预可行性研究阶段,只有区域地质资料和大范围小比例尺的遥感解译地质图;在可行性研究阶段,会有少量野外地质调绘、少量钻孔数据;而在初步设计和施工图设计阶段,会补充大量的地质调绘资料和补测钻孔数据,包括全线工程地质概况、工程地质说明、工程勘测资料、工点勘测说明、物探资料、勘探资料、不良地质区域分布图、钻孔柱状图,地质平面、纵断面、横断面图等。基

图 4-14 下载的影像瓦片拼接后局部放大图

于地质勘察资料的数字地质信息提取主要是指:(1)通过一定的数据转换接口,采用提取程序或人工识别,在选线研究区域内,将传统方法已获取的纸质、图形和文档中提取数字化地质信息。将这些数字化的地质信息与项目前期阶段数字化的大范围遥感解译地质信息一同存储到地质选线系统的数据库中,作为遥感地质信息的补充,用于补充完善或修正地质环境模型,在本节中主要涉及实测钻孔数据数字化提取、区域性地质资料获取、从地质平面、纵、横剖面图上获取建模数据等。(2)直接采用数据库读取接口,实现与既有地质勘察数据库的接口,直接读取数字地质信息用于地质建模。

1. 实测钻孔数据数字化提取

工程钻探法是获取地下三维空间信息的重要方法,通过钻孔采样可以直接获取详细的岩层分布状况,如岩层岩性、断层特征、土质等。这些特征反映了岩层的原始状况,或者说天然状况,是进行岩层可视化、模拟分析、三维地质体建模的主要数据源。此外地质剖面图、勘探剖面图等相关图形资料也都在一定程度上可解译成基本钻孔数据。因此,在选线研究区域内若存在这些纸质或图形资料,统一解译成基本钻孔数据,存储到钻孔数据库中,实现数字化岩层信息的获取。需要提取的钻孔信息包括:钻孔编号、所处工程名称、位置坐标、对应线路里程坐标和偏距、孔口标高、孔深、孔径、勘探方法、比例尺、开孔日期、终孔日期、初见水位、稳定水位;每个钻孔的岩层信息包括:岩层层次、层深、高程、层厚、岩性,岩层说明等信息。钻孔柱状图是以 AutoCAD 图的 dwg 格式进行存储的,和地表离散点提取类似,通过 AutoCAD 二次开发编写的自动提取程序,提取了川藏铁路拉林线协荣至桑日既有钻孔柱状图 2164 个,存储在钻孔数据库中。实测钻孔数据的数字化提取和显示示意图如图 4-15 所示。

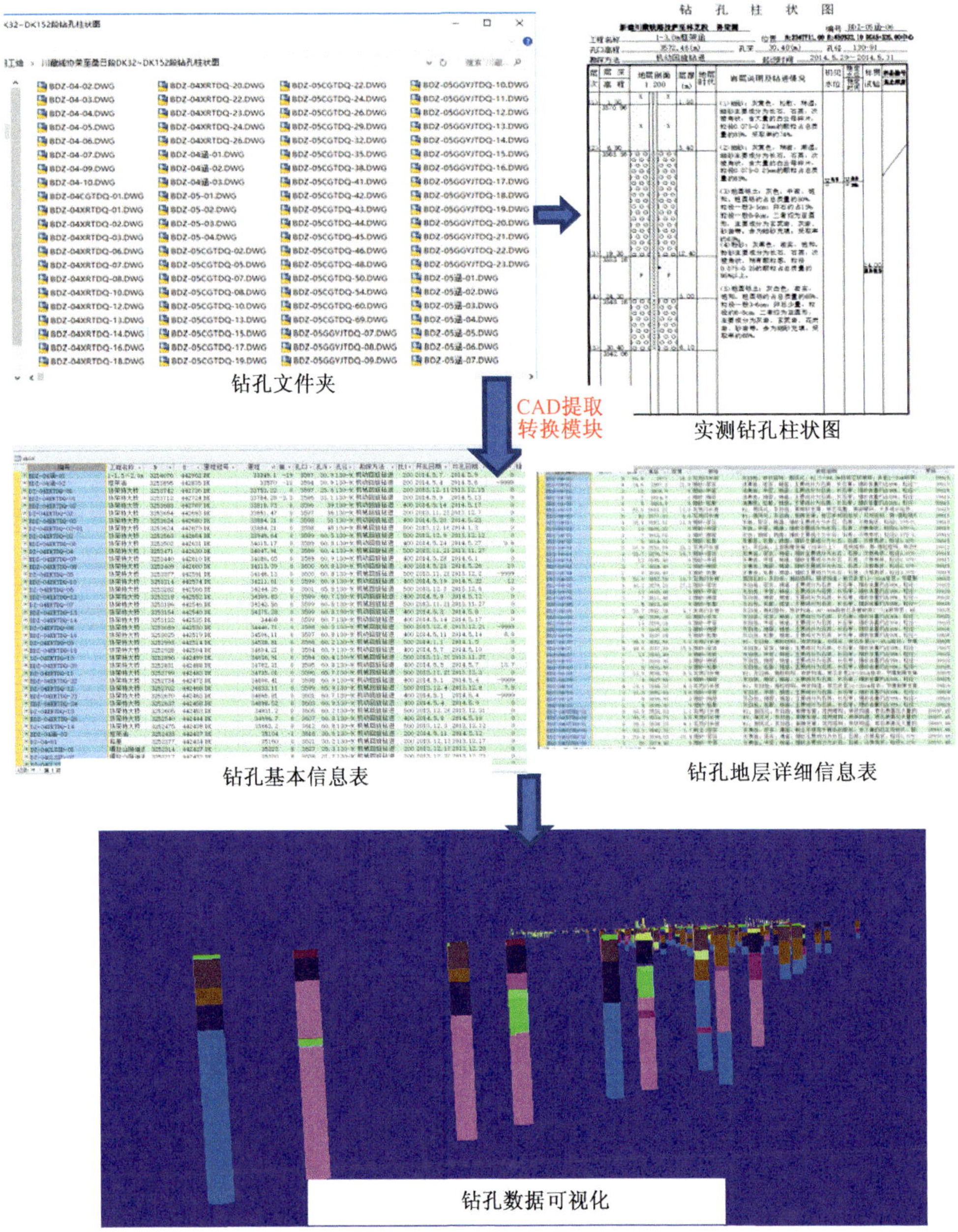

图 4-15　钻孔数据获取与可视化示意图

2. 区域性地质信息获取

包括研究区域的气候、地震带等信息,在分布特征上属于无规则多边形分布。在大范围内的研究区域内,很可能会存在多个不同的气候区域、地震带区域等。与通过遥感解译软件解译不良地质一样,确定其空间区域范围,得到其区域边界数据,连同已有属性信息一起存储到数据库中,在三维地质环境中按面状地质对象进行表达和空间定位。

3. 基于地质平面、剖面图的数字化地质信息提取

地质平面图主要反映各地层在地表的出露情况,对于控制三维地质模型中地层在地表的分布状况起着至关重要的作用。地质剖面图是地质专业人员根据工作要求,根据钻孔信息绘制出的地层断面图,包含着地质专业人员的推理和经验,对于构建接近真实地层的地质模型具有重要作用。目前,在铁路各大勘察设计单位,地质平面图和剖面图的存储格式也是以 AutoCAD 格式为主,从 dwg 格式的电子图上需要提取适合地质数字选线系统数据库存储的数字化格式文件。

从地质平面图上主要提取地质单元分区信息(包括:ID、面积、周长、区域类型、地层编号等)、弧段属性信息(包括:ID、弧段的属性、类型、长度、断层编号等)。从地质剖面图上主要提取表达剖面的轮廓线或定位点(起始点、拐点、终止点),地层属性、钻孔线和断层线等。或者在建模应用中的关键位置,通过剖面图构造虚拟钻孔数据。

如图 4-16 所示,显示了不良地质对象边界、属性信息的地质平面图。

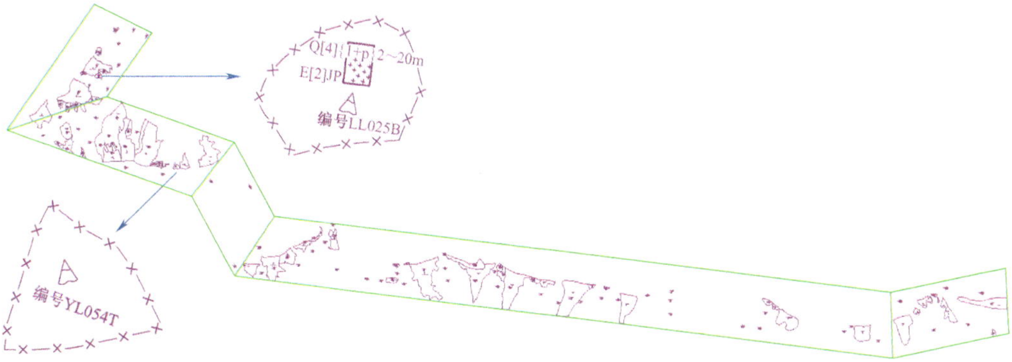

图 4-16　地质平面图不良地质对象显示示意图

基于 AutoCAD 二次开发编写的数字地质信息提取程序,提取了不良地质对象的多边形边界。提取程序代码如下:

```
//打开图形文件(DWG/DXF/DWT/DWS)
void CMyDwgView::OnMenuOpendwg()
{
    CString tt;
    CStdioFile m_File;
```

```
        m_File.Open("c:\\hazarts.txt",CFile::modeCreate | CFile::modeWrite);
        CString str,TextString,strCoodinates,EntryName,tu;
        COleVariant loopObjs;
        int Linetype, nCounts; //线型号
        long lLbound,lUbound; //存储安全数组的上下限
        VARIANT pp;//存储坐标点变体结构
        int TotalPolylinnum=0; //多段线总数
        double * pt; //存储点坐标
        CDataManager * pData=NULL;//数据管理指针
        BOOL m_Bhasatt; //块参考是否具有属性
        CMainFrame * pFrame =(CMainFrame* )AfxGetApp()->m_pMainWnd;
        CMyDwgDoc*  pDoc = GetDocument();      //得到当前文档指针
        ASSERT_VALID(pDoc);
        //定义 COleVariant 结构数组,读取图形时做为参数
        COleVariant covTrue((long)TRUE),
            covFalse((long)FALSE),
            covOne((long)0),
            covString((long)0),
            covOptional((long)DISP_E_PARAMNOTFOUND,VT_ERROR);
        b_OpenSuccess=FALSE; //初始打开图形为失败
        CString strFilter="图形(*.dwg)|*.dwg|标准(*.dws)|*.dws|DXF(*
.dxf)|*.dxf|图形样板(*.dwt)|*.dwt||";
        CFileDialog dlg(TRUE,"AutoCAD 文件",NULL,OFN_HIDEREADONLY | OFN_OVER-
WRITEPROMPT,strFilter,NULL);
        dlg.m_ofn.lpstrTitle="打开 AutoCAD 文件";
        if(dlg.DoModal()==IDOK && ! dlg.GetPathName().IsEmpty())
            dwgFilename=dlg.GetPathName();      //得到要打开 AutoCAD 文件
        if(dwgFilename.IsEmpty())
        {
            MessageBox("请先打开读取的 AutoCAD 文件! ","打开 AutoCAD 文件",MB_OK);
            return;
        }
        if(theApp.m_outToDatabase==TRUE)   //如果是输出到数据库中
        {
            if(theApp.m_username.IsEmpty()) //如果未连接到数据库服务器
            {
```

```
            MessageBox("请先连接到数据库或选择不输入数据库方式! ","打开
        dwg 文件",MB_OK);
            return;
        }
    }
    LPTSTR pFileName = (LPTSTR)(LPCTSTR)dwgFilename;
    theApp.m_cadVersion=atof(theApp.m_autocad.GetVersion ());
    theApp.m_DwgFileVersion = fReadIndexHeader(pFileName);//打开的 CAD 文
件的版本号
    theApp.m_acaddocs=theApp.m_autocad.GetDocuments();//得到文档
    theApp.m_acaddoc = theApp.m_acaddocs.Open (pFileName, covFalse, cov-
String);theApp.m_acadmodelSpace=theApp.m_acaddoc.GetModelSpace (); //取得模
型对象空间
    entitiesNum=theApp.m_acadmodelSpace.GetCount(); //实体数量
    if(theApp.m_cadVersion>=16)   //AutoCAD 2004 版本
    {
    pFrame->m_wndToolBar.m_wndMyComboBox.SetCurSel (0);//初始线型
    //循环读取所有实体
  for(long n=entitiesNum* (m_StartPercent/100.0);n<entitiesNum* (m_EndPer-
cent/100.0);n++)
  {
  pFrame->ShowProgress ( (n+1)* 1.0/entitiesNum* 100);
  COleVariant covN((long)n);
  theApp.m_acadEntity=theApp.m_acadmodelSpace.Item(covN);//得到实体指针
  EntryName=theApp.m_acadEntity.GetObjectName ();//得到实体名称
  CString mlayerNmae= theApp.m_acadEntity.GetLayer().AllocSysString();
  if(strcmp(mlayerNmae,"DZ-不良地质界线")! =0) //只对地质对象进行读取
    continue;
  if(EntryName=="AcDbPolyline")  //多义线
  {
    theApp.m_acadPolyline=theApp.m_acadmodelSpace.Item(covN);
    pp=theApp.m_acadPolyline.GetCoordinates ();//得到多义线所有坐标点
    BOOL bClosed = theApp.m_acadPolyline.GetClosed (); //得到多义线是否
                                                      闭合
    SAFEARRAY*  sPt = pp.parray ;
    if (SafeArrayGetDim(sPt) ! = 1)break;
    SafeArrayGetLBound(sPt, 1, &lLbound);//数组的下限
```

```
        SafeArrayGetUBound(sPt, 1, &lUbound); //数组的上限
        if(bClosed==TRUE)     //如果多义线闭合
            nCounts=lUbound-lLbound+3;
        else
            nCounts=lUbound-lLbound+1;
        strCoodinates=getDblArraysFromVariant(lLbound,lUbound,&pp,bClosed);
  //将多义线的所有点读到字符串中
        for(int k=0;k<=nCounts/2;k++)
        {
            if(PolinePt [k] .z>0)
            {
                if(PolinePt [k] .z<=0)
                    continue ;
             tt.Format("% f,% f,% f \n",PolinePt [k] .x,PolinePt [k] .y,
PolinePt [k] .z);
            m_File.WriteString(tt);
        }}}
        else if(EntryName=="AcDb3dPolyline")  //三维多段线
        {    theApp.m_acad3DPolyline=theApp.m_acadmodelSpace.Item(covN);
    pp=theApp.m_acad3DPolyline.GetCoordinates ();//得到多义线所有坐标点
    BOOL bClosed=theApp.m_acad3DPolyline.GetClosed (); //得到多义线是否闭合
    SAFEARRAY* sPt = pp.parray ;
        if (SafeArrayGetDim(sPt) ! = 1)break;
        SafeArrayGetLBound(sPt, 1, &lLbound);//数组的下限
        SafeArrayGetUBound(sPt, 1, &lUbound); //数组的上限
        if(bClosed==TRUE)//如果多义线闭合
            nCounts=lUbound-lLbound+3;
        else
            nCounts=lUbound-lLbound+1;
        //将多义线的所有点读到字符串中
        strCoodinates=getDblArraysFromVariant(lLbound,lUbound,&pp,bClosed);
        for(int k=0;k<=nCounts/2;k++)
        {
        if(PolinePt [k] .z>0 && PolinePt [k] .x>1)
        {
        if(PolinePt [k] .z<=0)
            continue ;
```

```
        tt.Format("% f,% f,% f \n",PolinePt [k] .x,PolinePt [k] .y,PolinePt [k]
.z);
        m_File.WriteString(tt);
        }}}
        else if(EntryName=="AcDbSpline")  //B 样条曲线
        {
        theApp.m_acadSpline=theApp.m_acadmodelSpace.Item(covN);
        int m=theApp.m_acadSpline.GetNumberOfFitPoints (); //拟合点
        m=theApp.m_acadSpline.GetNumberOfControlPoints();//控制点数
        if(m>0){
        PolinePt =new PointStruct [m+2] ;
        strCoodinates="";
        for (int i=0;i<m;i++){//从 VARIANT 结构中读取坐标(X,Y,Z)
            getDblPointXYZFromVariant(i,&theApp.m_acadSpline.GetControlPoint(i));
            tt.Format ("% .3f,% .3f,% .3f \n",PolinePt [i] .x,PolinePt [i] .y,
PolinePt [i] .z);
            m_File.WriteString(tt);}}
        }
        else if(EntryName=="AcDbText")  //单行文本
        {
        theApp.m_acadText=theApp.m_acadmodelSpace.Item(covN);
        getDblArrayFromVariant(theApp.ptS,&theApp.m_acadText.GetInsertionPoint
());
        tt.Format("% f,% f,% f \n",theApp.ptS [0] ,theApp.ptS [1] ,theApp.ptS
[2] );
        m_File.WriteString(tt);
    }
    else if(EntryName=="AcDbMText")  //多行文本
    {
    theApp.m_acadMText=theApp.m_acadmodelSpace.Item(covN);
    getDblArrayFromVariant (theApp.ptS, &theApp.m_acadMText.GetInsertionPoint
());//圆心坐标
    if(theApp.ptS [2] >0)
    {
        tt.Format("% f,% f,% f \n",theApp.ptS [0] ,theApp.ptS [1] ,theApp.ptS
[2] );
        m_File.WriteString(tt);
```

```
}}}}
m_File.Close();
MessageBox("地质边界读取完成","读取地质对象边界",MB_OK);
}
```

4. 从既有地质勘察数据库中获取数字地质信息

在地质勘察数据库中，以 Access 数据库方式导入三维地质建模所需的钻孔、地层等的数据。Access 数据库中主要包括钻孔数据基本表、钻孔地层详细信息表。数据表结构见表 4-5 和表 4-6。

表 4-5　钻孔数据基本表结构

序　号	字段中文名称	数据类型	单　位
1	编号	CHAR(12)	
2	工程名称	CHAR(12)	
3	坐标 N	NUMBER(12,3)	m
4	坐标 E	NUMBER(12,3)	m
5	里程冠号	CHAR(6)	
6	里程	NUMBER(12,3)	m
7	偏距	NUMBER(5,3)	m
8	孔口标高	NUMBER(9,3)	m
9	孔深	NUMBER(9,3)	m
10	孔径	CHAR(6)	
11	勘探方法	CHAR(12)	
12	比例尺	NUMBER(5,3)	m
13	开孔日期	CHAR(12)	
14	初见水位	NUMBER(9,3)	m
15	稳定水位	NUMBER(9,3)	m
16	稳定时间	CHAR(6)	
17	基岩产状	CHAR(12)	
18	编制 ID	CHAR(6)	
19	编制日期	CHAR(6)	
20	复核 ID	CHAR(6)	
21	复核日期	CHAR(6)	

表 4-6 钻孔地层详细信息表结构

序 号	字段中文名称	数据类型	单 位
1	编号	CHAR(12)	
2	深度	NUMBER(9,3)	m
3	符号	CHAR(12)	
4	定名	CHAR(12)	
5	稠度	CHAR(12)	
6	风化程度	CHAR(12)	m
7	基岩层位	NUMBER(9,3)	m
8	描述	CHAR(64)	

5. 数字地质信息数据库存储表设计

三维地质建模系统采用 Oracle 数据库进行数字地质信息存储和管理 。在地质勘察数据库表结构已知的情况下,只需要解决异构数据库的访问即可。通用数据库访问技术是实现访问接口的关键技术。目前常采用的数据库访问技术有:ODBC(开放数据库互联技术),DAO(数据访问对象技术),ADO(ActiveX 数据对象技术),三种技术都可实现与 Oracle 和 Access 数据库的访问通信,但是由于在 MFC 中 ODBC API 对底层的控制性稍差,以及用 DAO 访问 Oracle 都必须经过 Access/Jet 引擎从而影响了对数据操作的效率,所以采用 ADO 技术完成了输入输出接口的数据库访问。Oracle 数据库提供的二进制(BLOB)格式可以方便高效的存储解译图像。在三维地质建模系统中为了适应地质勘察数据库的数据结构,设计了钻孔和地层表结构,见表 4-7 和表 4-8。

表 4-7 钻孔信息表结构

序 号	字段名称	字段类型	长 度
1	钻孔编号	VARCHAR2	20
2	工程项目名称	VARCHAR2	20
3	线路里程	NUMBER	12
4	偏距	NUMBER	6
5	钻孔深度	NUMBER	12
6	孔径	VARCHAR2	20
7	初见水位	NUMBER	9
8	稳定水位	NUMBER	9
9	稳定时间	VARCHAR2	10

续上表

序　号	字段名称	字段类型	长　度
10	比例尺	NUMBER	6
11	孔口坐标 x	NUMBER	12
12	孔口坐标 y	NUMBER	12
13	孔口高程 z	NUMBER	12
14	岩土层数	NUMBER	6
15	开孔日期	VARCHAR2	20
16	终孔日期	VARCHAR2	20
17	钻孔类型	VARCHAR2	10

表 4-8　地层信息表结构

序　号	字段名称	字段类型	长　度
1	钻孔编号	VARCHAR2	20
2	地层序号	NUMBER	6
3	地层厚度	NUMBER	12
4	地层岩性	VARCHAR2	20
5	地层说明	VARCHAR2	4000
6	备注	VARCHAR2	20

设计的区域性地质信息存储表结构见表 4-9。

表 4-9　区域性地质信息结构表

序　号	字段名称	字段类型	长　度
1	编号	VARCHAR2	20
2	属性信息	VARCHAR2	4000
3	空间坐标	NUMBER	12
4	解译影像	BLOB	—
5	说明	VARCHAR2	4000

4.2　三维地质建模数据模型

4.2.1　工程地质三维数据模型分析

由于地质体本身的复杂性以及描述上的多重性,因而形成了多种空间构模方式和多种数据模型。就目前而言,三维地质数据模型主要基于面(Surface-based)表示的数据模型、基于体(Voxel-based)表示的数据模型和混合结构数据模型三类。

1. 基于面表示的数据模型

基于表面表示的数据模型是以物体边界为基础定义和描述空间实体，主要是通过对地质界面的模拟，然后组合成体的办法，侧重于三维空间表面的表示，如地形表面和地层层面等。如格网结构（Grid Structure）、面片模型（Facets Model，如 TIN）、边界表示（Boundary Representation，BRep）模型、线框（Wire Frame）模型、多层 DEM 模型、断面（Section）模型和参数函数模型（Parameter Function Data Model）等。基于面表示的数据模型虽然具有便于显示和数据更新，可以较方便地实现地层可视化和模型更新的优点，但也具有不是真三维的，也不描述三维拓扑关系，空间分析难以进行等缺点。图 4-17 和图 4-18 为采用线框模型和多层 DEM 模型的三维地质建模效果。

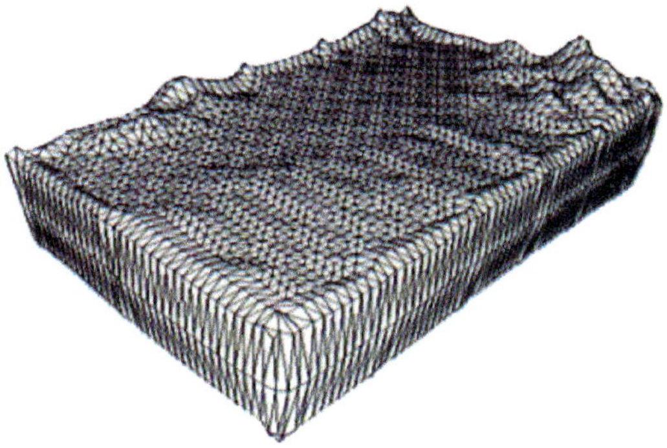

图 4-17　地质体线框模型

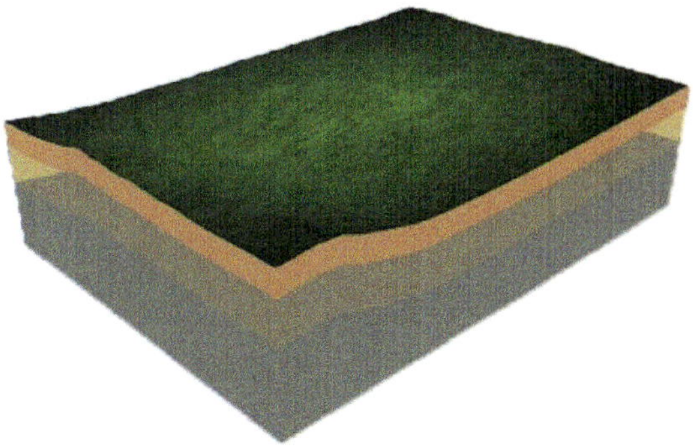

图 4-18　地质体多层 DEM 模型

2. 基于体表示的数据模型

基于体表示的数据模型是用体信息代替面信息来描述对象的内部，通过体信息来描述对象的内部，侧重于 3D 空间体的表示。它将三维空间物体抽象为一系列邻接但不交叉的三维体元的集合，其中体元是最基本的组成单元。根据体元的不同，可以建立起不同的数据模型。目前，基于体表示的数据模型主要包括 3D 栅格模型（Arrays）、八叉树模型（Octree）、结构实体模型（Constructive Solid Geometry，CSG）、四面体模型（Tetrahedron Network，TEN）等。

体模型是真三维的，完整描述三维拓扑关系，具有数据结构简单，适合空间操作和分析的优点，但存储空间占用较大，计算速度也较慢。图 4-19 为主要的几种体数据结构模型示意图。

3. 基于混合结构的数据模型

混合模型是将两种或两种以上的数据模型加以综合，形成一种具有一体化

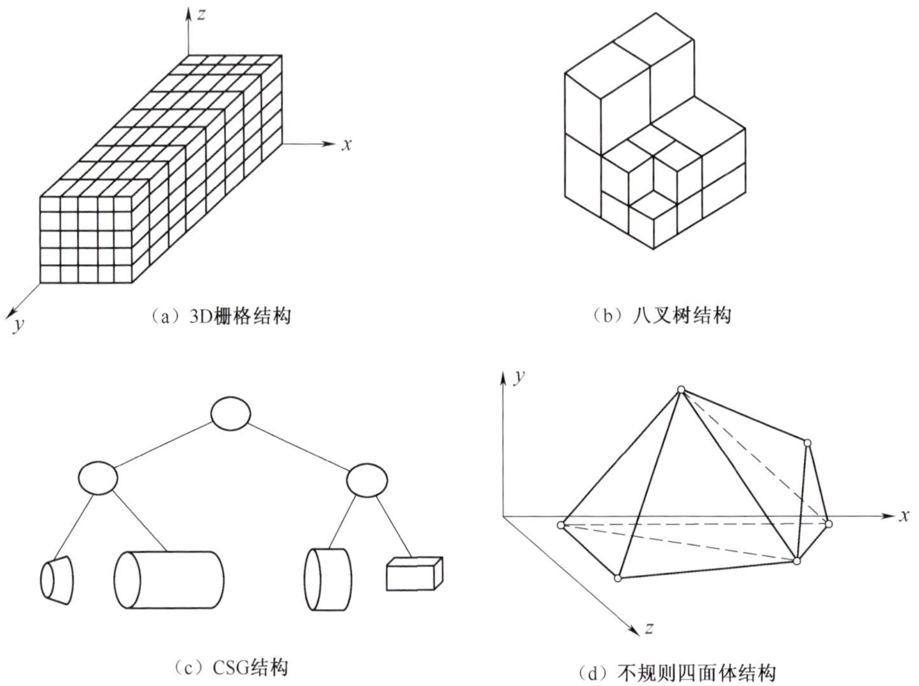

图 4-19　几种体数据结构模型

结构的数据模型，如 TIN-CSG 混合模型、TIN-Octree 混合模型、TEN-OCtree 混合模型、WireFrame-Block 混合模型等。基于混合结构的数据模型利用了不同数据模型在表示不同空间实体时所具有的优点，可以实现对三维空间现象有效完整的描述。然而在实际应用中，由于地质空间对象的复杂性和未知性，人们难以对曲面表示和体元表示的结合程度做出正确的选择，在计算机实现中尚未找到很好的解决方法，而且多注重于理论上的完整表达，不利于建模实现。图 4-20 为 TEN-OCtree 混合数据结构示意图。

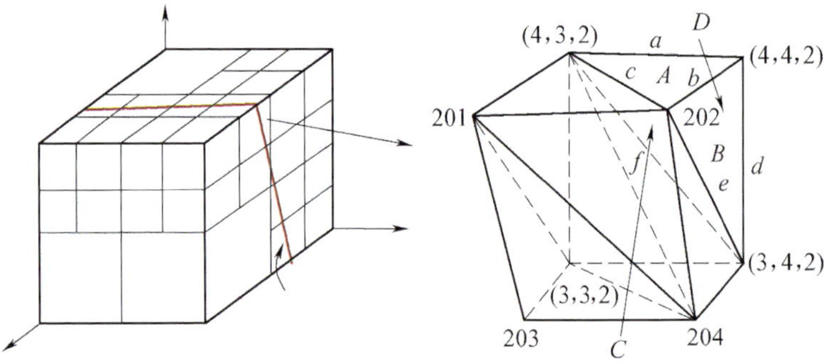

图 4-20　TEN-OCtree 混合数据结构示意图

根据三类模型汇总得到的 3D 空间构模法分类见表 4-10。

表 4-10 3D 空间构模法分类

面模型(facial model)	体模型(volumetric model)		混合模型(mixed model)
	规则体元	不规则体元	
不规则三角网 TIN	结构实体模 CSG	四面体模型 TEN	TIN-CSG 混合模型
格网(Grid)	体素(Voxed)	金字塔(Phyamid)	TIN-Octree 或 Hybird 混合模型
边界表示模型(B-Rep)	八叉树(Octree)	三棱柱(TP)	TEN-OCtree 混合模型
线框模型(Wire Frame)	针体(Needle)	实体(Solid)	Wire Frame-Block 混合模型
断面模型(Section)	规则块体(Regular Block)	非规则块体(Irregular Block)	WireFrame-TEN 混合模型
多层 DEM 模型	3D 栅格模型	广义三棱柱(GTP)	

4. 数据模型分析

根据上述模型分析可知,每一种数据模型都有其优缺点和适用范围。因此,在三维地质体建模的实际过程中,应基于地质体本身的特点和建模目的选用较为合理的三维空间数据模型。特别是铁路线路的长带状模型特点,建模采用的数据模型和建模方法应满足空间带状模型特点的要求。因此,如何设计一个更易于实现且适合线路设计三维地学表达和分析服务的三维数据模型和数据结构显得尤为重要。

由于是面向地质体建模,采用面模型虽然可以处理复杂的地质结构,但是难以解决内部属性显示,以及剖切和挖掘等地质问题。而面体混合模型目前只是停留在理论阶段,编程实现存在诸多问题,而且这只是一种表面的集成。所以基于体元的建模方法得到了越来越多的采用。特别是为了适应复杂地质体模型,基于三棱柱的改进模型成为目前三维地质体建模的主要模型。针对钻孔存在偏斜问题,吴立新等提出了一种基于扩展三棱柱体元的三维地质建模方法,龚健雅等以似三棱柱体(QTPV)进行三维地质模型的构建。不论是扩展三棱柱、改进三棱柱还是似三棱柱,其实质都是通过对标准的三棱柱(TP)进行变换来满足各种情况下的建模需要,因此,可统一称之为广义三棱柱(Generalized

Tri-Prism,GTP)。因此,以广义三棱柱作为基本的体元数据模型,并考虑断层等复杂地质构造对建模的影响,结合钻孔数据特点和地层分布规律,构建三维地质体模型。

4.2.2 GTP 数据模型特点

利用 GTP 进行地质体建模时,是利用钻孔数据的不同分层来模拟地层的分层实体并表达地层面的形态,最大限度的保障三维地学建模精度。一个 GTP 模型以 GTP 为基本体元,包括的基本元素为 6 个顶点、边(棱边、三角形边)、TIN 三角形(顶面和底面)、侧面四边形(由两个 TIN 三角形组成)、三棱柱体。GTP 的单元组成元素如图 4-21 所示。

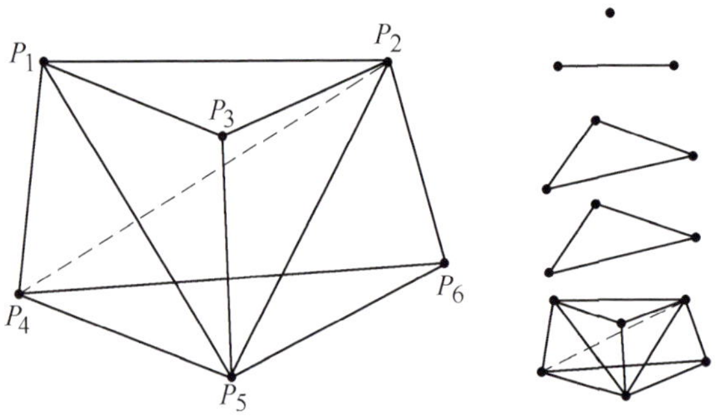

图 4-21 GTP 单元的组成元素

其上下底面的三角形集合可以表达不同的地质体分界面,侧面则可描述层面间的地质体空间邻接关系及分界面之间的地质体形态及特征属性,如图 4-22(a)所示。其中三角形 P_1、P_2、P_3和 P_4、P_5、P_6的 3 条边分别对应同一地层面钻孔点连线,侧面四边形棱边 P_1P_4、P_2P_5和 P_3P_6对应层间钻孔。GTP 体元不仅可以描述地质体的形态,而且还能够存储与表达地质体局部的属性、体积等特征属性。

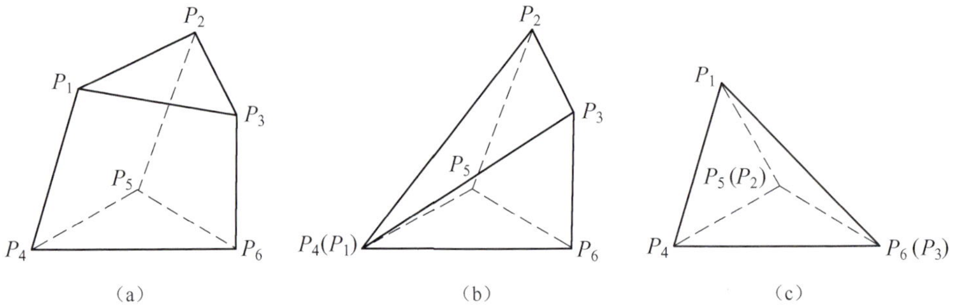

图 4-22 广义三棱柱模型

针对地质体尖灭、错断等复杂地质体建模，GTP 体元可以发生变形。如图4-22(b)为一条棱边 P_1P_4退化为一点的情况，即 P_1P_4的高度为0，表示地层在此点缺失。图4-22(c)为两条棱边 P_2P_5和 P_3P_6分别退化为一点，演变为四面体的情况，表示地层在此三角形网格中有两点缺失。图4-22(b)和图4-22(c)两种特殊的三棱柱体元存在于地层的尖灭处。上述两种特殊的广义三棱柱体元在数据结构中仍然记录其6个顶点，即退化棱边的两个顶点是相同的，这样就可以模拟断层、分叉和尖灭等复杂地质构造。通过顶、底面三角形节点及其对应关系，可以推断 GTP 体元及其构模元素之间的拓扑关系。因此，确定了顶底面三角形就确定了 GTP 体元本身，顶底面三角形也是地质体三维交互建模方法的重要参照因素之一。图4-23显示了广义三棱柱体元绘制效果图。

图4-23　GTP 体元绘制

GTP 由 TIN 进行处理扩展得到，TIN 作为约束条件控制 GTP 的生成过程，并表达了体元间的拓扑关系，并且可以表达三维地质体的内部结构和属性。GTP 模型直接基于原始钻孔数据构模，使得所构建的模型更符合实际地质状况并确保模型精度。基于 GTP 的三维地质建模过程如图4-24所示。

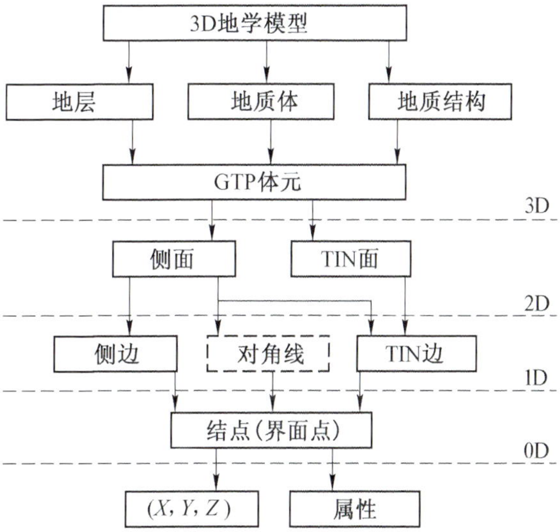

图4-24　基于 GTP 的三维地质建模过程

4.2.3　GTP 体元加密算法

由于 GTP 是由 TIN 进行处理扩展得到，而钻孔数据的稀疏性，使组成 GTP 的上下三角形边长都很大，导致三维地质体模型较粗糙。因此，这就需要进行加密处理来构建较为精确的三维地质体模型。

通过对 GTP 的上下三角形(TIN)进行加密来实现对 GTP 体元的加密。常用的加密 TIN 方法有如下 4 种。其中图 4-25(a)表示 3 边中点相连成 4 个三角形,GTP 分解为 4 个 GTPs;图 4-25(b)、图 4-25(c)分别表示 3 顶点与 3 边中点、3 条角平分线相连成 6 个三角形,GTP 分解为 6 个 GTPs;其中图 4-25(d)表示 3 顶点与角分线交点相连成 4 个三角形,GTP 分解为 4 个 GTPs。加密的主要准则可为最小面积、最小边长两种,当面积或边长大于给定的阈值时,将加密该三角形。如果加密后的单个三角形的面积或边长仍然大于设定的阈值,继续对该三角形进行加密处理,直到整个三角形链表中的每一个结点三角形的面积或边长均小于设定的阈值时,停止循环内插计算。其过程相当于对原始 GTP 体元进行多次细分处理。

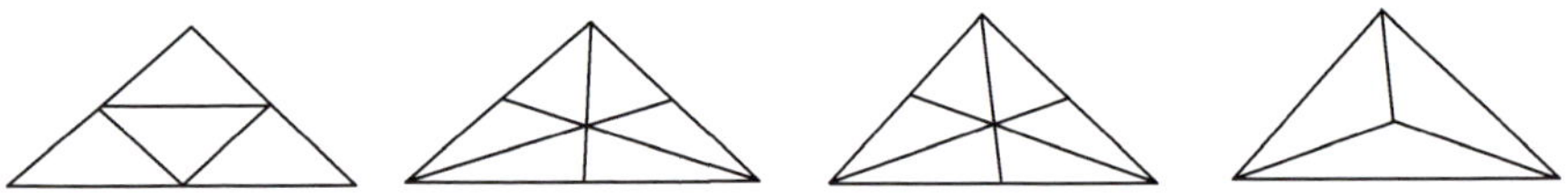

(a)　(b)　(c)　(d)

图 4-25　TIN 模型加密示意图

此外,Kobbelt 提出了一种称为 $\sqrt{3}$ 模式的算法,采用一种新的顶点插入和分裂方式,每次细分时,对每个三角形面插入一个新顶点,新顶点与三角形的三个顶点相连,最后去掉原三角形的内部边,图 4-26 显示了细分过程,每次细分都使三角形面的个数增加为 3 倍。

图 4-27 即为采用图 4-25(a)加密方法对 GTP 加密处理的结果。

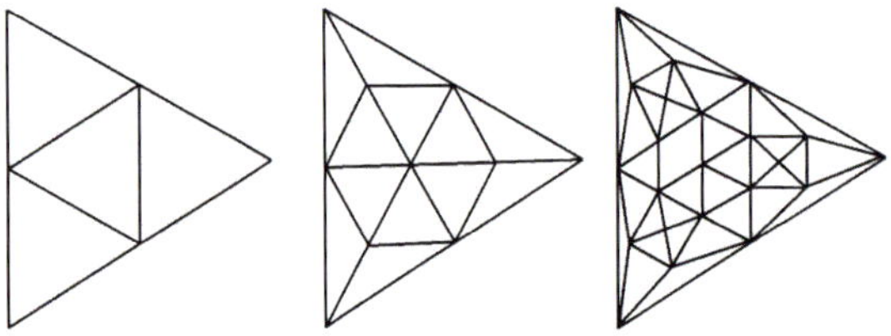

(a) 初始网格　(b) 一次细分　(c) 二次细分

图 4-26　$\sqrt{3}$ 模式三角形加密示意图

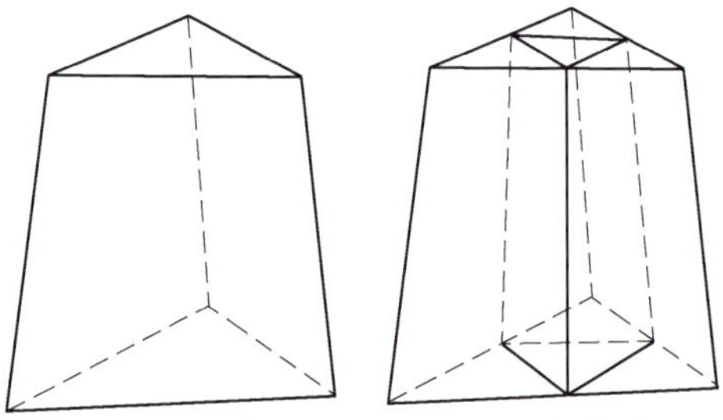

GTP加密前　GTP加密后

图 4-27　GTP 加密处理

GTP 体元加密主要步骤如下:

(1)对 GTP 的上、下三角形进行加密处理,一个 GTP 变为多个 GTPs;

(2)对新生成的 GTPs 选用插值算法计算出新生成的 GTP 体元三条棱边的岩层属性;

(3)对新生成的 GTPs 采用 GTP 体元建模方法,重新构建三维地质体模型。

4.2.4 地质体数据结构

数据结构是三维模型构建的核心，良好的数据结构能够很好地反映地物的空间拓扑关系。采用点、Delaunay 边、Delaunay 三角形、棱边、侧面、三棱柱等 6 种基本元素构成基于 GTP 的地质体数据模型，每个基本元素对应一个类，类中成员变量即为建立的数据结构，用 C++语言描述如下：

```
(1)点类数据结构
class TriPrismpoint
{
    long ID;                              //点的 ID
    CString  Attribute;                   //点的属性
    double x;                             //点的 x 坐标
    double y;                             //点的 y 坐标
    double z;                             //点的 z 坐标
    long  ObjectID;                       //所属对象标识
    int StratumNO;                        //点所属地层编号
    TriPrismpoint *  PrevPoint;           //钻孔点链的上一个点
    TriPrismpoint *  NextPoint:           //钻孔点链的下一个点
    float Depth;                          //钻孔深度
    int layerID;                          //所属层号
};
(2)TIN 三角形边数据结构
class TriPrismEdge
{
    TriPrismpoint  * pstart:              //起始点
    TriPrismpoint  * pEnd;                //终端点
    long  EdgeID;                         //线段 ID
    int triCounts ;                       //边的邻接三角形个数
    longtriNO [2] ;                       //边的邻接三角形 ID 号
    intQuadCounts ;                       //边的侧面四边形个数
    long QuadNO [2] ;                     //边的上、下侧面四边形标识
};
(3)三角形面数据结构
class TriPrismTriangle
{
    TriPrismEdge * pEdge1;                //三角形的三个线段指针
```

```
    TriPrismEdge * PEdge2;
    TriPrismEdge * PEdge3;
    long TrangleID;                      //三角形 ID
    long mTriID;                         //三角形 ID 号
    long mAdjacentTriID [3] ;            //邻近三角形的 ID 号
    long triPrismID [2] ;                //三角形的上、下三棱柱号
    long  ObjectID;                      //所属对象标识
    TriPrismTriangle *  PrevTriangle; //三角形链的上一个三角形
    TriPrismTriangle *  NextTriangle; //三角形链的下一个三角形
};
```

(4)棱边数据结构

```
class TriPrismQuaEdge
{
    TriPrismpoint * pstart;//起始点
    TriPrismpoint * pEnd;  //终端点
    long EdgeID;           //线段 ID
    int  mQuadCounts ;     //棱边的邻接侧面四边形个数
    CString  mQuadID;      //棱边的邻接侧面四边形 ID 号
    int mSideAttribute ;   //棱边的属性(如果等于-1，则棱边长度为零，表示
                             尖灭点)
};
```

(5)侧面四边形数据结构

```
class TriPrismQuadrangle
{
    TriPrismEdge * pEdge1; //四边形四个线段指针
    TriPrismEdge * PEdge2;
    TriPrismQuaEdge * PEdge3:
    TriPrismQuaEdge * PEdge4;
    long QuadrangleID;     //四边形 ID
};
```

(6)三棱柱数据结构

```
class GTP
{
    long ID;                             // GTP 的 ID
    long Layered;                        //三棱柱所在地层的标识号
    CString strDesciption;               //三棱柱体的岩性信息
    TriPrismTriangle * p_uTriangle;      //上三角面
```

```
        TriPrismTriangle * p_dTriangle;                //下三角面
        TriPrismQuadrangle * p_Quadrangle1;            //三个侧面四边形的指针
        TriPrismQuadrangle * P_Quadrangle2;
        TriPrismQuadrangle * P_Quadrangle3:
        GTP * p_GTP1;                                  //同一层中相邻的 GTP 指针
        GTP * P_GTP2;
        GTP * P_GTP3;
    };
```

该结构包括属性数据和图形数据两部分,其中 Layered 是三棱柱所在地层的标识号,可用于连接与该地层相关的属性;p_uTriangle 和 p_dTriangle 分别是三棱柱的上下三角形,每个三角形由三条边组成,每条边由两个点组成;p_Quadrangle1~p_Quadrangle3 是三棱柱的三个侧面,每个侧面由四条边组成,每条边由两个点组成。GTP 是组成地质模型的基本单元。通过对 GTP 的搜索,可以完成对该地质体对象的检索。

4.2.5　虚拟广义三棱柱体元模型

当使用 GTP 体元对复杂地层体建模时,同一个体元中可能会出现两种或两种以上的不同质地质体或包含断层面,若这些不同质地质体的几何形态、空间分布和拓扑关系均能被该 GTP 体元准确的识别、表达,称这种 GTP 体元为虚拟广义三棱柱体元(Virtual Generalized Tri-Prism,简记为 VGTP)。对 VGTP 作如下约定:

(1)VGTP 的 5 个外表面不再是简单的平面从 VGTP 的几何外观上看,构成 VGTP 的 3 个四边形侧面虽然还保持平面的特性,但却是由若干个多边形(最常见的是三角形)组成的平面;顶面和底面也不一定是简单的三角形平面,可能是由多个小三角形构成的网格曲面。

(2)VGTP 中可容纳多种地质体或准许断层面穿越。当用 VGTP 表达复杂地层体时,不必强加条件来避免断层面的穿过,也不必调整 VGTP 以便只表示一种地质体。几种典型的 VGTP 体元示例如图 4-28 所示。

在图 4-28(a)中没有复杂地质现象,只含一种地层,此时 VGTP 等同于普通 GTP;图 4-28(b)中地层 1 的出露线位于 VGTP 的顶面上,因而包含两种不同种类的地层,VGTP 体元既能精确表达地层 1,又能精确表达地层 2;图 4-28(c)中由于断层的存在,包含了上下盘两种地层,当用于表达上盘地层时,该 VGTP 代表了地层 1,当用于表达下盘地层时,该 VGTP 代表了地层 2;图 4-28(d)中某地层包裹着一个透镜体,因而也包含了两种不同地质体,同样,该 VGTP 体元既精确表达了地层，也精确表达了透镜体。

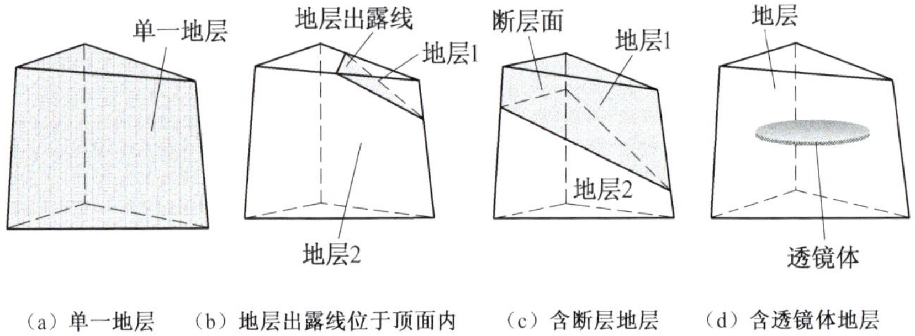

图 4-28　典型 VGTP 体元示例

从 VGTP 的定义和图示可以看出，为了表达其中的各地质体空间分布、几何形态，在 VGTP 中必须增加内部各地质子体(含断层)的地质描述信息，因此，一个完整的 VGTP 体元由描述信息和几何数据构成，即 VGTP 体元=各地质子体(含断层)的地质描述信息+各地质子体的几何空间分布、几何形态数据。

VGTP 体元模型的拓扑结构如图 4-29 所示。

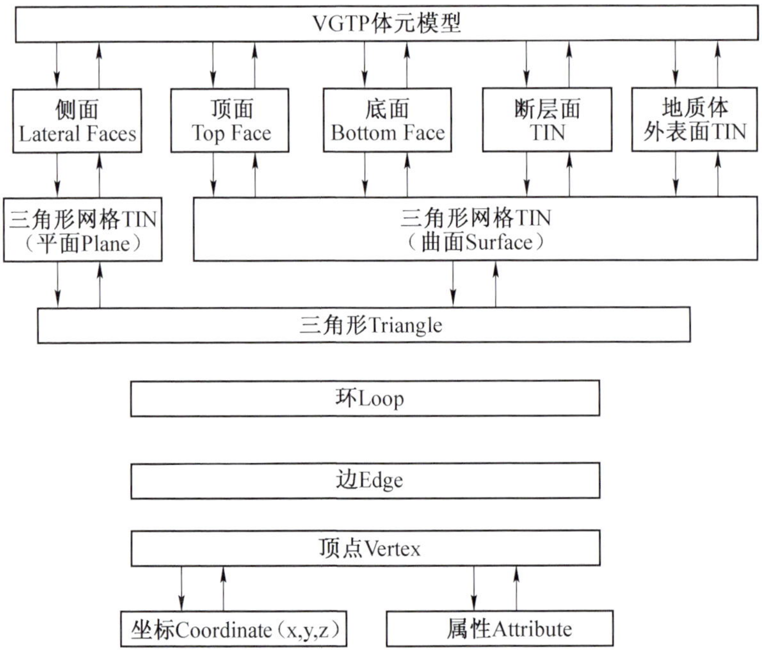

图 4-29　VGTP 体元模型拓扑结构图

从 VGTP 体元拓扑结构图上可以看出，VGTP 除了侧面、顶面、底面基本元素外，位于其内部的断层面 TIN 和地质体(地层、透镜体、侵入体、褶皱体等)外表面 TIN，也是 VGTP 不可或缺的有机组成部分。VGTP 中还应存储断层面、地层面、其他特殊地质体的外边界面的地质描述信息，以方便对它们的感知。

4.3 遗传—克里金地质数据插值

利用工程钻孔数据进行三维地质建模时,地层面的生成离不开特定的插值手段或者拟合方法。一般在地质曲面构造中的插值和拟合方法包括距离加权平均法、双线性插值法、移动曲面插值法、克里金(Kriging)插值法和三次样条函数拟合法、趋势面拟合法、加权最小二乘法等。其中的克里金插值法以克里金插值理论作为基础,能够对插值误差做出理论估计,不会产生边界效应。由于这种方法充分考虑了数据的空间特性,并且外推能力比较强,所以比较适合地质建模插值。

4.3.1 Kriging 插值算法原理

Kriging 插值方法是建立在半变形函数理论分析基础上,是对有限区域内的区域变化量取值进行无偏最优估计(best linearun biased estimator,BLUE)的一种方法。克里金法与传统插值方法的不同之处,在于估计观测样本数值时,不仅考虑待插值点与邻近有观测数据点的空间位置,还考虑了各邻近点之间的位置关系,很好地体现了数据的相关性,而且利用已有观测值空间分布的结构特点,使其估计比传统方法更精确,更符合实际并可以有效避免系统误差产生的“屏蔽效应”。对形态不规则的地质体而言,在三维建模过程中具有明显优势来生成三维曲面。不仅适用于地质体外观形态模拟,也适用于地质体内部结构(地层属性参数计算)的模拟。

(1)基本原理

Kriging 插值的关键是变差函数,它反映数据总体的空间变化特征,也是计算区域化变量的核心。它的定义为:假设空间点 x 只在一维 x 轴上变化,把区域化变量 $Z(x)$ 在 x 和 $x+h$(h 为与 x 具有相同维数的距离向量)两个点处值之差的方差的 1/2 定义为 $Z(x)$ 在 h 方向上的变差函数,记为 $\gamma(x,h)$,即

$$\gamma(x,h) = 1/2 \times \mathrm{Var}[Z(x) - Z(x+h)] \tag{4-8}$$

(2)平稳性假设和本征假设

首先假设区域化变量 $Z(x)$ 在整个研究区域内,区域化变量 $Z(x)$ 的数学期望存在,且等于常数,满足二阶平稳假设和本征假设。其数学期望为 m,协方差函数 $C(h)$ 及变异函数 $\gamma(h)$ 存在,即

$$E[Z(x)] = E[Z(x+h)] = m\ (\text{常数}),\ \forall x\ \forall h; \tag{4-9}$$

$$c(h) = E[Z(x)Z(x+h)] - m^2 \tag{4-10}$$

$$\gamma(h)=\frac{1}{2}E\left[Z(x)-Z(x+h)\right]^2 \tag{4-11}$$

(3)试验变差函数

试验变差函数就是根据观测数据构造变差函数 $r(h)$ 的估计值 $r^*(h)$，表达式为

$$\gamma^*(h)=\frac{1}{2N(h)}\sum_{i=1}^{N(h)}\left[Z(x_i)-Z(x_i+h)\right]^2 \tag{4-12}$$

式(4-12)就是式(4-10)的统计表达方式，其中，$N(h)$ 为被向量 h 相隔的数据对个数；每一数据对 $\{Z(x_i),Z(x_i+h)\}$ $(i=1,2,\cdots,N(h))$ 可以看作是 $\{Z(x),Z(x+h)\}$ 一次不同的实现。对每一个 h 的取值都将得到一个半变异函数值，这一系列的 $(h,\gamma^*(h))$ 将用于下面的模型拟合。

(4)变差函数的理论模型

为了对区域化变量的未知值做出估计，需要将离散的试验变差函数拟合成连续的理论变差函数模型，进而直接进行 Kriging 方法计算。变差函数模型可以分为有基台值和无基台值两大类，这里采用的是有基台值的球状模型，一般表示如式(4-13)所示：

$$\gamma(h)=\begin{cases}0, & (h=0)\\ C_0+C\left[\dfrac{3}{2}\dfrac{h}{a}-\dfrac{1}{2}\dfrac{h^3}{a^3}\right], & (0<h\leqslant a)\\ C_0+C, & (h>a)\end{cases} \tag{4-13}$$

式中 C_0——块金常数；

C_0+C——基台值；

C——拱高；

h——滞后距；

a——变程。

当 $C_0=0, C=1$ 时，称为标准球状模型。

克里金插值球状模型参数示意图如图 4-30 所示。

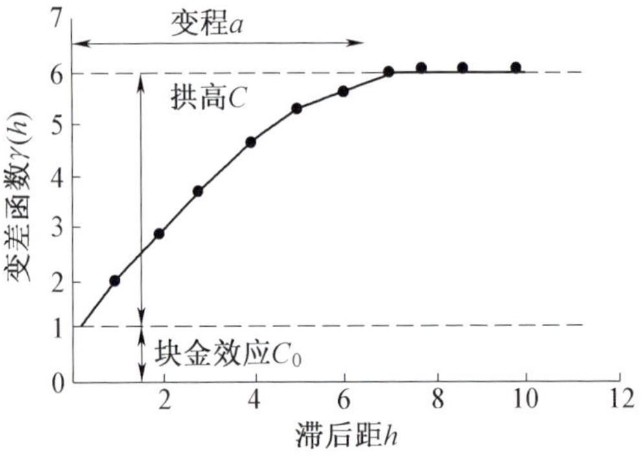

图 4-30 克里金插值球状模型参数示意图

4.3.2 遗传算法

(1)GA-Kriging 算法

为了从试验变差函数得到理论变差函数模型，需要确定模型中的块金常数 C、拱高 C_0 和变程 a 三个常数。遗传算法(Genetic Algorithm，简称 GA)作为一种

全局的优化算法,其主要特点是群体搜索策略和群体中个体之间的信息交换,搜索不以梯度信息为基础,尤其适用于处理传统搜索方法难以解决的复杂非线性问题。如果通过 GA 算法来拟合理论变差函数的参数,这样整个插值过程会更加自动化,同时更容易得到全局最优的插值结果。遗传算法实现中的各个步骤包括:编码方法、初始种群的生成、遗传算子设计、终止准则。

(2)GA 算法计算过程

①确定算法参数/参数控制

算法参数包括初始群体大小 M,交叉概率 P_c,变异概率 P_m,终止代数 T 等。

初始群体大小 M:算法的效率明显受到它的影响,种群规模太小会降低种群的多样性,太大会降低算法效率。对于不同问题,种群规模也不同,一般建议的取值范围是 20~100。

交叉概率 P_c:不是所有被选择的个体(染色体)都要进行交叉或变异操作,而是以一定的概率进行。在程序设计中交叉概率要比变异概率选取得大几个数量级,一般建议的取值范围是 0.4~0.99。

变异概率 P_m:一般建议的取值范围是 0.000 1~0.5。

终止代数 T:一般建议的取值范围是 100~500。

②确定编码策略——实数编码

相比二进制编码,实数编码(real-number-encoding)直接使用实数作为染色体参与遗传操作,无需特定的编码与解码过程,因此降低了算法实现的复杂度,提高了算法的执行效率,具有精度高,便于大空间搜索等优点。尤其是当处理大规模复杂问题、高维数值优化问题或子目标个数较多的多目标优化问题时,算法的效率更能得到体现。因此,采用实数编码。

实数编码直接使用问题变量进行编码染色体 X,使用这种编码的遗传算法称为实数编码遗传算法(Real-Coded Genetic Algorithm,简称 RCGA),其形式为

$$X = \{x_1, x_2, x_3, \cdots, x_n\} \quad i = 1, 2, \cdots, n \text{ (}n\text{ 为种群个数)}$$

本研究具有 3 个参数,即:块金常数 C_0、拱高 C 和变程 a,为计算方便,分别以 x、y、z 来代替,则编码形式为

$$X = \{(x_1, y_1, z_1), (x_2, y_2, z_2), \cdots, (x_n, y_n, z_n)\}, \text{(}n\text{ 为种群个数)}$$

③产生初始群体

即以随机编码的方式产生 n 组染色体,群体规模 n 要设置得合适。如果规模过大,其适应度评估次数增加,计算量增加,从而影响计算效能。规模过小会使遗传算法的搜索空间分布范围有限,因而搜索有可能停止在未成熟阶段,引起早熟收敛现象。这里使用随机数方法,使不同种类的个体在初始种群中尽量均匀分布。对于某一长度为 n 的种类,随机产生 n 个满足约束的实数 X_i,即可

生成一个符合该种类长度的染色体 $X=\{(x_1,y_1,z_1),\cdots,(x_n,y_n,z_n)\}$ 。重复上述过程 n 次,构成 n 个不同长度染色体的初始种群。程序代码如下:

```
private void CreateGenomes()                //随机产生初始种群
{
    for (int i=0; i <N; i++)//N:种群大小
    {
        Genome g=new Genome(m_genomeSize);
        m_thisGeneration.Add(g);
    }
}
```

采用遗传算法进行非线性最优求解，在初始产生种子时，需要产生 C, C_0 和 a 共 3 个值。

```
private void Genome (int m_genomeSize)
{
  m_genes [0] =0 + 2 *  m_random.NextDouble();        //得到C的范围为(0,
2);
  m_genes [1] =0 + m_random.NextDouble();             //得到C0的范围为(0,
1);
  m_genes [2] = 1000 +1500 *  m_random.NextDouble(); //得到a的范围为
                                                       (1000,
                                                       1500);
}
```

④个体适应度评价函数

在遗传算法中使用适应度函数来表征种群中每个个体对其生存环境的适应能力,该函数就是遗传算法中指导搜索的评价函数。遗传算法规定适应度函数必须为非负,并且在任何情况下总是希望越大越好,即函数值越大,该个体的适应度越高,遗传到下一代的概率就越大。其中理论变差函数以球状模型为例的适应度函数为

$$f(i)=\frac{1}{\sum_{j=1}^{N}\left[C_0+C\left[\frac{1}{2}\frac{h_i}{a}-\frac{3}{2}\left(\frac{h_j}{a}\right)^3\right]-\mathrm{var}(j)\right]^2} \tag{4-14}$$

式中 $f(i)$ ——个体适应度函数值;

h_j ——实验变差函数第 j 个滞后距;

$\mathrm{var}(j)$ ——第 j 个滞后距对应的实验变差函数值。

为保持进化过程中的竞争水平,对适应度值进行放大或缩小自适应操作,即定标处理,计算公式如下:

$$f(i)'=\begin{cases}f(i), & \text{if} f_{avg}=f_{max}\\ f_{avg}(f(i)-f_{min})/(f_{max}-f_{avg}), & \text{if} f_{min}\leqslant(\varphi f_{avg}-f_{max})/(\varphi-1)\\ f_{avg}[\varphi(f(i)-f_{avg})+f_{max}-f(i))/(f_{max}-f_{avg}), & \\ & \text{if} f_{min}>(\varphi f_{avg}-f_{max})/(\varphi-1)\end{cases} \tag{4-15}$$

$f(i)$ 和$f(i)'$分别代表当前个体映射前后的适应度值,f_{max}、f_{avg}和f_{min}表示群体中适应度的最大、平均和最小值;φ 为乘子,常在 1.2~2.0 之间取值。其中 $f_{max}=f_{avg}$表示所有个体适应值相同。

(3)遗传算子设计

遗传算子包括选择、交叉和变异三类,是决定遗传算法实施效果的关键。他们都是在随机的情况下进行的。这 3 个过程执行以后,将产生新一代的总体适应度更高的群体。为加快算法的收敛速度,并避免群体的早熟,采用改进的选择算法作为选择算子。

①选择算子

基于排名的策略:根据个体适应度 f_i 在群体中的排名来确定其选择概率。将同一代群体中的 m 个染色体按适应函数值,从小到大排列,记为 $1,2,\cdots,m$。取选择概率

$$p_i=\frac{2i}{m(m+1)}\quad 1\leqslant i\leqslant m \tag{4-16}$$

②以 p_i为选择概率,用轮盘赌方法选择种群,这可避开非线性加速可能产生的早熟现象。交叉算子——改进算数交叉算法

采用十进制实数编码时,每个十进制数被看作一个基因整体,因为个体本身就是解空间的点,其物理意义很明确。为使杂交前后新旧个体有更大的差异,对算术杂交法进行改进,改进后的算术杂交算子描述如下:

$$\begin{cases}x_1'=b_1x_1+b_2x_2\\ x_2'=b_2x_1+b_1x_2\end{cases} \tag{4-17}$$

其中,$b_1=0.5+b$,$b_2=0.5-b$,($b=0.95\alpha$ 或 $b=\alpha$),α 为[0,1]区间的随机数。

采用上述改进的算术杂交算子后,为了避免不可行个体解的产生,采取在产生子代后逐个判断是否越界,若越界则更换成下面的混合杂交算子来产生新个体,以利于个体的多样性,同时该算子可保证子代不会越界。

$$\begin{aligned}x_1'&=\beta x_1+(1-\beta)x_2\\ x_2'&=\beta x_2+(1-\beta)x_1\end{aligned} \tag{4-18}$$

其中，β 为[0,1]区间的随机数。

③变异算子——非一致变异(non-uniform mutation)

假设拟变异的个体表示为：$p=(p_1,\cdots,p_i,\cdots,p_n)$，拟变异的基因表示为 c_i，$c_i\in[a_i,b_i]$，变异后的基因表示为 c_i'。为了提高变异算子对局部范围的搜索能力，Michalewicz 把参与变异的分量作随机扰动，这个扰动在进化初期变化范围较大，随着进化代数的增加扰动变化范围逐渐减小。变异后的个体按下式计算：

$$c_i'=\begin{cases}c_i+\Delta(t,b_i-c_i) & \gamma=0\\ c_i-\Delta(t,c_i-a_i) & \gamma=1\end{cases} \tag{4-19}$$

其中，γ 是取值为 0~1 的随机数，t 是当前代次，T 是最大进化代数，$\Delta(t,y)=y\left[1-r^{\left(1-\frac{1}{T}\right)^b}\right]$，$r$ 是区间[0,1]中的一个随机数，b 是由用户选取的参数，由它控制算法对代数的依赖度。

GA 搜索收敛时，变异和交叉操作率应增加，阻止早熟收敛和增强搜索到全局最优；另一方面，如 GA 不收敛，那么交叉和变异概率应减少以抑制新染色体的引入，引导搜索趋向收敛，实现动态自适应调整变异率和交叉率参数，计算公式如下：

$$p_c(t+1)=\begin{cases}p_c(t)+0.05, & \text{if } \overline{f_{par}}(t)/\overline{f_{off}}(t)\geqslant 1.1\\ p_c(t)-0.05, & \text{if } \overline{f_{par}}(t)/\overline{f_{off}}(t)\leqslant 0.9\\ p_c(t), & \text{otherwise}\end{cases} \tag{4-20}$$

$$p_m(t+1)=\begin{cases}p_m(t)+0.005, & \text{if } \overline{f_{par}}(t)/\overline{f_{off}}(t)\geqslant 1.1\\ p_m(t)-0.005, & \text{if } \overline{f_{par}}(t)/\overline{f_{off}}(t)\leqslant 0.9\\ p_m(t), & \text{otherwise}\end{cases} \tag{4-21}$$

其中，$0\leqslant p_m(t)\leqslant 0.1$ 和 $0.5\leqslant p_c(t)\leqslant 1.0$ 分别表示第 t 代的交叉和变异概率，$\overline{f_{par}}(t)$ 表示第 t 代父代的群体适应度均值，$\overline{f_{off}}(t)$ 表示第 t 代的群体适应度均值。

(4) 终止准则

收敛条件满足则终止计算，输出计算结果。如不满足，则重复进行适应度计算和遗传操作两个步骤。

遗传算法的终止准则一般有两种：

①指定代数终止：即达到所指定的代数后，终止运行，其缺点是终止时有可能仍处于高速进化状态，得到解不是最优解；或指定代数过大，已经达到最优解，还在运算，降低优化速度。

②指定相临两代进化非常微小时终止，其缺点是有可能是局部最优，而非全局最优。

$$(f_{max} - f_{avg})/f_{max} \geqslant \varepsilon \text{ 或 } t \geqslant T$$

式中　f_{max}——最大适应度；

f_{avg}——平均适应度；

ε——给定正小量；

t——进化代数；

T——预先给定的终止代数。

因此可将两种终止准则结合来。当达到给定的遗传代数之前就出现进化甚微时则加大变异操作的比例，继续进化，如果再连续5代进化依然较慢时则终止；如果在指定路段代数的最后几代种群处于明显进化阶段，则增加迭代次数，直到进化程度非常微小时停止迭代，流程如图4-31所示。

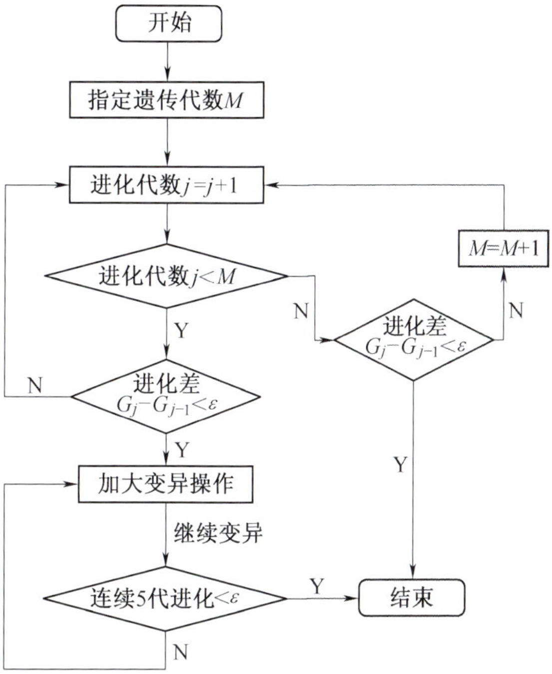

图4-31　遗传操作终止流程图

4.3.3　GA-Kriging空间局部插值

(1) Kriging空间局部插值

空间局部插值是在建立半变异函数拟合模型的基础上，根据目标因子观测点数值推算未知点的数值，进而做出目标因子的空间分布等值图。假设在待估计点(x)的临域内共有n个实测点，即$x_1, x_2, \cdots, x_n$，其样本值为$Z(x_i)$。那么，

从这 n 个已知点的观测值去估计未知点 x_0的值 $Z(x_0)$,设 $Z(x_0)$的普通 Kriging 线性插值公式为

$$Z_0^*(x)=\sum_{i=1}^{n}\lambda_i Z(x_i) \tag{4-22}$$

式中,λ_i 为权重系数,其和等于 1,表示各空间样本点 x_i 处的观测值 $Z(x_i)$ 对估计值 $Z^*(x)$ 的贡献程度。$Z(x_i)$ 为样本 x_i 观测值,它们位于区域内 x_i 位置,式(4-14)表明内插估计值取决于权重的求解。

可见,克立金插值的关键就是计算权重系数 λ_i 。显然,权重系数的求取必须满足两个条件:一是使 $Z^*(x)$ 的估计是无偏的,即偏差的数学期望为零;二是最优的,即使估计值 $Z^*(x)$ 和实际值 $Z(x_i)$ 之差的平方和最小。

其普通 Kriging 方程组和普通 Kriging 估计方差为

$$\begin{cases}\sum_{j=1}^{n}\lambda_j\bar{C}(v_i,v_j)-\mu=\bar{C}(V,v_i) \quad (i=1,2,\cdots,n)\\ \sum_{i=1}^{n}\lambda_i=1\end{cases} \tag{4-23}$$

$$\sigma_{\mathrm{k}}^2=\bar{C}(V,V)-\sum\lambda_i\bar{C}(v_i,V)=\mu \tag{4-24}$$

$$\sigma_{\mathrm{E}}^2=c(x,x)-\sum_{i=1}^{n}\lambda_i c(x_i,x)+\mu$$

其矩阵形式如下:

$$\begin{bmatrix}\lambda_1\\ \lambda_2\\ \lambda_3\\ M\\ \lambda_n\\ \mu\end{bmatrix}=\begin{bmatrix}C_{11} & C_{12} & C_{13} & \cdots & C_{1n} & 1\\ C_{21} & C_{22} & C_{23} & \cdots & C_{2n} & 1\\ C_{31} & C_{32} & C_{33} & \cdots & C_{3n} & 1\\ \cdots & \cdots & \cdots & \cdots & \cdots & 1\\ C_{n1} & C_{n2} & C_{n3} & \cdots & C_{nn} & 1\\ 1 & 1 & 1 & \cdots & 1 & 0\end{bmatrix}\times\begin{bmatrix}C_{01}\\ C_{02}\\ C_{03}\\ M\\ C_{0n}\\ 1\end{bmatrix} \tag{4-25}$$

(μ 为拉格朗日乘数)

同时有

$$C_{11}=C_{22}=C_{33}=\cdots=C_{nn}=C(0)=r(\infty)=C_0+C\ (\text{即基台值})$$

当 $i\neq j$ 时,

$$C_{ij}=C_{ji}=C(|X_i-X_j|)=C(0)-r(|X_i-X_j|)$$

即可以将模型拟合的半变异函数值代入上面的方程组中就可以解出各个 λ_i的值,从而算出 Z_0^* 的值。

由以上几个步骤可以看出,估计值的精确性取决于半变异函数拟合模型的

3个参数的确定。因此,如何快速、高效的确定3个参数的最优解就显得非常重要。

(2)基于遗传算法的球状模型参数估计

GA算法结合Kriging方法可以得到相应的GA-Kriging插值方法,具体算法过程如图4-32所示。进行Kriging插值的详细步骤可以参见文献。

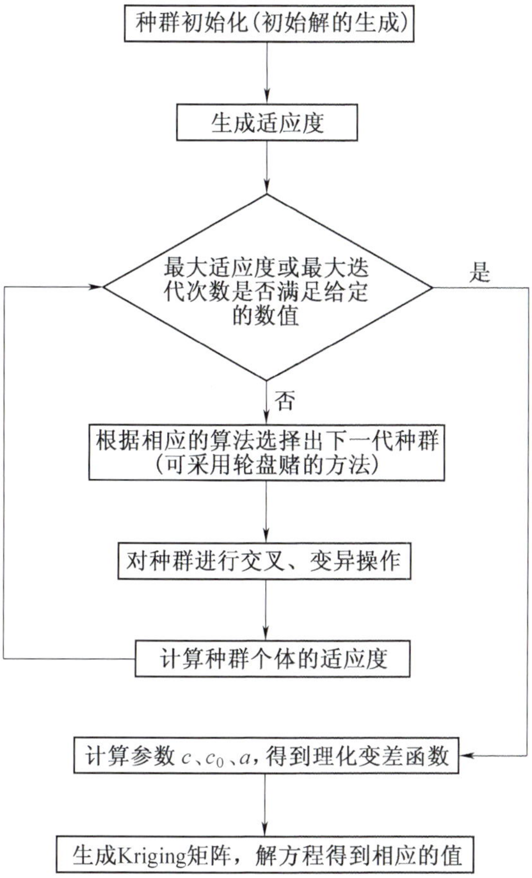

图4-32 GA-Kriging算法流程图

综上所述,基于GA-Kriging插值算法的快速三维地质建模方法,主要步骤为:首先基于GA-Kriging方法,得到包含地层编号属性的规划和不规则数据点,然后直接对这些点进行Delaunay四面点剖分或直接生成六面体,实现对不同地层的表达以及任意剖切面的提取。这种方法的主要特点就是将地层编号作为插值属性,同时免去了一般方法中判断、求取地层切割面的繁琐过程,是一种直观、简单、自动化的建模手段。

4.3.4 基于钻孔数据的地层插值

根据GTP体元建模方法,需要对加密的各棱边进行插值处理,通过前文所述的方法获得相应的钻孔土层信息，根据既有钻孔的岩土层分布参数，计算出各新内插的棱边岩土层分界点参数和对应的岩土层属性，为地质体三维建模准备数据。GA-Kriging 钻孔 GTP 插值示意图如图 4-33 所示。

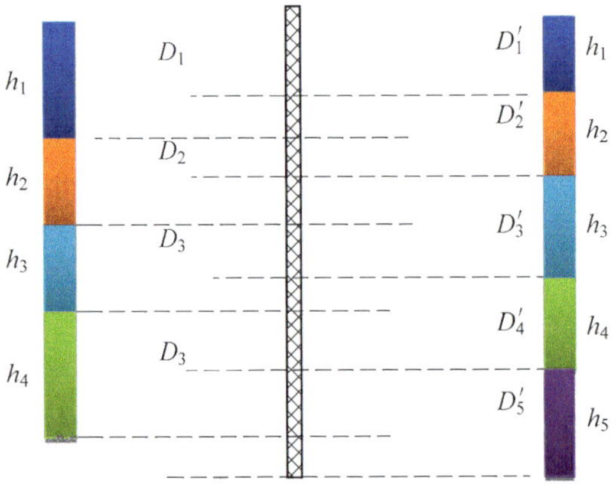

图 4-33　GA-Kriging 钻孔 GTP 插值示意图

计算流程如下：

(1)若两侧既有钻孔相同层(指分层的序号第 1,2,3,…,n 层)的地层属性相同，如 $D_1=D'_1$，则分别按照两侧的地层高度 h_1，h_2 计算新棱边的地层属性，设按 h_1 和 h_2 高度，按 GA-kring 插入算法计算出的地层属性为 D_{h1} 和 D_{h2}。

1)若 $D_{h1}=D_{h2}=D_1=D_2$，选择 h_1 和 h_2 较大值，即 $H\in \mathrm{Max}(h_1,h_2)$；

2)若 $D_{h1}\neq D_{h2}$，选择 h_1 和 h_2 较小值，即 $H\in \mathrm{Min}(h_1,h_2)$；

3)继续向下内插计算，取步长 Derh(较小的值，如 0.05)$H=H+\mathrm{Derh}$，直到计算的地层属性 D_H 不等于 D_1，停止计算，记录此时的高度值 H 和地层属性值 $D_1(D=D_2)$。

(2)若两侧既有钻孔相同层(指分层的序号第 1,2,3,…,n 层)的地层属性不同，例如 $D_1\neq D'_1$，则分别按照前述章节的确定地层顺序号，选择岩土层排序较新的一侧。假设 $D_1<D'_1$，即 D_1 地层顺序要比 D'_1 新，则选取 $H=h_1$，$H=H-\mathrm{Derh}$，直到计算的地层属性 D_H 不等于 D_1 或 $H\leqslant 0$，停止计算，若 $H>0$，则地层属性值 D_H $(D_H=D_1)$；若 $H\leqslant 0$，则 $H=0$，地层属性值 $D_H(D_H=D'_1)$。记录此时的高度值 H 和地层属性值 D_H。

(3)若两侧钻孔岩土总层数不相同，则最后也将剩余的岩土层计算完成，则依次计算剩余的岩土层，选取 $H=h_i$，$H=H_i-\mathrm{Derh}$，直到计算的地层属性 D_{Hi} 不等于 D_i 或 $H\leqslant 0$，停止计算，若 $H>0$，则地层属性值 $D_{H_i}(D_{H_i}=D_i)$；若 $H\leqslant 0$，则 $H=0$，地层属性值 D_{H_i} 取上一层地层属性($D_{H_i}=D_i-1$)。记录此时的高度值 H 和地层属性值 D_{H_i}。

(4)依次完成其他各地层的属性值插值计算，最后记录、存储棱边的各分层属性(高度和地层属性)，按 GTP 体元建模方法进行三维建模。

4.4　三维地质体建模

4.4.1　建模基本思想

铁路工程设计分为预可行性研究、可行性研究、初步设计、施工图设计阶段，每个阶段获取的地质勘察资料不同，是个逐渐详细、信息逐渐丰富的过程。三维地质体模型建模也需要经历一个信息逐渐丰富的过程。在项目前期研究阶段（预可研、可研阶段），在只有区域地质资料和少量野外地质调绘资料、少量钻孔数据的基础上，建立前期阶段的地质模型，后期（初步设计、施工图阶段）根据加入的详细钻孔数据、地质剖面图资料修改完善模型，形成更精细化的地质模型。因此要求地质体建模也是分阶段性的，能够动态加入数据、编辑数据，能够不断完善添加信息。同时根据铁路经行区域的特点，铁路工程地质模型呈长大带状分布，大比例尺的地质体模型建立必须采用分区段拼接式建模。

基于以上认识，需要建立一种权威的、不断更新的、区域性的、具有传承性的地质结构三维模型，这个模型建立的初期可能是粗糙的，但是随着专业人员对地质结构认识的不断深化和勘探精度的提高，这个模型会逐渐准确直至完全正确。计算机技术发展到今天，已经为我们提供了建立这样真三维地质模型的技术条件。

4.4.2　基于地质剖面的虚拟钻孔加入

单纯的利用钻孔数据构建三维地层模型有时候可能无法取得令人满意的效果，特别是对地层在钻孔间变化比较复杂的情况，采用插值算法推断三维地层模型未知区域的属性，其插值结果依赖于插值算法、已知钻孔点的多少及分布。当某一地层相关的钻孔控制点数量较少，分布稀疏，无法利用插值算法得到一个与实际地层分布情况相吻合或者较满意的结果时，这时需要添加额外的地层控制点来控制后续的模型内插结果。在存在大量的地质纵横剖面的实际工程中，可以利用这些数据解决这个难题。通过地质剖面数据，在相邻两个钻孔和多个钻孔之间，插入“虚拟钻孔”，可以获得更详细的地层分层信息。所谓“虚拟钻孔”，是相对于实际钻孔而言的。是指在构建地下地质体模型的过程中，由于建模工作的需要而在特定的位置处添加的一个或多个具有假想性质的控制性钻孔，这些钻孔反映的地层层位信息不是由实际钻探工作获取的，通过对剖面数据进行采样和插值，构建虚拟钻孔，或由工程人员根据自己的工作经验获取的结果做出的推断。

在建模过程中，设计剖面编辑功能，通过根据地质剖面在特定的钻孔之间添加虚拟钻孔的方式，反映实测钻孔间地层的变化，增强建模结果的精细和准确程度。两个实测钻孔 ZK1 和 ZK2 之间添加虚拟钻孔 XNZK 示意图如图 4-34 所示。

4.4.3　地质体表面建模

由于获取钻孔数据的成本较高，在一定的研究区域内往往只能获得有限数

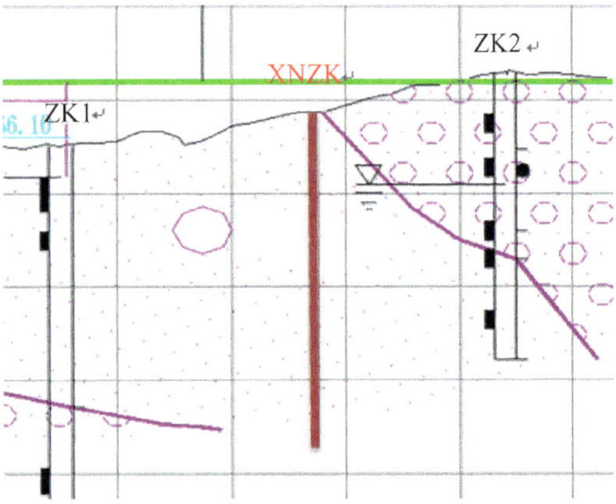

图 4-34　虚拟钻孔添加示意图

目的钻孔资料，因此在局部的区域，为了使三维地质体表面模型具有较高的精度和真实度，地质体表面模型直接采用数字高程模型数据，以充分表现高程细节的变化。根据选定的局部区域范围，自动提取该区域范围内的 DEM 数据，而对多边形范围边界上的控制点，也作为地形表面的数据点，共同构建地表面 TIN 模型，如图 4-35 所示，图 4-36 即为三维地层表面模型建模效果图。在地表面模型上叠加遥感影像可进一步增强真实感，如图 4-37 所示。

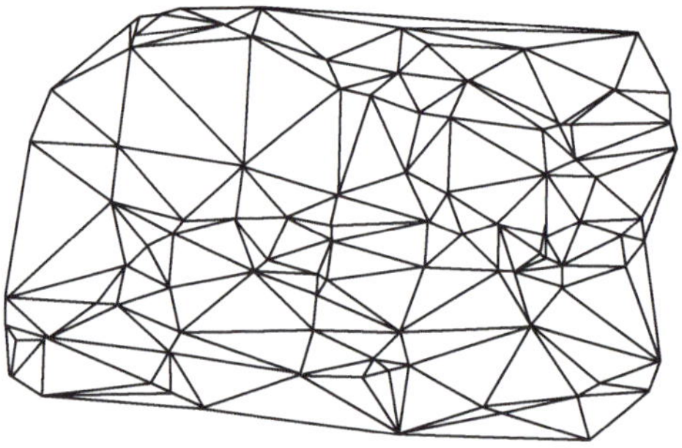

图 4-35　基于 DEM 的地表面 TIN 模型

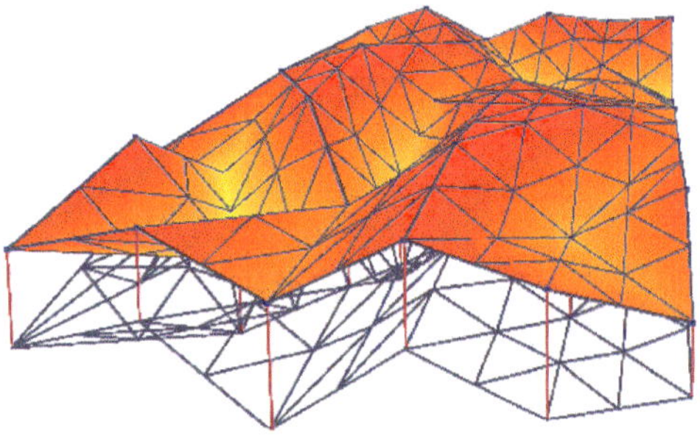

图 4-36　三维地层表面模型建模结果图

图 4-37　三维地层表面建模效果图

4.4.4　基于 GTP 体元的三维地质体建模

针对选定区域进行 GTP 体元的三维地质体建模。其核心是对钻孔数据进行层序分层后，采用不规则三角网形成地层界面，然后根据各钻孔数据，向下生成 GTP 体元模型，并采用遗传—克里金插值算法对生成地层曲面进行平滑，再用这些层面数据生成地质体，建立三维地质体模型。方法如下：

以钻孔孔口坐标点为离散点，按 Delaunay 法构建地下地质体的三角网 TIN，将 TIN 中的三角形逐个沿钻孔向下扩展生成 GTP。由于地层出现一般都具有先后规律及分布走向，它反映了地质构造过程中异常地层尖灭的顺序关系，因此三角形向下扩展时应能体现出这种地质构造规律，在钻孔间完成地层上述关系的推理，并保证推理结果的正确性和唯一性。相邻层之间的三棱柱体的侧面四边形由 TIN 中三角形三顶点的两两组合后沿钻孔按一定规则向下扩展而成，这样侧面四边形的侧棱边只能在同一条钻孔上，即使钻孔倾斜也能保证建立唯一的侧面四边形与广义三棱柱体。

建模的主要过程如下：

①根据钻孔孔口坐标按 Delaunay 三角网的构建方法生成一个三角形，将该三角形设置为第一个 GTP 的上三角形。

②根据上三角形点的属性编码沿三个钻孔向下扩展新三角形(称为下三角形)，如图 4-38 所示。扩展规则是：如果三角形三个顶点的属性编码相同，则新三角形顶点均为相应钻孔的下一个点，如图 4-38(a)所示；如果编码不相同，则编码小[图 4-38(a)]的钻孔上新三角形顶点为相应钻孔的下一个点，而编码大[图 4-38(b)或图 4-38(c)]的钻孔上新三角形顶点保持不变，即与上三角形顶点相同，如图 4-38(a)~(d)所示。

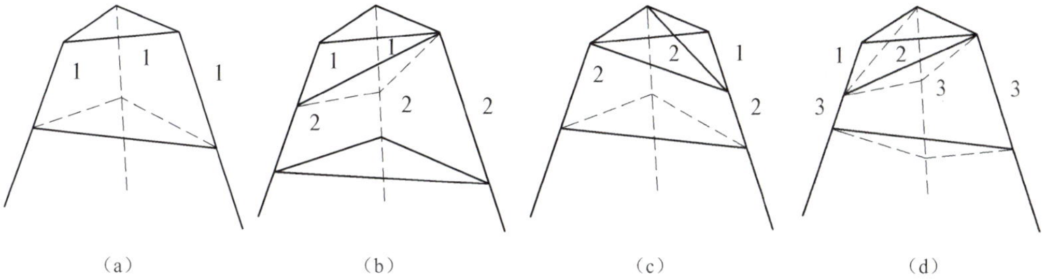

图 4-38　向下扩展广义三棱柱

③根据上、下三角形对应关系构建棱边、侧面四边形和广义三棱柱体，记录并修改广义三棱柱体的描述信息，并将下三角形置为上三角形。

④重复②、③步骤，直到上三角形顶点均为三个钻孔的底部点为止。

⑤根据钻孔孔口坐标按 Delaunay 三角网的构建方法扩展新三角形，并置为上三角形，重复②~④，构建新的 GTP。

⑥重复步骤⑤，直到地表面钻孔孔口的 Delaunay 三角网构建完成为止。

这种建模方法的好处是便于模型修改。当插入新的钻孔时,只需像 TIN 一样进行局部修改,然后对进行了局部修改的三角形沿钻孔(向下)方向修改并生成新的广义三棱柱体。

图 4-39 为生成的特定区域的大比例尺 3D 地质体模型。

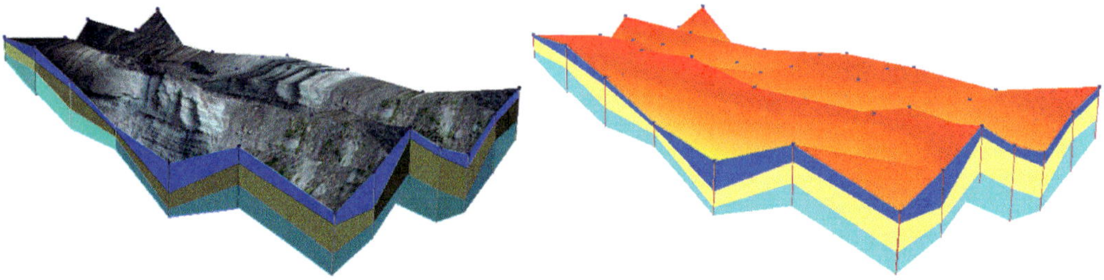

图 4-39 GTP 构建 3D 地质模型效果图

4.4.5 断层建模

上述三维地层建模的过程没有考虑断层等地质构造对模型的影响。由于断层构造几何形态空间展布的不连续性,而断层的深度、宽度和延伸方向等对线路特别是地下隧道的位置选择都有着较大的影响,进而影响线路的局部走向,因此三维地质体建模必须要考虑断层的影响。大量的研究表明,断层的建模是三维地质建模的难点之一。一般是基于地质剖面来推测出合理的断层面,然而剖面中断层连接线和断层剖面三维外推都存在多解性,这就需要通过丰富的工程经验才能获得较好的模拟断层面效果。断层面的空间位置由其走向、倾向和倾角决定,可以是平面或曲面并且可以有一定的宽度。

断层建模的主要问题就是连接剖面之间断层轨迹线的多解性,以及缺乏对断层变形和对其进行三维外推的丰富信息。断层信息表和断层地层信息表之间的关系如图 4-40 所示。

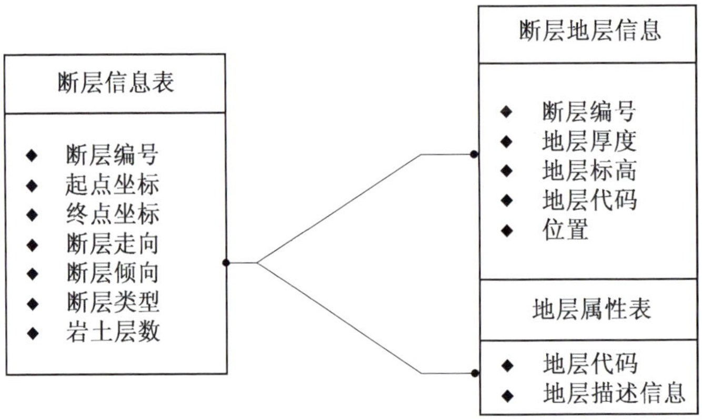

图 4-40 断层数据子库中表的关系

断层信息表和断层地层信息表通过“断层编号”字段关联起来,断层地层信息表与地层属性表通过“地层代码”字段关联起来。其中断层地层信息表中的“位置”字段,指断层左右侧。

通过对断层两侧地层分别存储,根据断层两侧地层数据,分别构建断层的左右两侧,然后将断层同一地层分界点连接起来,构成整体三维地层模型,如图 4-41的所示。

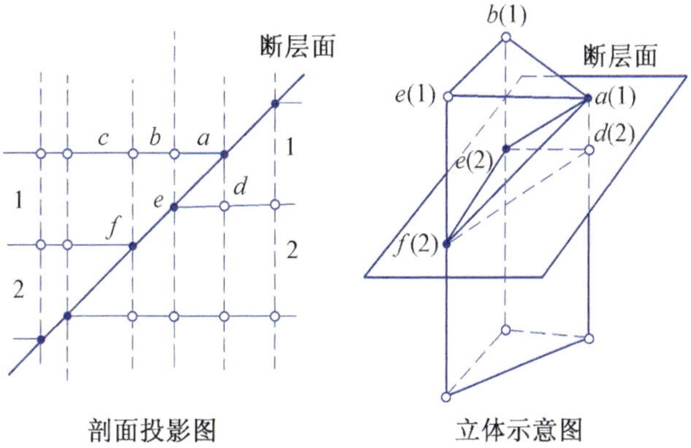

图 4-41　含断层地质体三维建模示意图

在三角形的 3 个顶点中,如果存在顶点所属对象为断层(即构造的三角形有断层参与的,最多情况下,三角形 3 个顶点均为断层),那么判断如下:

①如果只有一个顶点属于断层:

判断该顶点的 x 坐标,如果小于其他两顶点的 x 坐标,采用右侧地层数据,否则采用左侧地层数据。

②如果多于一个顶点属于断层:

判断断层顶点的 x 坐标,只有顶点 x 坐标最小的断层采用右侧地层数据,其他断层顶点则采用左侧地层数据。

按照上述知识推理规则,在地表面形成孔口 Delaunay 三角网的基础上,构建含断层地质体三维模型的主要算法可描述如下:

①从地表面 Delaunay 三角网中提取一个三角形,将这个三角形设置为第 1 个 GTP 的上三角形。

②根据上三角形 3 个顶点的地层编号及属性(断层点是属于钻孔或断层),按三维构造知识推理规则沿钻孔向下扩展新三角形(称为下三角形)。

③根据三角形双向链表中上下三角对应关系和钻孔点链构建 GTP,记录其描述信息,并将下三角形置为上三角形。

④重复②、③步骤,直到上三角形顶点均为各自钻孔底部点为止。

⑤重复①~④步骤,直到地表面 TIN 的三角形遍历完为止。

上述关于含断层地质体的三维建模方法,适于断层和地质模型的动态修改。当有新的钻孔数据加入时,只需在地表面局部修改 Delaunay 三角网,然后将局部修改的三角形按照推理规则沿钻孔向下扩展生成新的 GTP 即可。断层建模效果图如图 4-42 所示。

图 4-42　断层建模效果图

构建区域地质体之后,每个相邻区域的地质体,采用内插的共同的边界连接,形成长大带状地质模型,通过该方法构建的长大带状地质体模型如图 4-43 所示。

图 4-43　长大带状地质实体建模效果

5

三维地质模型可视化及分析技术

在铁路选线三维地质问题的研究中,三维工程地质模型的构建不是最终目的,最终目的是借助三维地质模型准确快速地实现工程地质问题的分析,为铁路地质选线提供有利的指导。三维地质模型可视化及分析是借助于计算机技术和三维图形渲染引擎,对地质数据进行视觉表达与分析,尽可能灵活、自然地表达地质实体模型的外表以及内在的各种信息。上一章通过三维地质体模型的构建,能够全方位、动态地展示地质对象的空间关系及其属性特征。但还并不能完全满足复杂地质分析的需求。针对选线地质环境的评价,还需要剖切、剖面查询分析等操作。

因此,本章针对工程地质三维模型分析及可视化技术进行研究,阐述三维地质模型的可视化分析和实现方法。实现地质实体模型的多角度观察和多种可视化表达,为多角度、全方位的认识和理解地质实体模型提供强有力的支持。

5.1 基于 OSG 的地质模型可视化技术

地质模型的可视化主要指对地质模型的场景管理、渲染、控制、显示以及输出。在软件应用领域,针对场景的可视化早期使用的典型三维图形库有 OpenGL 和 Direct3D,基于底层应用编写,在针对复杂的三维地质模型可视化建模上开发技术难度较大。目前也有一些封装了 OpenGL/Direct3D 的高阶图形渲染引擎,在场景组织管理和渲染速度、场景控制等方面均有更优秀的表现。比如目前常用的 OpenSceneGraph(OSG),Open Inventor,Java3D,OpenSG,OGRE3D,VegaPrime 等渲染引擎。

其中诞生于 1997 年的 OSG 高阶渲染引擎,使用 OpenGL 技术开发,是一套基于 C++平台的应用程序接口(API)。它在更低层次的 OpenGL 硬件抽象层

(HAL)上实现了底层硬件显示的驱动,可以为应用软件提供各种高性能的渲染特性、高效率的输入/输出(IO)和基于场景图的空间结构组织函数。因此在铁路地质环境场景的可视化建模中,采用 OSG 渲染引擎对地质模型场景进行组织管理与渲染。

5.1.1 OSG 高阶渲染引擎

任何一个 3D 程序必然会有场景与场景渲染两部分,OSG 图形库采用树状结构来组织场景以及场景渲染。

1. 场景图简介

OSG 场景图由根节点、枝节点和叶节点组成。枝节点可以有多个叶子节点;程序可以随意有序地安排画图实体(叶节点)的位置,叶节点添加在不同的枝节点下,即会在场景中出现多个相同的画图实体,当然这些重复的画图实体的位置状态信息则由其由上级所有枝节点来决定。

场景图中包含的所有节点,可以分属于不同的类型,方便实现不同的功能。如枝节点类型:组节点(Group)、矩阵变换节点(MatrixTransform)、动态显示节点(LOD)、文本节点(Text)等。

2. 组成

OSG 图形库文件主要包括以下几大类:

(1)核心库

提供基本的场景图形和渲染功能。包括:

osg 库:用于构建场景的各个节点类、向量和矩阵运算类、几何体类、以及用于描述和管理渲染状态的类。

osgProducer 库:主要负责管理 3D 窗口的创建,控制投影矩阵,控制 OpenGL 的渲染,以及控制场景渲染状态等功能。

osgDB 库:建立和渲染 3D 数据库的类和函数,包括用于支持外部 2D 和 3D 数据格式的辅助库的注册,以及对这些辅助库的访问。

osgUtil 库:用于场景图形及内容的操作、统计、优化。包括了几何操作类,三角形条带化,自动纹理坐标生成等。

(2)图形类

图形类用于构建整个场景的绘图对象。OSG 所有的图形类都继承于一个基本类节点(Node)。无论整个场景中的根节点、枝节点(组)、还是叶节点都是继承于节点(Node)的不同类型。

根节点、枝节点、叶节点区别:

①根节点:场景中的顶级节点,它不具备特定类型;它没有父节点;

②枝节点:它具备父节点与子节点;

③叶节点:它无下级子节点。

Node 类:场景中所有节点的基类。

Group 类:场景中所有可分支节点的基类。

Geode 类:场景中的叶节点,不可支节点,即无子节点,但可包含画图对象(Drawable),画图对象中存放要显示的几何体,继承于 Node 类。

MatrixTransform 类:实现子节点对象的空间位置变换矩阵。如对象的旋转、缩放、平移等操作,继承于 Group 类。

Lod 类:实现动态显示,可根据节点视距选择节点的子点是否显示,实现特殊物体的多层次细节显示,继承于 Group 类。

(3)画图类

Geode 类是场景中的叶节点,它包含最终要画的实体对象数据,可以使用以下类实现 Geode 中几何数据的存放。

Drawable 类:存放画图几何数据的基类,它是纯虚类,无法直接实例化。必须实例化派生类,如几何类(Gemetry),定制形状画图类(ShapeDrawable)。

Geometry 类:实现对顶点数的封装,保存了顶点数组,纹理坐标,顶点颜色,以及法线。它与 PrimitiveSet 相关联。

PrimitiveSet 类:提供了顶点数组的画图命令,决定 Geometry 中保存数据的最终生成几何体的类型。

Vector 类:预定好的二维(纹理坐标)、三维(顶点坐标)、四维(顶点颜色)数组,支持 float 和 double。它们用来指定顶点、颜色、法线和纹理坐标。

(4)状态类

状态设置类用于保存场景所需的渲染状态,它包括模式和属性,如光照开启,纹理启用等。场景中不同节点可以关联不同的状态信息。

StateSet 类:所有状态设置(模式和属性)的集合,场景中任何一个节点都可以与一个 StateSet 相关联。

Modes 类:模式状态,它完成场景渲染某项功能的开启与关闭如灯光启用与关闭,深度检测的开启与开闭。可通动 StateSet 类的 setMode( )来设置一个模式状态。

Attributes 类:属性参数值,设置某种模式状态的参数值。可通过 StateSet 类的 setAttribute( )来指定属性信息。

纹理模式和属性:用来指定某一个画图单元所对应的纹理贴图。可通过 stateset 类 setTextureMode( )启用与开闭纹理贴图,可通过 stateset 类的 setTextureAttribute( )来设置纹理值。

3. 特性

OSG 图形库除了提供底层的图形和状态管理功能之外,还具备以下特性:

空间结构:场景图形采用树状结构直观,符合人们理解空间事物的排布和组织结构。

拣选机制:增加了投影剔除、隐藏面消除功能,减少系统总体负担。即在最终渲染时忽略对用户看不到物体的处理。

动态显示:实时计算物体与观察者的距离,根据不同的视距用户可有选择地显示不同细节层次的物体。

动态加载:当用户程序使用了此项功能,场景中进入到显示距离的那部分对象将从硬盘中加载,而当其不处理显示距离时,便从内存中移出。

多种数据接口:方便读取多种格式的数据文件。

4. 渲染

普通图形渲染系统允许保存几何体并执行绘图遍历,它将所有保存于场景图中的几何体都以底层绘图指令(Driect3D、OpenGL)发送到硬件设备上。无法实现动态的几何体更新、拣选,这样大大影响整个系统的实用性和高效性。为了实现实用、高效、快速的场景渲染应该有三种需要遍历操作:

更新:允许用户在程序画图的每一帧中,修改场景图形的位图、状态、几何信息,这些操作都可通过对应节点的回调函数来完成。

拣选:在场景图渲染前,检查场景中所有节点的包围盒,判断其是否在显示范围内,来决定该节点是否添加到渲染列表中。

绘制:场景图形将拣选过程所生成的渲染列表,调用底层绘图指令(Driect3D、OpenGL),实现最终渲染。场景图的渲染过程如图 5-1 所示。

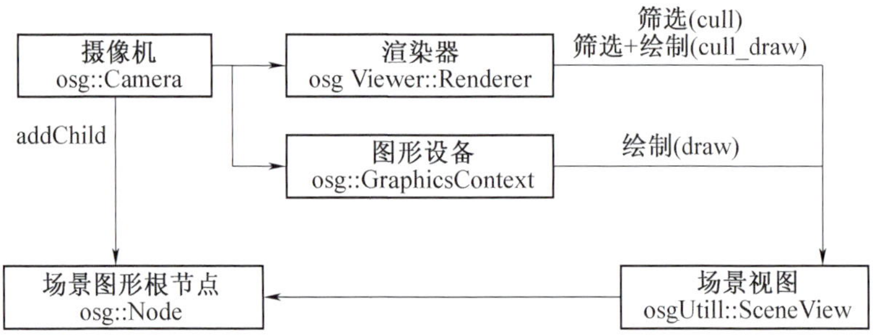

图 5-1 场景图的渲染过程

5.1.2 三维地质模型的场景树

场景树是实现三维地质模型可视化的一种重要树形结构。三维地质模型场景就是描述三维地质模型的景物对象,这些景物对象主要包括钻孔对象、地质剖面对象、地表模型、地质实体模型。各级各类对象之间具有相互关联的关系,也具有各自的独立性。上一级对象是下一级对象的父类,下一级对象是上一级对象的子类或分解,从软件结构上组成树形结构。各子节点封装了组成该模型的属性参数和处理方法,比如图形显示处理。在针对三维地质模型进行可视化时,根据模型场景的层次结构和模型的显示特性,将各节点子对象插入场景树中即可。因此,三维地质模型的场景树设计至关重要,将每类一级子对象都设置为组节点(Group),允许加入不同类型的子节点,三维地质模型的场景树结构允许动态扩展。项目设计的三维可视化地质模型场景树结构如图 5-2 所示。

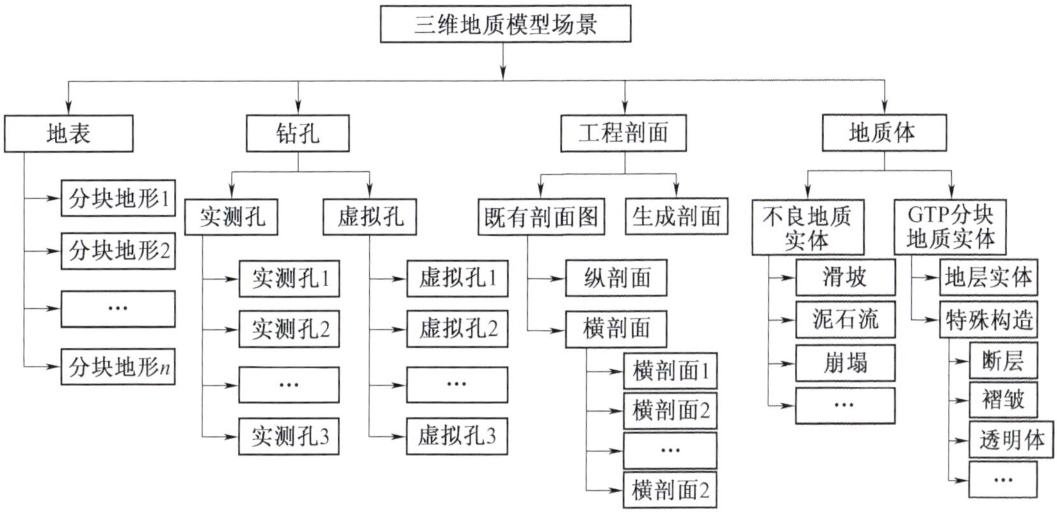

图 5-2　三维地质模型场景树结构

5.1.3　三维场景中地质对象拾取技术

在三维场景中,拾取对象的过程是通过获取鼠标在屏幕上的点击点,经屏幕坐标转换得到投影点,以视点为起点,经投影点构造一条垂直指向屏幕的射线,然后经投射变换、坐标变换获得一条位于模型空间的射线。由于所有模型都位于视锥之内,因而只需判断这条射线与场景中的哪些模型相交,经过选择即可获取所需模型。

OSG 采用射线法完成场景中实体的拾取,使用 osgUtil::LineSegmentIntersector 类来创建与对象的交点。基本原理是:通过相机位置点向鼠标选中点作一条射线并求它和场景中所有实体的交点。在所有和该射线相交的实体中,离相机位置点最近的实体就是被选中的实体。

算法的具体实现步骤如下:

(1)初始化,获取鼠标点的屏幕坐标(x,y),并将相机焦点坐标转换为屏幕坐标。

(2)相机焦点深度值(z 值)作为鼠标点的深度值(z 值),并将鼠标点坐标转化为世界坐标(X_W,Y_W,Z_W)。

(3)过相机位置点向点(X_W,Y_W,Z_W)作一射线 n,并分别求射线 n 和投影空间近截面和远截面的交点 A,B 得到线段 AB。如果射线 m 垂直于视线,则射线 m 和投影空间不相交。

(4)依次取出场景实体列表中的每个实体,获取该实体的转换矩阵,并利用该矩阵将 A、B 点的坐标转换为局部坐标。

(5)计算实体的包围盒,并判断 AB 和包围盒的相对位置。如果 AB 和包围盒相交,则求该实体和 AB 交点的参数值,并将该实体标记为选中对象。如不相交,则进行下一个实体的处理。在三维地质模型场景中,地质实体对象的拾取主要采用射线求交的方法进行。

5.2 钻孔可视化及查询

5.2.1 实测钻孔可视化查询

可视化查询的目的是为了全面利用三维可视化地质模型,从各个侧面、角度观察获取不同尺度的信息,重新认识在计算机上建立起来的地质对象。钻孔可视化的关键是根据地质数据库中的实测钻孔基本信息和地层信息构建钻孔可视化模型。

针对钻孔三维可视化及查询,设计钻孔数据结构如下:

```
typedef struct
{
    CString drillholeName;//钻孔编号
    CString projectName;//对应工程项目名称
    double dmile;//对应线路里程
    double pdist;//偏距
    float zkdeep;//钻孔总深度
    CString cskj;//孔径
    float  fwater;//初见水位
    float  ewater;//稳定水位
    float  ewatertime;//稳定时间
```

```
    float  fscale;//比例尺
    int straNums;//包含地层数目
    osg:Vec3d pt;//钻孔口位置坐标
    CString ftime;//开孔日期
    CString etime;//终孔日期
    std::vector <Stratum> stratumsInfo;//一个钻孔对应的地层信息
}DrillHole;//钻孔
```

每个钻孔对应若干个地层,设计的地层详细信息数据结构如下:

```
typedef struct
{
    CString drillholeName;//所属钻孔编号
    int dindex;//地层层次
    float fhigh;//地层厚度
    CString lithology;//地层岩性
    CString memo;//岩层说明
    osg:Vec3d ptup;//地层顶点坐标
    osg:Vec3d ptdown;//地层底点坐标
}Stratum;//地层详细信息
```

根据上述数据结构的设计,钻孔对象的可视化实际上就是绘制出钻孔实体在空间中位置的过程。场景中钻孔对象的查询,根据对象拾取技术,选中钻孔对象获取数据库中的对应钻孔信息。

一个钻孔的绘制代码实现如下:

```
//绘制一个钻孔
osg::Geode* DrawDrillhole(DrillHole oneDrill)
{
    dpt::Geode* geodeDrill=new osg::Geode();//一个钻孔对象节点
    geodeDrill->setName(oneDrill.strName.GetBuffer(0));
    int stranumss=(int)oneDrill.stratumsInfo.size();
    for(int j=0;j<stranumss; j++)//绘制每个地层
    {
        osg::Vec4f m_color=getColor(oneDrill.stratumsInfo[j].lithology);
        //颜色
        osg::Vec3d _center1=oneDrill.stratumsInfo[j].mpt1;
        osg::Vec3d _center2=oneDrill.stratumsInfo[j].mpt2;
        osg::Vec3Array * bounds=new osg::Vec3Array;
```

```
            for (int k=0;k<=12;k++)
            {
                double x=_center1 [0] +_radus* sin(osg::PI* k/6.0);
                double y=_center1 [1] +_radus* cos(osg::PI* k/6.0);
                double z=_center1 [2] ;
                double x1=_center2 [0] +_radus* sin(osg::PI* k/6.0);
                double y1=_center2 [1] +_radus* cos(osg::PI* k/6.0);
                double z1=_center2 [2] ;
                bounds->push_back(osg::Vec3(x,y,z));
                bounds->push_back(osg::Vec3(x1,y1,z1));
            }
            osg::Geometry*  pyramidGeometry_rode=new osg::Geometry();
            pyramidGeometry_rode->setVertexArray (bounds);
            osg::Vec4Array*  colors=new osg::Vec4Array;
            colors->push_back(m_color);
            pyramidGeometry_rode->setColorArray(colors);
    pyramidGeometry_rode->setColorBinding(osg::Geometry::BIND_OVERALL);
           osg::Vec3Array*  normals=new osg::Vec3Array;
            normals->push_back(osg::Vec3(0.0f,-1.0f,0.0f));
            pyramidGeometry_rode->setNormalArray(normals);
    pyramidGeometry_rode->setNormalBinding(dpt::Geometry::BIND_OVERALL);
            pyramidGeometry_rode->addPrimitiveSet(new osg::DrawArrays
    (osg::PrimitiveSet::QUAD_STRIP,0,(int)26));  //绘制对象
             osg::StateSet*  stateset = pyramidGeometry_rode->getOrCreateS-
tateSet();
           stateset->setMode(GL_DEPTH_TEST,osg::StateAttribute::PROTECTED |
osg::StateAttribute::ON);
           CString ssss;
           ssss.Format("% s_% d.% s\n",oneDrill.stratumsInfo [j] .
DrillholeName,oneDrill.stratumsInfo [j] .dindex,oneDrill.stratumsInfo [j] .
lithology);
           pyramidGeometry_rode->setName(ssss.GetBuffer(0));
           geodeDrill->addDrawable(pyramidGeometry_rode);  //添加对象到节点
        }
        return geodeDrill;
    }
```

根据上述函数,针对所有实测钻孔,循环处理可以绘制出钻孔实体对象。钻孔实体对象的可视化建模效果如图 5-3 所示。

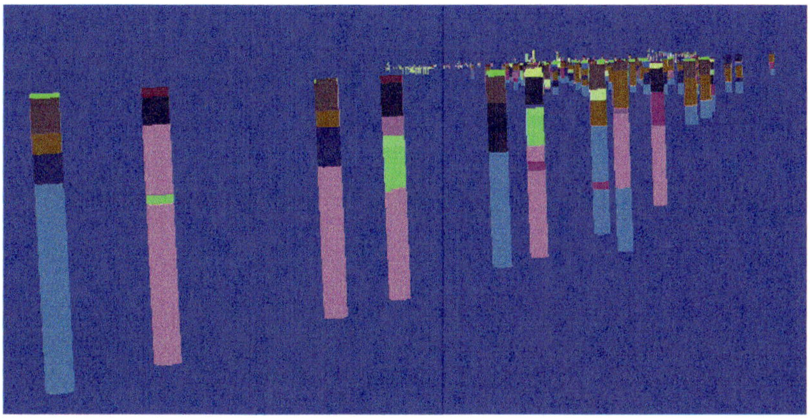

图 5-3　钻孔对象可视化效果(颜色模式)

钻孔可视化查询包括查询任意钻孔、钻孔空间分布。

图 5-4 为三维钻孔查询结果,图 5-5 钻孔空间分布查询。

图 5-4　三维钻孔图查询结果(纹理模式)

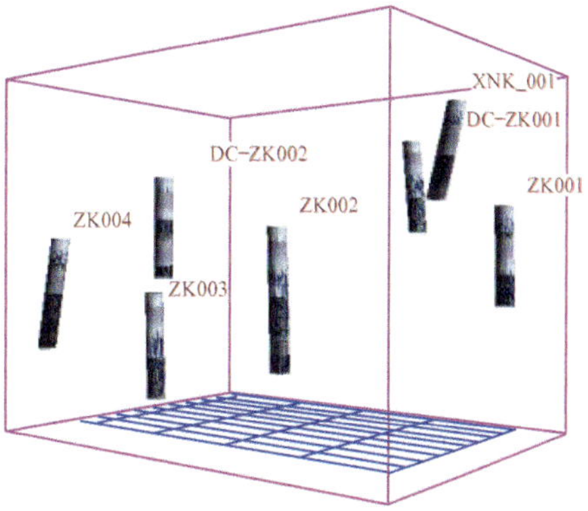

图 5-5　钻孔空间分布查询

5.2.2　虚拟钻探取芯

虚拟钻探是指在建立三维地质模型后,模拟在某个感兴趣的位置进行钻孔,了解模型内部的地质体属性和结构状况,获取该处钻孔的“岩芯结构”和可视化结果。虚拟钻探的核心是直线与地质模型广义三棱柱的求交,由于广义三棱柱的表面是由三角片面和棱柱侧面构成,即可进一步抽象为直线方程(线段)

与上下三角片面、侧面(有界平面方程)求交。在钻孔方程与某一层属性相同的体元求交后,得到两交点坐标,连接这两点,则该段线段的属性与此块体元的属性值相同。通过求出直线与广义三棱柱体的各个交点之后,将相邻的点两两连接起来,以离散点的(钻孔岩心)形式展现(图5-6)。算法描述如下:

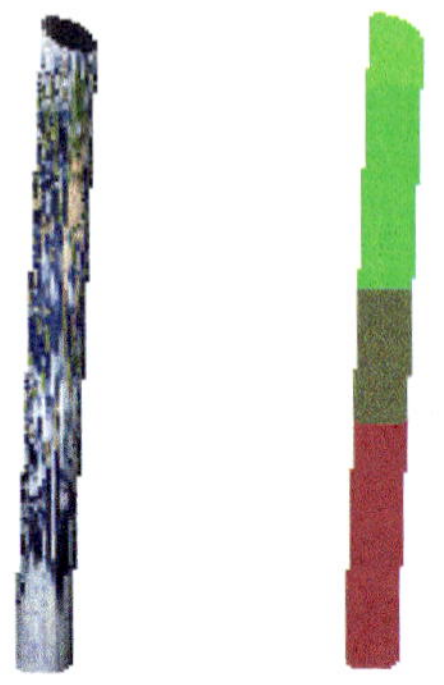

(a)纹理模式显示　(b)颜色模式显示

图5-6　可视化虚拟钻探

①从广义三棱柱集合中获取一个广义三棱柱。

②计算直线方程与广义三棱柱上三角面的平面方程,求出三角面片所在的无界平面与直线的交点。

③判断交点的有效性,即判断点是否在三角面片内,如有效则保留该点。判断平面上一个点是否包含在同平面的一个多边形内,有许多种算法,这里使用的是叉乘判断法。

假设判断点为 P_0,三角片顶点按顺序排列为 P_1,P_2,P_3。令矢量 $V_i=P_i-P_0$,$i=1,2,3$。则 P_0在三角形内的充要条件是矢量叉积 $V_i \times V_{i+1}$,$(i=1,2,3)$的符号相同。

用②、③中的方法依次计算直线与三个侧面、下三角面的交点并判断有效性。

返回①步,直到处理完所有的广义三棱柱体。

5.3　工程地质剖面生成及可视化查询

在地质建模过程中,工程地质剖面生成主要包括:

(1)根据既有 CAD 地质剖面电子图可视化生成三维空间下的地质剖面。

(2)根据实测钻孔和虚拟钻孔通过地层连接生成地质剖面。

(3)基于构建的地质三维模型,提取任意位置、角度的地质剖面。

针对既有 CAD 地质剖面电子图(dwg 格式)的剖面绘制,主要是采用程序提取纵横剖面表达的地层线,形成地层包络线,然后绘制对象。生成效果如图5-7所示。

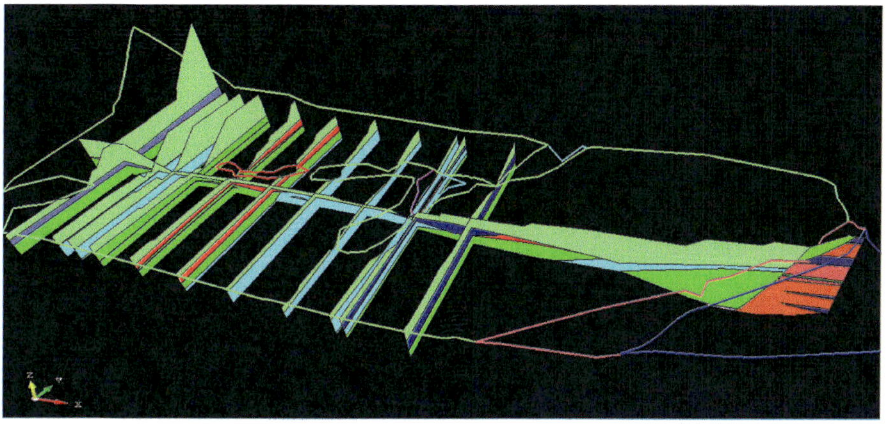

图 5-7 根据既有地质剖面图生成的三维空间下的地质剖面

5.3.1 基于钻孔数据的剖面生成及查询

1. 连层基本思想

首先根据相邻钻孔间深度相近、岩性一致和地层时代相同的两地层间信息,进行逐层匹配;根据匹配的结果判断相邻两地层是否属于连通、包含、钻孔间尖灭、钻孔处尖灭等地质情况。针对不同情况连接成三角形、四边形或多边形等几何数据结构,并填充相应地层的图例,形成 1 个矢量多边形;2 个相邻钻孔自顶向下逐一匹配所有地层,最终形成 1 条矢量多边形链;由 N 个钻孔依次匹配出的 $N-1$ 条矢量多边形链;对 $N-1$ 个矢量多边形链绘制成图,即可构建出一幅完整的多孔地质剖面图。

2. 自动连层和复杂地质情况的判断

不同的地形条件,不同的亚层尖灭位置,剖面图生成的有所不同,因此不同的地质建模系统都设置了一定的自动连层规则,主要包括尖灭点距两个钻孔的距离比设置、允许尖灭的最小角度值设置、亚层的尖灭方式和地形条件选择等。

针对复杂地质情况如包含、嵌套、钻孔间尖灭、钻孔处尖灭等给出了一套判断规则。判断规则的条件包括:相邻 2 个钻孔间的距离;相邻 2 个钻孔的比较地层的厚度、时代、岩性密度等;分别与 2 个相邻钻孔的比较地层相邻的地层的厚度等。判断规则设置如下形式:

if X then Y(表示“如果 X 成立则有 Y 结论”)。

规则中 X 称为前项(表示前提),X 可以是一系列条件的组合,Y 称为后项(表示结论)。

3. 人工干预

目前还没有一种算法能完全反映复杂多变的地质分层情况,在剖面生成过程中,可以添加剖面编辑功能,使得工程师可以对生成的剖面图进行局部调整。

由于屏幕上图形化的地质剖面与内存中的剖面数据结构存在着对应的转换关系,用户可以利用鼠标对图形进行修改,并将图形化的结果反馈到数据结构中,实现局部调整的决策功能。例如:对钻孔柱状图某地层的上下边界线进行鼠标拖曳。可以自动调整该地层甚至整个柱状图的图形结果和内存结构;选取剖面图中的某地层多边形,通过鼠标拖曳可以添加尖灭点,改变多边形轮廓和多边形图例等。由于基本的矢量链式结构具有很好的几何拓扑性,某个地层多边形的修改会影响其周边所有多边形,以至整个剖面数据结构的自动调整,从而维护了剖面数据结构的合理性和准确性。将用户调整好的剖面数据结构序列化后存入数据库,就可以实现剖面图的存储和查询。

图 5-8 为钻孔 ZK00001 到 ZK00007 之间的钻孔剖面三维可视化查询结果。

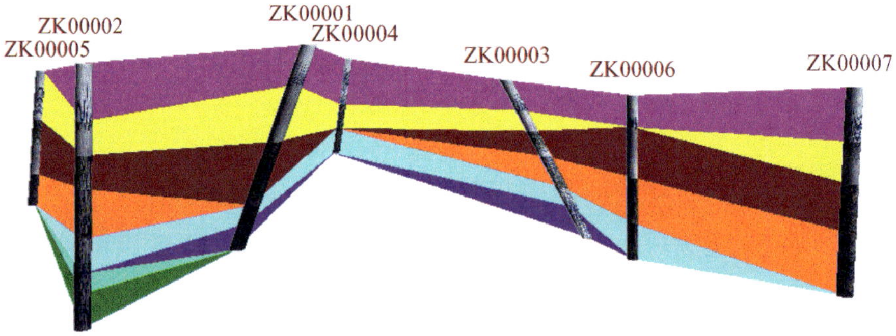

图 5-8　钻孔剖面三维查询结果(考虑钻孔实际倾斜)

5.3.2　基于 GTP 地质体的剖面生成及查询

1. GTP 地质体剖切算法

三维地质建模与可视化的目的是为地质工作者提供准确又直观的地质构造模型,而地质体剖切可以让地质工作者更为清楚地观察到地表以下地质体的结构、形态特征以及空间展布,动态地观察其内部细节,了解目标对象与周围地质环境之间的关系,这为地质信息的进一步定量分析、探索与利用提供了有力的支持。下面介绍地质体剖切功能的实现算法。

(1)剖面求解的一般过程

一般来说,一个无限延伸的切割平面与三维模型相交,形成相应剖面,其求解过程如下:

①开辟一个堆栈 S,用来存储与切割面相交的广义三棱柱体元编号。

②开辟一个剖面三角形队列 Q,并清空。

③遍历构成地质体模型的三棱柱集，判断三棱柱体元是否与切割面相交，若相交，将其存入堆栈 S 中，并标示为已检测若不相交，也将其标示为已检测。处理完一个体元后，继续下一未检测三棱柱体元的判断，如此重复，直到检测完三棱柱集中所有的体元。

④从堆栈 S 中依次取出三棱柱体元，求体元与切割面相交形成的多边形，对多边形进行三角形化处理，将形成的三角形存入队列 Q，然后，对该体元做处理标志。

⑤重复步骤，直到堆栈为空为止，即原堆栈 S 中的所有体元都被处理过为止。

⑥经过上述处理，队列中的三角形即为所求剖面三角化后的三角形集合。

(2)剖面多边形生成算法

①顶点切割标志的计算

为实现对地质体模型的剖切分析，需要在广义三棱柱体元的数据结构中为各个顶点添加剖切标志符 BCFlag，开始剖切分析时，首先计算三棱柱体各顶点到剖切平面的距离，根据距离值修改顶点的剖切标志 BCFlag，若距离大于或等于零，则 BCFlag 记为 1，否则记为 0。由于一个顶点有时会被多个三棱柱体所共用，为避免重复计算，在进行顶点标志设置时，可一次性处理待剖切地质体内三棱柱体的所有顶点。

②切割面与三棱柱体交点的计算

首先判断三棱柱体是否被切割面所切割，如果一个三棱柱体各顶点的剖切标志均为零，则说明该三棱柱体不被该剖面相切，转至下一个体元，否则说明该三棱柱体被切割面所切割，于是进一步进行交点的计算。交点的计算可以分解为切割面与三棱柱体的每一条边的相交计算。方法是逐条判断三棱柱体的每一条边，如果边的两个顶点的剖切标志不同，则该边与切割面相交，计算出交点的三维坐标及相应的属性内插值，存入三棱柱边数据结构中为实现三棱柱剖分，需要在原三棱柱数据结构设计的基础上，完善三棱柱体与边的拓扑关系记录，并在边数据结构中设计交点信息字段。

③切割面与三棱柱体相交子多边形的生成

切割面与三棱柱体相交会形成相交子多边形，连接生成子多边形的方法是：首先找到第一个交点作为子多边形的第一个顶点，依次检测三棱柱体的每一条边，根据三棱柱体各元素之间的关系，如边与面、面与边的关系，找到与该点所在边共面的且与剖面有交点的边，记下交点并将其作为子多边形的下一个顶点，依此类推，直到追踪的顶点与第一个顶点重合为止。经过上述工作，即完成切割面与三棱柱体相交子多边形的生成。

④剖面多边形的连接生成

广义三棱柱模型与切割面相交形成剖面多边形,该多边形是各体元与切割面相交所形成子多边形的集合。为利用各体元及相交子多边形属性表达地层差异,各相交子多边形并不做实质上的连接合并,只是在进行剖面图的绘制时,遍历所有的子多边形,相同属性的用一种颜色或纹理进行表达,实现视觉上的合并,经过上述工作,即可完成整个剖面多边形的绘制显示。

(3)三棱柱体元的剖切构形

广义三棱柱体元的分割一共存在 5 种不同的构形,如图 5-9 所示。这 5 种切割组成了对三棱柱的基本切割方式,而且能保持数据结构上的互补对称性和旋转对称性。在切割时,规定每条边与切割面最多只能有一个交点,这样,将三棱柱体元一分为二,并形成两个多面体,这两个多面体若不是基本体元,还可以再次进行剖分,以形成一个或多个三棱柱体。

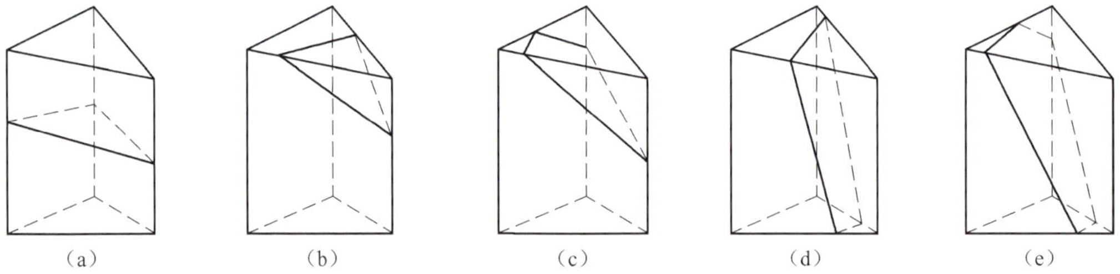

图 5-9 单个三棱柱的切割构形

GTP 体元地层剖切效果如图 5-10 所示。

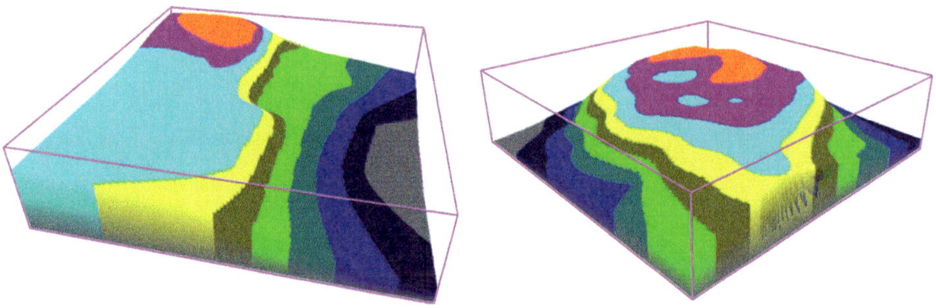

图 5-10 地层剖切效果

2. 工程地质剖面的生成

在三维地质体模型的基础上,基于上述剖切算法,生成任意指定位置的地质剖面,观察地质模型内部的各个细节,如图 5-11 所示。

（a）颜色模式　　（b）纹理模式

图 5-11　地层剖面生成效果

5.4　地质模型三维可视化表达

5.4.1　模型多角度观察

模型的多角度观察包括前视、后视、顶视、底视、左视、右视、前等轴测、后等轴测，以及自由旋转观察，基于 OSG 实现模型的多角度观察。

1. OSG 坐标系设置

使用世界坐标系描述物体在三维虚拟场景中的空间位置。OSG 世界坐标系采用右手坐标系，X 自左指向右，Y 自外指向屏幕里，Z 自下向上。

物体坐标系：通常描述的问题是特定物体的内部对象，主要包括物体的顶点，物体的法向量和物体的方向。每一个物体都有自己的坐标系，当物体发生交换时，实际上是它本身的坐标系相对于世界坐标系发生变换的过程。

相机坐标系（眼坐标系）：用于观察三维场景，也设置从什么方向、什么位置来观察物体。使用 osg::Camera 节点来实现，Camera 类保存大量的相机设置参数，如视口、投影矩阵、和背景颜色等。($\boldsymbol{n}$,$\boldsymbol{u}$,$\boldsymbol{v}$)以眼睛为原点。

$\boldsymbol{n}$：从参考点 center 指向视点 eye 的向量，相当于世界坐标系的 Z 轴。

$\boldsymbol{u}$：视点 up 方向和 n 的叉积，相当于 X 轴。

$\boldsymbol{v}$：是 n 与 u 的叉积，相当于 Y 轴。

计算场景中某一特定节点对象在世界坐标系下的坐标，只需要将该节点的根结点和该节点之间的所有变换矩阵相乘即可。

实现代码如下：

```
class getWorldCoordOfNodeVisitor : public dpt::NodeVisitor {
public:
    getWorldCoordOfNodeVisitor():
      dpt::NodeVisitor(NodeVisitor::TRAVERSE_PARENTS), done(false)
```

```
        {
            wcMatrix=new dpt::Matrixd();
        }
        virtual void apply(dpt::Node &node)
        {
            if (! done)
            {
                if ( 0==node.getNumParents() ) //到达根节点
                {wcMatrix->set( dpt::computeLocalToWorld(this->getNodePath()) );
                    done=true;
                }
                traverse(node);
            }
        }
        dpt::Matrixd*  giveUpDaMat()
        {return wcMatrix;}
private:
    bool done;  dpt::Matrix*  wcMatrix;
};
//得到一个节点的矩阵
dpt::Matrixd * getWorldCoords( dpt::Node*  node)
{
    getWorldCoordOfNodeVisitor*  ncv=new getWorldCoordOfNodeVisitor();
    if (node && ncv)
    {  node->accept(* ncv);  return ncv->giveUpDaMat(); }
    else
    {  return NULL;}
}
```

2. 多角度观察的矩阵变换

(1)模型变换

模型在三维空间场景中的移动、旋转、缩放都是对矩阵进行操作实现，OSG中矩阵可以当作一个特殊的结点加入到组结点中，设置空间变换节点的方法有两类：

①设置空间变换矩阵的值，使用 osg::MatrixTransform 类。

通过 setMatrix(osg::Matrix::translate(x,y,z)) 实现模型移动；

通过 setMatrix(osg::Matrix::scale(x,y,z)) 实现模型缩放;

通过 setMatrix(osg::Matrix::rotate(x,y,z)) 实现模型旋转。

②设置变换的平移、旋转和缩放值,使用 osg::PositionAttitudeTransform 类。

模型变换是在物体坐标下进行的。当需要依次执行物体的平移、旋转和缩放操作时,不同的操作顺序会直接导致不同的运算结果,所以需要遵循 SRT (Scale/Rotate/Translate)顺序原则。

(2)视点变换

与模型变换相对应,采用视点变换改变观察点的位置和方向,即改变照相机的位置和拍摄角度,从而改变最终的拍照结果。模型变换和视点变换,改变观察点的位置与方向和改变物体本身的位置和方向具有等效性。经过模型视点变换后可以将场景从世界坐标系转换到相机坐标系。在实际实现过程中不用去计算相机坐标系,只要知道视点位置,视点方向以及 up 方向就可以确定一个相机坐标系。

OSG 中使用 osg::Camera 节点来实现,也就是相机节点。相机节点的功能:实现视点变换,构建观察的投影矩阵和窗口矩阵,并合并为 MVPW 矩阵,实现三维场景向二维平面的映射并通过观察矩阵、投影矩阵和窗口矩阵的不断变化最终在计算机屏幕实现三维浏览和交互漫游需求。

(3)投影变换

投影变换相当于拍照时通过选择镜头和调整焦距等,将景物投射到二维底片的过程。投影变换的目的是产生一个视景体。视景体有两个作用:

①决定一个物体如何映射到屏幕(透视投影:棱台装视景体,又称视锥体;正投影:立方体,平行视景体)。

②决定哪些物体(或物体的某一部分)被裁减到最终的图像之外。

(4)视口变换

将投影变换得到的结果反映到指定的屏幕窗口上去,场景最终变换到了窗口坐标系中。

3. 多角度观察的基本过程

(1)设置相机位置:视点变换,即观察者是从什么方向以及位置来观察物体的。

(2)调整物体位置:模型变换,即选定模型位置,对场景进行安排。

(3)选择镜头,调整焦距:投影变换,景物投射到二维底片的过程,这里就是把模型投射到屏幕的过程。

(4)冲洗照片:视口变换,将投影变换的结构反映到指定屏幕窗口。

地质体多角度观察效果如图 5-12 所示。

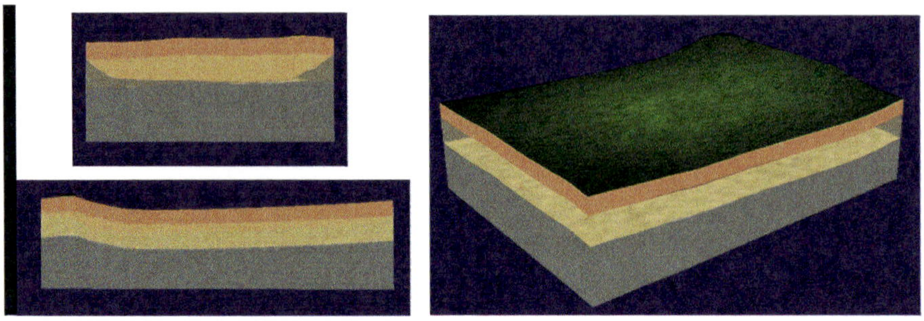

图 5-12　地质体多角度观察

5.4.2　模型可视化表达

为满足工程人员直观、多方位观察与分析的需要，需要基于三维模型进行各种不同方式的可视化表达。主要包括动态显示、单层显示、掀盖层显示、三维景观、透视和切面等方式。基于上述多角度观察和地质体剖切的原理，实现的地质模型多种可视化表达如图 5-13～图 5-18 所示。

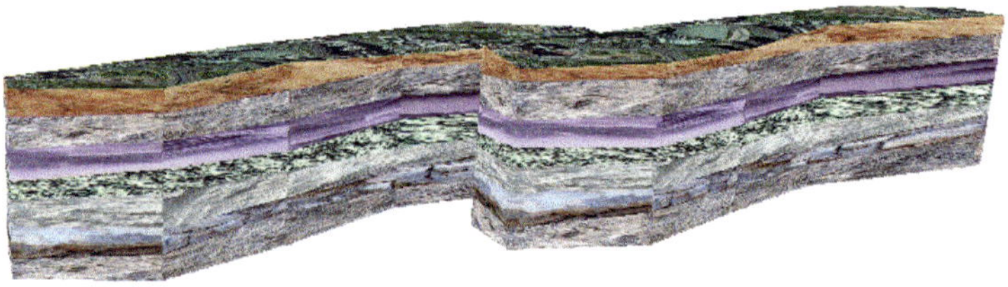

图 5-13　多边形切割效果图(纹理模式)

图 5-14　多边形切割效果图(颜色模式)

图 5-15　复合切割效果

图 5-16　多边形切割效果图(交叉折剖面)

图 5-17　多边形切割效果图(剖面生成)

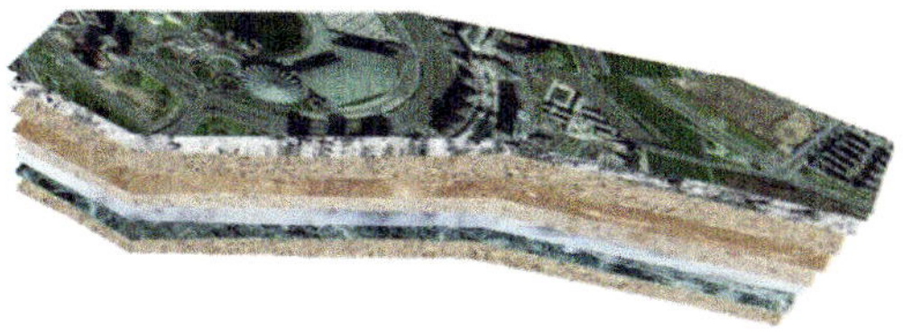

图 5-18　各地层离层模型展示(切割模式)

5.5　地质体空间计算与分析

5.5.1　地质对象提取技术

针对线路经行的地质敏感区域,从整体的三维地质环境中,提取地质对象进行动态观察分析,有助于帮助选线工程师了解地下构造详情,做出合理判断。主要针对面状地质对象如滑坡、泥石流等,进行区域范围提取。地质体提取处理流程如下:

(1)根据地质体空间边界,以地质体空间边界为模板,提取滑坡体表面数字高程模型,可从地质数据库中提取地质体三维边界坐标点 $\sum p_{\mathrm{c}}^{i}$ 。

(2)在边界范围内,根据 DEM 数据,确定地质体边界范围内的 DEM 数据 $\sum p_{\mathrm{dem}}^{i}$ 。

(3)连同边界点和范围内的 $\sum p_{\mathrm{c}}^{i}$ 和 $\sum p_{\mathrm{dem}}^{i}$,基于钻孔数据库和 GA-Kriging 插值,内插该范围的地层信息。

(4)构建 GTP 三棱柱 $\sum_{i=1}^{n} \mathrm{GTP}_i$,n 为三棱柱总数,并记录每个三棱柱顶面三角形 Tri_i 的顶点坐标。

(5)计算每个三棱柱顶面三角形 Tri_i 的面积,设三角形 Tri_i 的三个顶点坐标分别 $P_{1i}(x_1,y_1,z_1)$ 、$P_{2i}(x_2,y_2,z_2)$ 和 $P_{3i}(x_3,y_3,z_3)$,则面积计算公式如下

$$S_i = \frac{1}{2}\left|x_1y_2 + x_2y_3 + x_3y_1 - x_1y_3 - x_2y_1 - x_3y_2\right|$$

计算总的地质体表面面积: $S = \sum_{i=1}^{n} S_i$

地质体表面积计算示意如图 5-19 所示。

(6)记录每个三棱柱的总高度 h_i,计算每个三棱柱体积 $V_i = \frac{1}{3}S_ih_i$,计算总的地质体体积: $V = \sum_{i=1}^{n} v_i$ 。

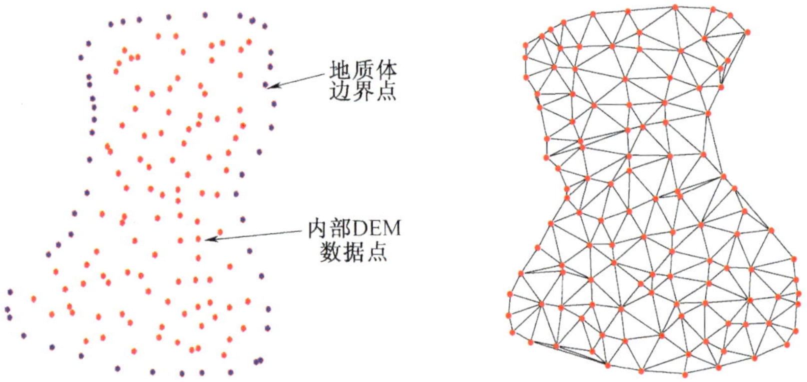

图 5-19　地质体表面积计算示意图

(7)根据地质体的地层信息,寻找最小的 Z 坐标 min$Z$,补齐提取地质体的底层为统一高程的地层。

(8)基于 GTP 构建大比例的地质对象实体模型并可视化显示。

提取效果如图 5-20 所示。

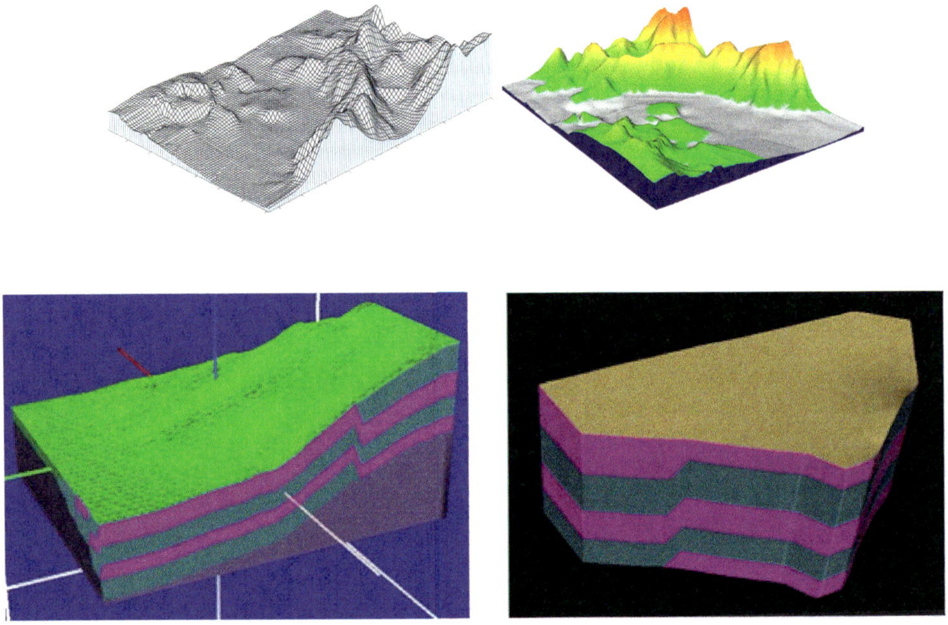

图 5-20　地质体提取效果图

其中提取地质对象实现的边界判断代码如下:

```
//判断点是否在多边形边界内
BOOL IsPtInLoop(osg::Vec2d  pt ,std::vector<osg::Vec3d> m_pts1)
{  int j,k;
   double x1,x2,y1,y2,xn;
```

```
    if(pt[0] < minx || pt[0] >maxx || pt[1] <miny || pt[1] >maxy)
        return FALSE;
    k=0;
    int num=m_pts1.size();
    for(j=0;j<num - 1;j++){  x1=m_pts1[j][0];  y1=m_pts1[j][1];
        if(fabs(pt[0]-x1)<0.001 && fabs(pt[1]-y1)<0.001)
            return TRUE;
        x2=m_pts1[j+1][0];   y2=m_pts1[j+1][1];
        if(fabs(pt[0]-x2)<0.001 && fabs(pt[1]-y2)<0.001)
            return TRUE;
        if(pt[0]<x1 && pt[0]<x2)   continue;
        if(pt[1]<y1 && pt[1]<y2)   continue;
        if(pt[1]>y1 && pt[1]>y2)   continue;
        if(fabs(y2-y1)<0.001)
        {
            if(fabs(pt[1]-y1)>0.001)
                continue;
            else if((pt[0]>=x1 && pt[0]<x2) || (pt[0]>=x2 && pt
[0]<x1))
                return TRUE;
        }
        if(pt[0]>=x1 && pt[0]>x2)
            k=k+1;
        else{
            xn=x1+(pt[1]-y1)* (x2-x1)/(y2-y1);
            if(fabs(pt[0]-xn)<0.001)
                return TRUE;
            else if(pt[0]>xn)
                k=k+1;}
    }
    if(k% 2==1)
        return TRUE;
    return FALSE;
}
```

5.5.2　地质体量算分析

在三维工程地质体模型中,量算分析主要以交互查询的方式实现。查询既是实现数据到图形和图形到数据的转换过程;主要是查询三维地质体的空间数据和属性数据,包括点坐标、线长度、空间和平面距离、面积和体积、线条投影角等,专业查询主要包括土石方量,以及前面分析的钻孔查询、剖面查询等。以地质体空间几何数据的计算原理进行量算分析。

(1)体积

如果三维实体采用四面体模型(TEN)或标准棱柱体,则可以较容易求出实体的体积为所有四面体或棱柱体的体积之和。对于不规则几何体构造的任意地质实体,计算则较为复杂。可以借用积分的思想,对三维实体的区域进行正规网格划分,计算出每个小区域上的体积,累积即可求出三维实体的体积的估计值,即

$$v = \frac{1}{6}\begin{vmatrix} x_1 & y_1 & z_1 & 1 \\ x_2 & x_2 & x_2 & 1 \\ x_3 & x_3 & x_3 & 1 \\ x_4 & x_4 & x_4 & 1 \end{vmatrix}$$

如图 5-21 可以用小区域的中心铅垂线计算与实体的表面的交点,求出这些交点的距离之和,乘以小区域的面积即为小区域上实体的体积,累积之,计算出实体的体积(理论上如果网格划分足够小,计算值越趋近于三维实体的真实值)。

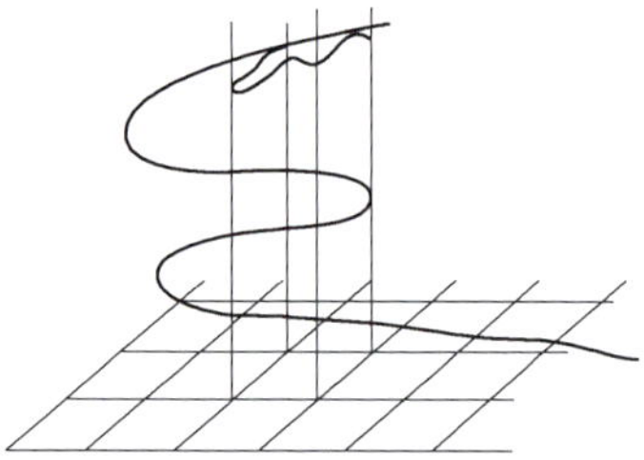

图 5-21　体积量算原理及公式

(2)曲表面积

空间曲表面均由三角形面片拟合而成,所以曲表面积即为组成的所有三角形面片的面积总和,公式为

$$S = \sum_i S_{\triangle i} \tag{5-1}$$

三角形的面积可以按以下公式计算:

$$S_\triangle = \frac{1}{2}abs\begin{vmatrix} 1 & 1 & 1 & 1 \\ x_1 & y_1 & z_1 & 1 \\ x_2 & y_2 & z_2 & 1 \\ x_3 & y_3 & z_3 & 1 \end{vmatrix} \tag{5-2}$$

其中,三角形如图 5-22 所示。

或者,用叉积计算,即

$$S_\triangle = \frac{1}{2}\left| v_1 \times v_2 \right| \tag{5-3}$$

可以计算三角形的法线(归一化)为

$$N = \frac{v_1 \times v_2}{2S_{\triangle}} \qquad (5\text{-}4)$$

且法线与铅垂线(垂直向上,向量表示为(0,0,1))的夹角为 $\theta = \arccos(N_Z)$ 即为三角形的倾角。

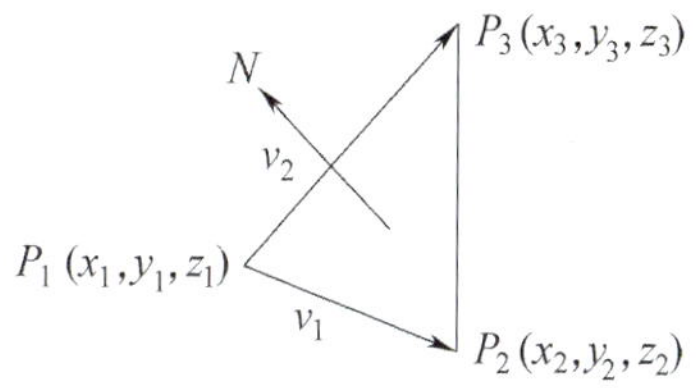

图 5-22　三角形面积计算示意图

根据量算的基本原理,对于地质体对象的土石方量查询,实际上是计算各地层三棱柱体积之和。如图 5-23 所示。

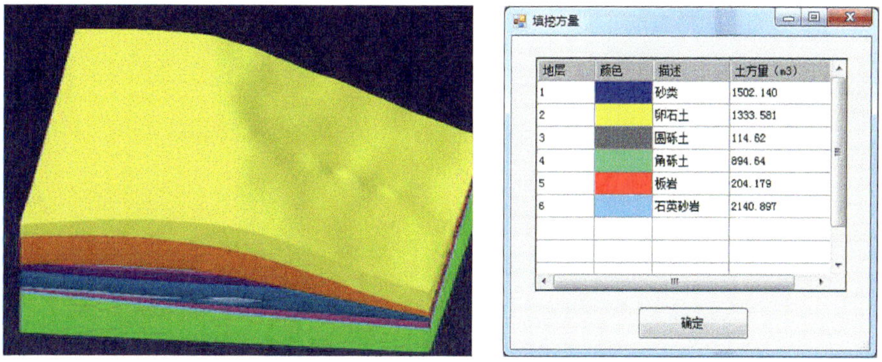

地层	颜色	描述	土方量（m3）
1		砂类	1502.140
2		卵石土	1333.581
3		圆砾土	114.62
4		角砾土	894.64
5		板岩	204.179
6		石英砂岩	2140.897

图 5-23　地质体土石方量查询

5.5.3　地质体开挖分析

1. 隧道地质体开挖

隧道地质体开挖是在地质体建模完成前提下,生成以隧道设计模型为隧道开挖范围的大小,以隧道设计开挖线路为隧道开挖方向,最后在三维地质模型中实现切割地层,分析隧道位置地质体地层,如图 5-24 所示。

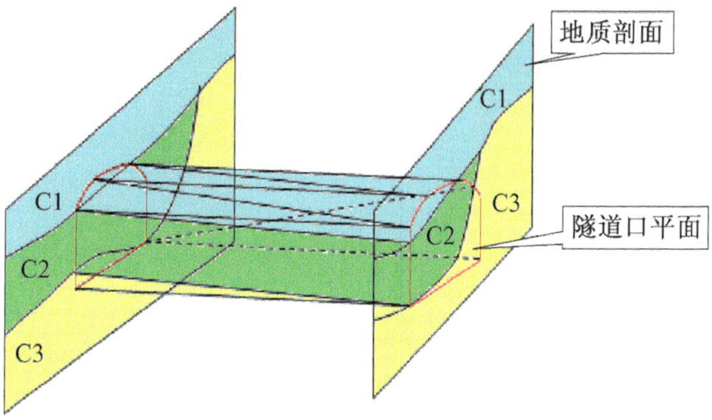

图 5-24　相同属性地层连接示意图

隧道模型是由隧道口平面多边形裁剪剖面地层区块多边形，并应用同属性地层连接算法实现相邻隧道口平面的地层属性连接构成。图 5-25 和图 5-26 给出了隧道三维地质建模效果图。

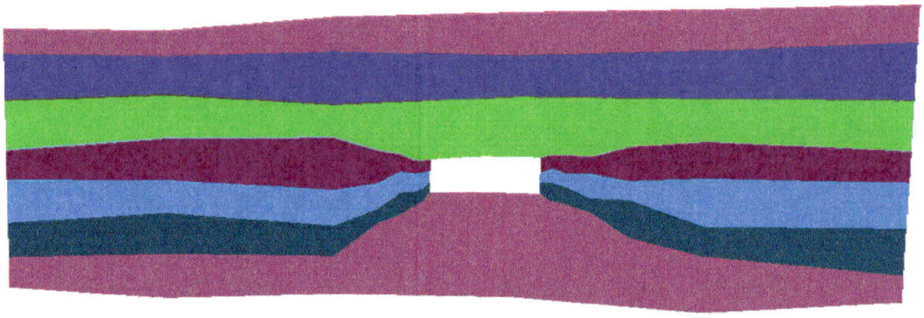

图 5-25　隧道漫游效果图——颜色模式

图 5-26　隧道漫游效果图——纹理模式

2. 三维地质模型的基坑开挖

基坑开挖效果是模拟开挖三维建模的过程，其实现可通过组合切割的方式来处理。只要在输入切割路径时，使路径闭合以形成封闭的开挖体，即可查看感兴趣区域完整的地质信息。图 5-27～图 5-30 是通过组合切割的方式来实现的基坑开挖效果图。

图 5-27　三维地质模型基坑开挖（颜色模式）

图 5-28　三维地质模型基坑开挖（纹理模式）

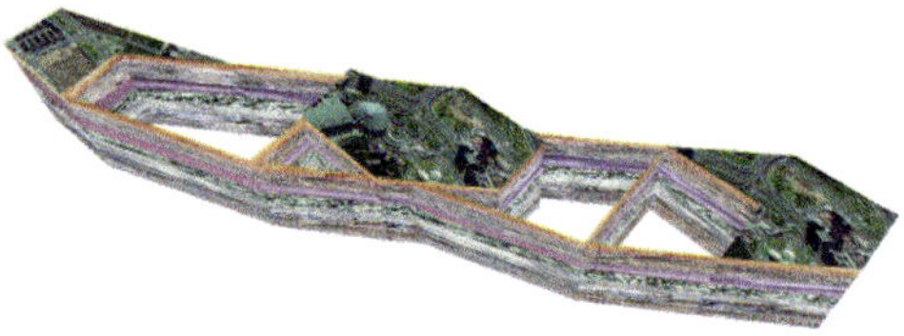

图 5-29　多开挖模式图

图 5-30　显示地下水位线

6 选线地质知识库构建

在山区和工程地质条件复杂地区，工程地质选线在铁路选线中占有重要的作用。如何根据地质条件合理选线，除了常规的选线设计规范，更多依赖于选线设计人员的经验。选线设计过程对专家经验具有很大的依赖性，而这些经验知识并不是一朝一夕就能够获得。建立地质知识库(Geologic Knowledge Base，GKB)为选线设计人员提供所需要的地质知识，提供不同地质条件下的选线经验、成功(失败)实例，解决由于经验、知识上的不足，实现按地质条件合理有效的选线。

本章针对选线地质知识的特点，系统的阐述地质知识库模型和选线地质知识集成技术。介绍选线地质知识库的逻辑结构、系统结构以及存储结构的设计。在分析地质知识来源的基础上，论述基于 GIS 三维空间信息的选线知识获取方法。开发选线地质知识库管理系统，实现对知识管理和查询。阐述地质知识库的推理，实现知识库根据从地质信息库所获取的地质信息，自动搜索知识库中对应的地质知识，从而为选线工程师提供实时帮助和参考，实现三维地质环境与知识库系统有效结合。

6.1 知识库设计

6.1.1 知识库结构模式

知识库是对特定信息进行分类收集、合理存储、智能查询并可随时更新维护的数据库系统，除包含大量的简单事实，还包括了用于推理及问题求解的条件和规则，它是知识处理的基础。知识库的结构对知识库起着重要的作用，一个不一致或不完备的知识库就可能极大地降低推理效率。

选线设计涉及的地质条件多种多样，在选线设计时，选线工程师在面对各种地质条件时,尤其是各种不良地质时,必须做出线路是否可以通过、怎样通过,以什么样的工程通过这样一种决策。这也导致地质知识库中的知识数量大、内容多。如果将所有地质知识罗列于一个知识库中,不仅增大了知识的管理难度,而且会直接导致地质知识库的可用性和有效性的下降。因此,需要把这些知识进行合理的组织,方便以后的检索和应用。基本的思想就是进行标引和归类,标引可以提供更多的检索入口,归类可以使得知识更加系统化。根据所涉及的地质条件不同,将知识库中的知识分成一系列知识子空间,如特殊岩土子库、地质灾害子库、特殊地段子库等。每一个知识子空间又可以根据包含的地质对象不同而进一步的划分,形成若干个相对独立的知识元,在每个知识元中存储相应的元规则,指导推理机工作时尽快在知识元中找到合适的规则,知识元中的知识按知识节点来存储。构成了选线设计地质知识的类层次树结构,这种知识库结构可以有效地提高地质知识库的运行速度,因为对规则分类就是对规则进行预筛选的过程,有利于管理知识库,并降低知识库的维护成本。知识库的系统结构如图 6-1 所示。

从图 6-1 中可以看出,针对选线设计地质知识的特点,将知识库分为多个子库进行存储,就类型而言则主要分为两部分:选线领域地质知识和实例知识两部分。整个知识库由若干知识子库组成,知识子库中的知识元由知识由节点组成。其中每个知识节点存放了对应知识元的既有规范有关知识、专家经验、既有设计实例三种类型的知识,知识元的存储结构如图 6-2 所示。

根据地质类型的不同,每个知识子库下都对应着不同类型的地质对象。如在特殊岩土知识子库中,就存在着多年冻土、岩渍土等类型的岩土地质对象。将每一类地质对象作为一类,通过多个关键词加以描述,同时,对应的实例也包含在每个类下,一个类可能包括多个实例,同时实例也可能对应多个类。如一个选线实例既可能包含特殊岩土类,也可能包含不良地质各类。实例也由多个关键词描述,而实例与关键词之间的多对多的关系称为对应(Reflect)。这样就形成了一种知识的表示方法,即用关键词来大概描述某一个类的知识,该类下的实例也由关键词来大概描述。这样无论是从类还是从具有实际检索意义的关键词出发都可方便地检索到知识和其实例。这样由对象类(Classes)、关键词(Keywords)和实例(Instances)构成了每类地质知识的表达模式,三者之间的E-R关系如图 6-3 所示。

知识库整体物理存储结构图如图 6-4 所示。

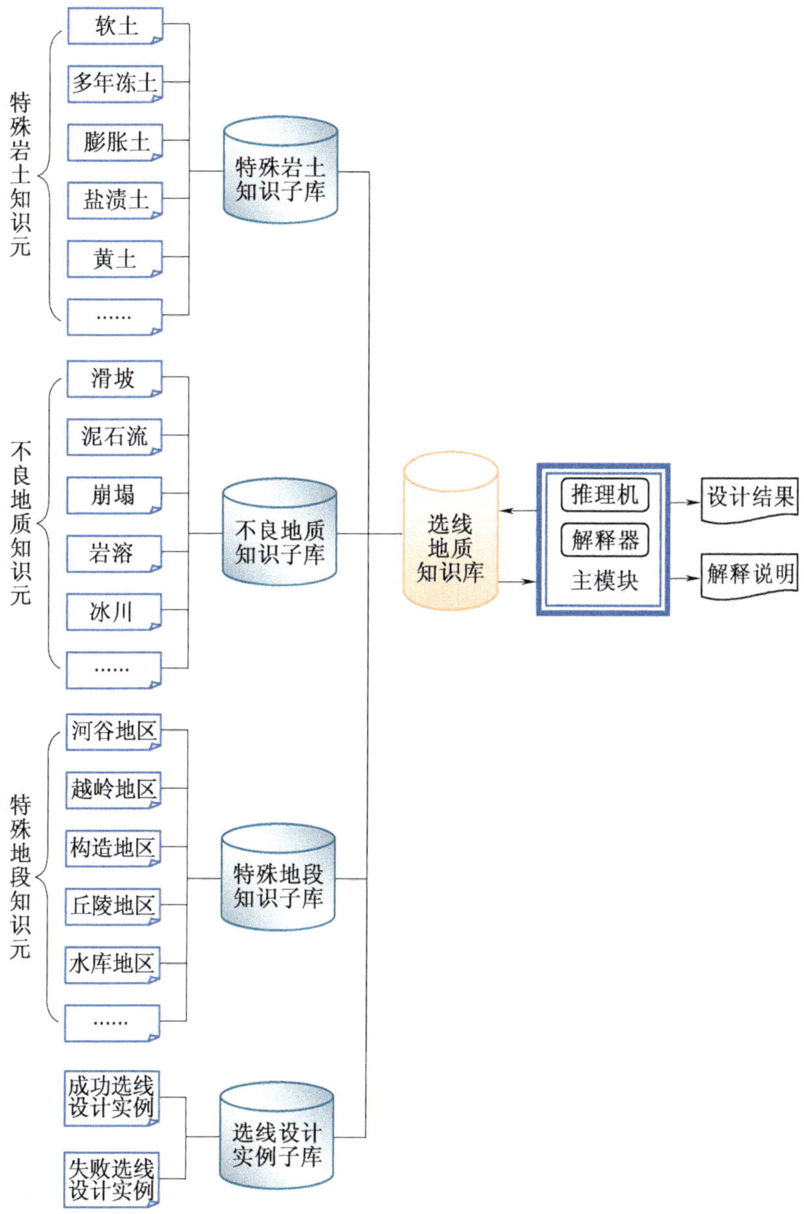

图 6-1　知识库系统结构图(类层次树结构)

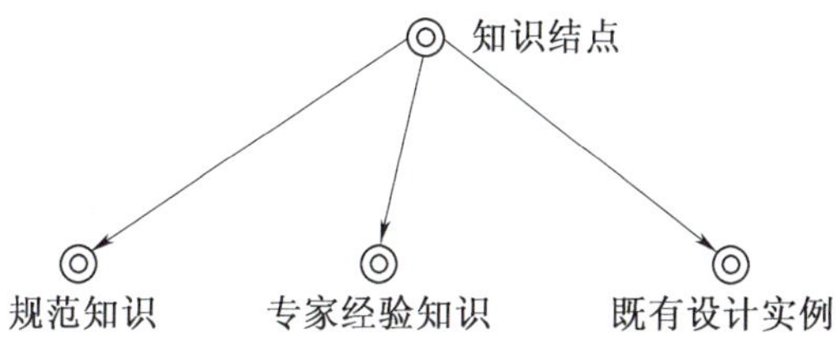

图 6-2　知识元的知识结点

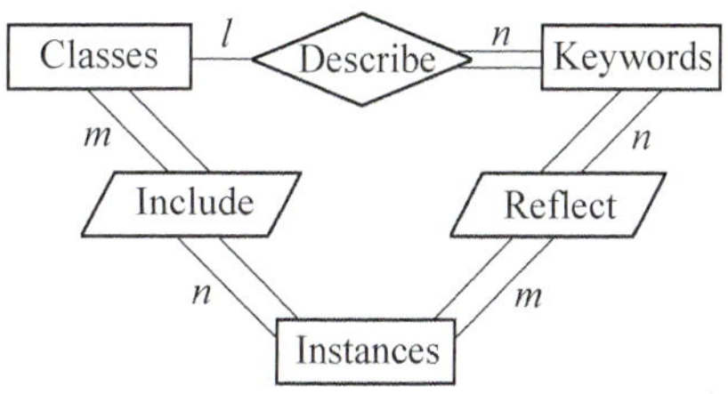

图 6-3　对象类、关键词和实例三者之间的关系

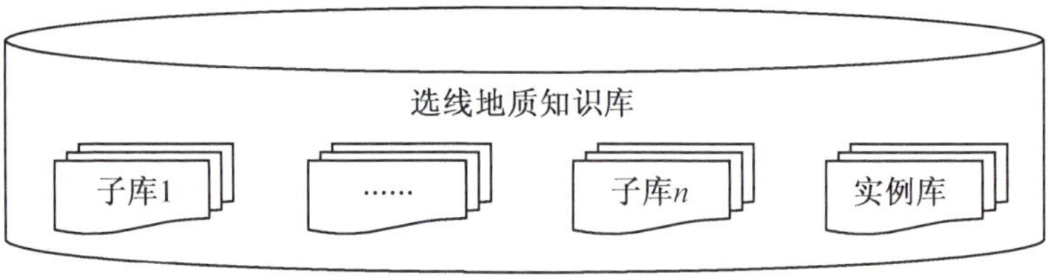

图 6-4　知识库物理存储结构图

地质知识库的主模块由推理机和解释器组成,根据不同的地质条件,调用对应的知识子库,由推理机进行决策推理,解释器负责对推理决策结果进行解释说明和相应的实例调度,采用一定形式将推理决策结果表示出来,帮助选线工程师进行决策。

6.1.2　知识的浏览与检索

(1)知识树地图

知识树地图是知识的指南,能协助选线工程师快速而正确地找到所咨询的问题,再据此获得所需的知识。知识树地图不仅指出知识的所在位置或来源,并可获得知识的内容。

通过遍历知识层次树结构形成知识树地图,引导选线工程师沿着树节点类不断地深入,获得所需要的知识。具体实现流程为:

①遍历知识层次结构树,形成知识树地图框架。

②框架由众多知识类节点组成。可根据需要,选择感兴趣的知识类节点,在每个节点下给出该类问题的关键词索引,并实现与该类问题的实例知识连接。同时提供与该类问题相关的其他类节点的连接,通过这些节点同样能够查询知识库。

(2)知识查询引擎

知识查询引擎主要实现对知识库知识的有效检索,根据选线工程师的提问,找到相关的问题解答,为选线设计服务。主要包括模糊检索和精确检索两种检索模式,如图 6-5 所示。

①模糊检索

模糊检索根据输入的关键词,关键词可以有多个,只要能够部分满足一个或多个关键词的知识及相应的知识实例全部被检索出来,这样提高了检索的自由度和信息查全率。同时,根据检索到的知识与检索关键词匹配的数量,赋予相应大小的相关度。匹配的越多,相关度则越高。按照相关度的高低返回检索结果。

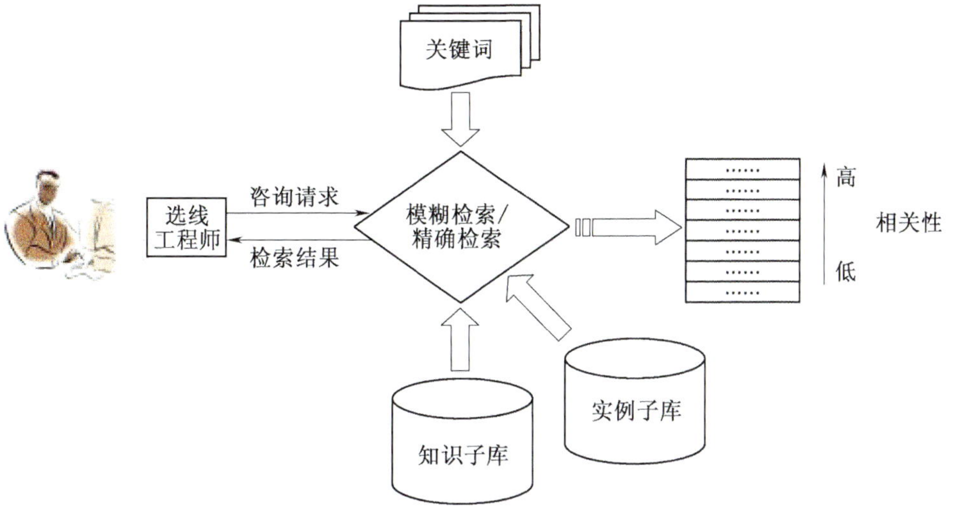

图 6-5　知识引擎工作流程

②精确检索

与模糊检索不同，精确检索则是必须满足所有检索词的知识才被检索出来。

6.1.3　地质知识库的系统结构

知识库的构建一般有两种途径：

(1)直接从知识表示入手，建立统一的知识库模型，选择相应的推理机制，实现一个统一的知识库系统；在实现技术上，可以借鉴数据库在底层数据结构、存储组织等方面的成熟技术。

(2)将人工智能技术与数据库技术相结合，建立知识数据库，即扩展数据库功能，使其既具有传统数据库的功能，也可用于知识库设计和开发等，以提高知识管理系统性能。

本书采用第一种途径——从知识表示入手，知识库系统结构如图 6-6 所示。

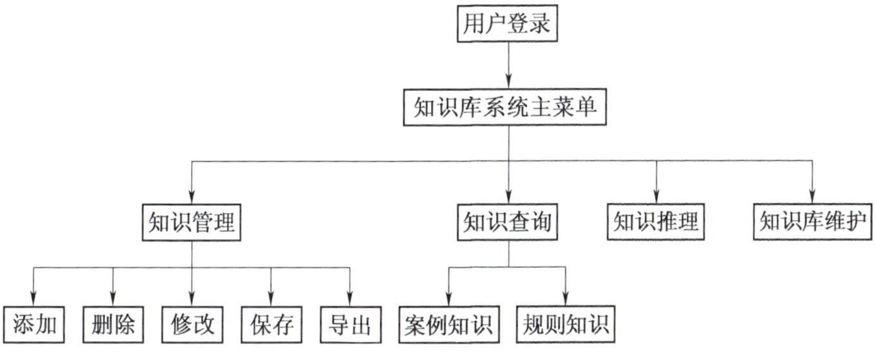

图 6-6　知识库系统结构图

6.1.4 知识库存储结构设计

传统意义上的地质知识库并不具备数据库的特征,也无法与这些信息密切相关的地理坐标有效关联,不利于地质知识的管理、查询与共享。采用数据库技术对知识进行存储、管理和维护。因此,知识库存储结构设计内容包括两方面:选线地质案例库存储和地质选线规则性知识的存储。

(1)选线地质案例知识存储设计

选线地质案例库存储了不同地质对象的线路实例,每个实例中包含有线路的属性特征组合、治理方案等。新问题可以借鉴和参考历史上已有的地质选线案例,是辅助选线决策的基础。采用数据库完整地描述每个已有的具体的地质选线实例,并建立案例的主要特征索引。知识库的存储结构设计包括知识存储表设计,使用 Oracle 数据库存储,设计数据表见表 6-1。

表 6-1 案例存储表

字段名称	数据类型	字段大小
实例名称	VARCHAR2	100
实例类型	VARCHAR2	50
类型规模	VARCHAR2	50
地理位置	VARCHAR2	50
铁路等级	VARCHAR2	20
地质构造	VARCHAR2	255
水文地质	VARCHAR2	255
线路方案	VARCHAR2	255
整治方案	VARCHAR2	255
工程类型	VARCHAR2	100
线路图	BLOB	—
线路实体模型	BLOB	—

(2)地质选线规则性知识存储设计

研究铁路的选线规则,对做好铁路选线和设计工作具有非常现实的意义。知识库中存放着选线地质的选线规则性知识,即在经过不同的地质对象类型时,规则上应该如何选择线路工程类型,是绕避还是以隧道、桥梁、路基及路堑的方式通过以及在什么位置通过。地质选线规则性的知识存储结构见表 6-2。

表 6-2 规则存储结构

字段名称	数据类型	字段大小
规则前提	VARCHAR2	100
规则结论	VARCHAR2	50
规则可信度	NUMBER2	10
规则解释	VARCHAR2	255

6.2 地质知识的来源及获取方法

知识获取(Knowledge Acquisition,KA)就是把解决问题所用的专门知识从拥有这些知识的知识源中抽取出来,并转换为特定的计算机表示。

6.2.1 地质知识的来源

选线地质知识主要有两种,一种是描述性知识,如地质选线实例;一种是规则性经验知识,如不同的地质选线规则、设计规范。以滑坡为例,其知识组成如图 6-7 所示。

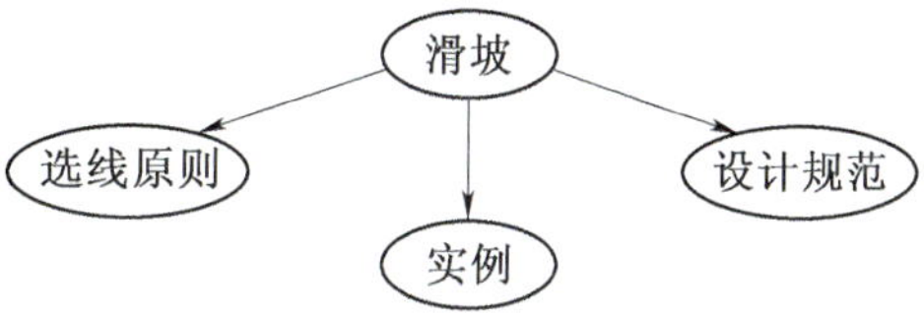

图 6-7 滑坡知识组成

因此,选线地质知识库中的知识主要有以下 4 种来源:

(1)选线设计规范

规范是一种特殊的知识形式,它是对设计过程不同阶段和设计结果(包括阶段性结果)的约束和条件。其中既有严格理论的指导,也有经验性的要求。不同于实例型知识只记录单一设计的设计数据,规范是宏观意义上的对设计行为的控制,对规范覆盖范围内任何设计都有约束作用。规范中也有经验的因素,这些经验都是经过严格的工程设计实践验证,得到广大设计人员认可,对设计具有指导意义的多专家的经验精炼。基于规范等获取选线地质知识示意图如图 6-8 所示。

(2)铁路工程地质的著作、论文报告

从有关铁路工程地质的著作、论文报告及有关研究报告中总结知识规则,虽然这样获取的知识大部分是公开性知识,但它却是解决问题所必需的。通过专家讨论,考核验证这些知识,然后经过归纳、整理入库。基于论文、著作等获取选线地质知识示意图如图 6-9 所示。

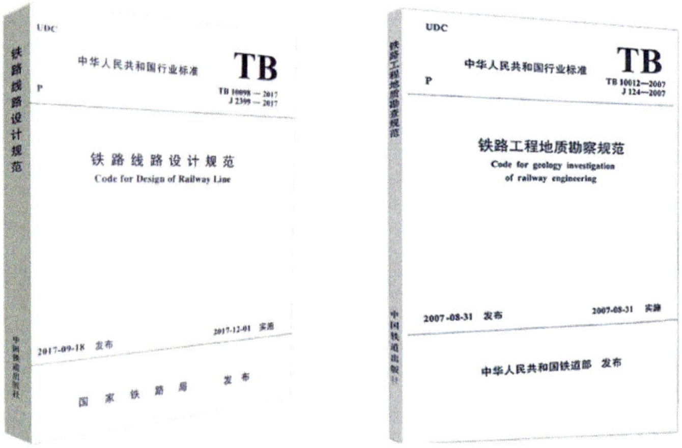

图 6-8　选线地质知识规范中的获取

图 6-9　选线地质知识著作中的获取

(3)专家咨询(专家、工程师经验知识)

铁路选线设计的专家是该领域的宝贵财富,专家在大量的选线设计中,处理了大量的具体问题,并积累了许多宝贵的经验。专家经验是专家经过多年的设计实践对设计过程和特点的深刻理解,其理论依据可能并不充分,但已经过多年实践的检验是正确的。这些很多都是具体问题的结晶,在书本或其他资料中是无法得到的。此外,在长期的山区铁路建设实践过程中,我国的线路设计人员,取得了许多成功的例子,积累了丰富的实践经验。但目前许多专家和工程师的经验并没有经过系统归纳整理。需要在充分准备的基础之上,通过访问专家,用具体、全面、深入的问题来获得专家对问题的阐述和建议,经评价验证、系统化整理后形成对专家经验的形式化描述。

(4)工程实例(实例型知识)

实例既包括成功的实例,也包括失败的实例。从成功或失败的实例中都可以提取知识。成功的选线设计实例,可作为知识的表现形式,领域知识体现在大量实例中。因此,成功的选线设计实例,也是知识的重要来源。铁路线路多数时都会穿过不同的地质条件,将成功的选线实例,按照地质条件的不同,分别提取出各地质条件下的选线知识,将获取的知识分别存储在对应的知识子库中。失败的实例,恰恰是领域知识没有运用好,从中可以获取教训,从而避免再犯类似的错误。对失败的实例进行同样处理,提取相应知识。成功实例中的知识可以作为借鉴,而失败实例中的知识则可以引以为戒。基于工程实例获取选线地质知识示意图如图 6-10 所示。

图 6-10　选线地质知识从实例中获取示意图

综上所述,地质知识组成与来源如图 6-11 所示。

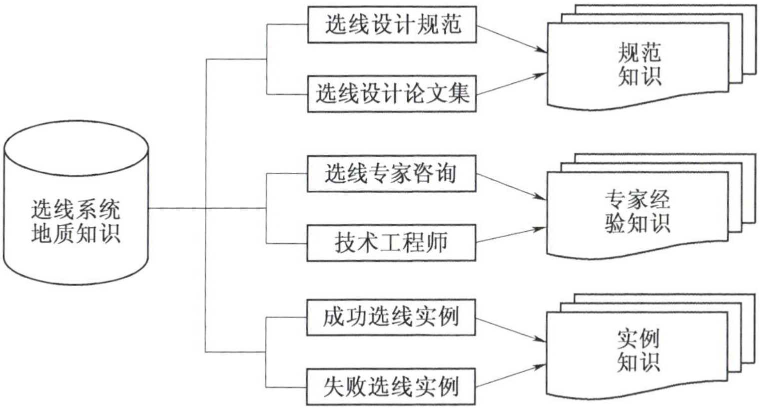

图 6-11　地质知识来源与组成

6.2.2 地质知识获取方法

知识的获取方法有自动与非自动两种方式,如图 6-12 所示。

(1)自动知识获取

自动知识获取系统本身需要具备识别文字、语音、图像能力,理解、分析和归纳能力以及从实践中学习的能力,是一种理想知识获取方式,但涉及自然语言理解、模式识别、机器学习等人工智能众多研究领域,面临着许多的难题。而选线设计的地质知识内容多且范围广,比较特殊和复杂,地质知识的获取不适宜使用这种方法。自动知识获取方式如图 6-13 所示。

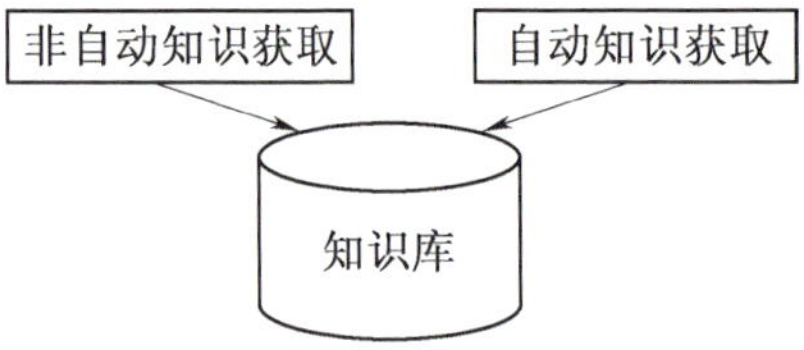

图 6-12 知识获取方法

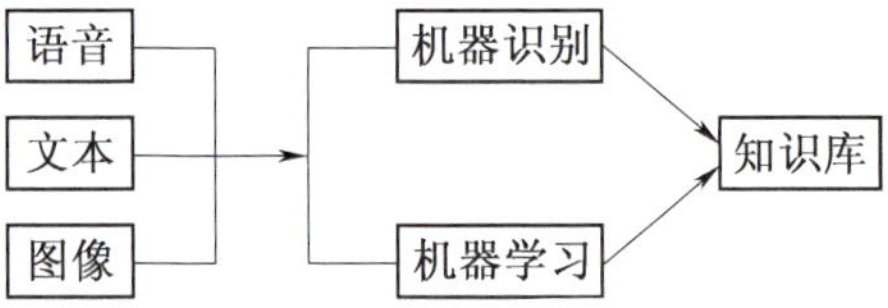

图 6-13 自动知识获取

(2)非自动知识获取

非自动型知识获取是指主要由人工完成知识获取任务,它又分为直接获取模式和间接获取模式。直接获取模式是指领域专家的知识由知识工程师抽取,然后经知识工程师转换成系统表示形式后存入知识库。间接模式是指领域专家在专用编辑系统帮助下,将专门知识按规定格式输入知识缓冲区,缓冲区的知识由编辑系统进行语法、语义的错误检查和编辑处理,由编辑系统发现错误报告专家,然后专家做出相应的错误修改。考虑到地质知识库的特点本身,系统采用直接与间接模式相结合的知识获取方式,方式如图 6-14 所示。

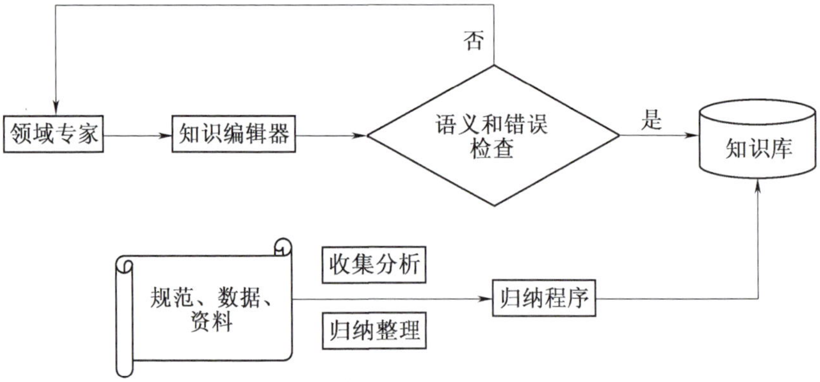

图 6-14 地质知识获取

(3)基于 GIS 的知识三维空间信息获取

采用 GIS 技术可将地质对象的三维地理坐标和空间位置作为各种地质知

识信息的组织框架,以地图的形式对各类地质信息进行导航与展示,能更方便地查阅和操纵地质知识。因此,研究基于 GIS 技术实现知识三维空间信息获取,以实现地理坐标框架下的各类地质知识信息的集成存储与应用,从而为三维空间选线设计提供更加直观、快捷的地质知识获取手段,方法如下。

应用 ArcGIS 平台进行地形分析,利用其中 ArcScene 平台添加地形数据,创建数模 Tin 可以得到具有真实感的三维透视场景,能够清楚、直观看到地形的起伏情况,不同的覆盖颜色表示不同的高程范围,ArcGIS 三维分析提供了对表面数据有效的可视化和分析,如图 6-15 所示。

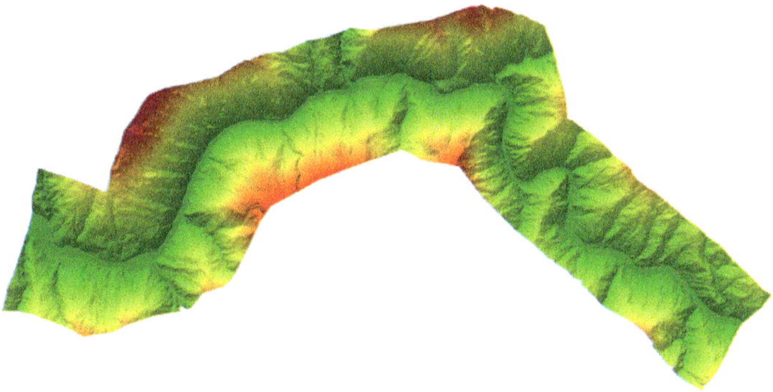

图 6-15　三维透视场景图

若要实现自动识别不良地质对象,需要确定地质对象的空间分布范围,因为只有把图像信息进行矢量化,这样才能被计算机识别,所以需要得到某一空间分布范围内的矢量化坐标数据,即得到地质对象的空间位置属性。地质分析的前提和基础是实现集成空间位置属性和其他(如面积、周长、坡型等)属性。可以用不同的图形工具如折线、多边形等对不良地质灾害范围进行圈定,获得圈定范围内的坐标信息及面积、周长、坡型等信息,如图 6-16 所示。

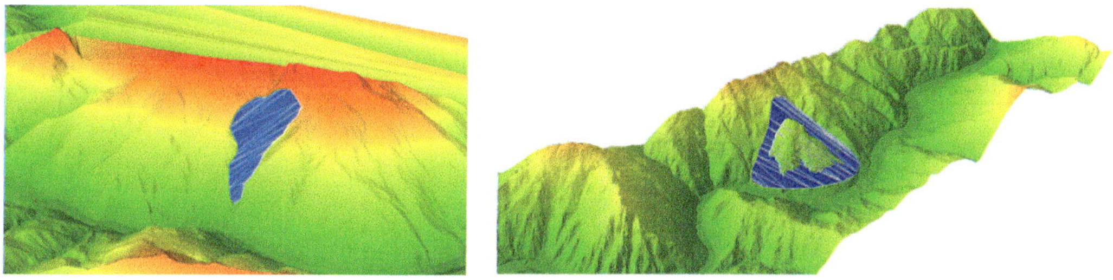

图 6-16　地质对象的空间位置确定

在 ArcGIS 中,表面分析的主要功能有:查询表面值、从表面获取坡度和坡向信息、创建等值线、分析表面的可视性、从表面计算山体的阴影、确定坡面线的高度、计算面积和体积、数据重分类、将表面转化为矢量数据等。ArcMap 中对坡度分析,得到坡度栅格,不同颜色代表不同的坡度范围,如图 6-17 所示。

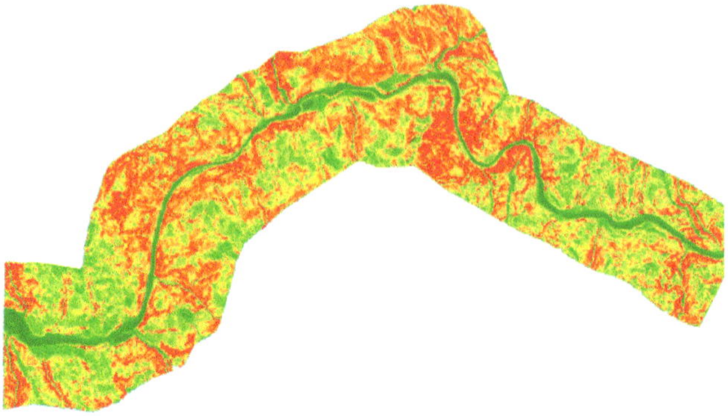

图 6-17　坡度分析图

ArcMap 中对坡向分析,得到坡向栅格,不同颜色代表不同的坡向。在九个区域中,有一个是平地,还有 8 个区域,把 360°平分为 8 份,每份 45°。通过坡向分析得到阴坡、阳坡的范围,如图 6-18 所示。

图 6-18　坡向分析图

6.3　地质知识的表示

知识表示(knowledge representation,KR)方法又称知识表示模式或知识表示技术,是构成知识库机制的关键技术。知识表示涉及计算机内部和用户外部两方面,在计算机内部要求以计算机可以识别的方式对知识进行表示,并能够合理的描述和存储。而在外部,能够为不同的用户提供不同表示方法,并以一种人们能理解的方式将处理结果告知人们。知识的表示形式是否合理,要看这种表示形式是否有利于计算机管理和利用知识,而知识的管理和利用都由程序来实现,因此实际应用问题中知识的表示形式要符合程序设计语言的形式和风格。

6.3.1 选线地质实例知识的表示

选线地质实例知识中,有不良地质选线实例知识、特殊地段选线实例知识、特殊岩土选线实例知识三个知识类。用知识类"不良地质选线实例知识"这一类,表示关于线路穿过不良地质区域采取的线路方案的知识;而该类的一个子类,"滑坡类地质选线实例知识"表示线路经过具体的不良地质滑坡时采取的线路方案知识;该子类的一个对象,例如"实例 1"则表示对应于某不良地质区域是滑坡的线路知识的具体描述。其属性有实例名称、实例类型、铁路等级、规模类型、地理位置、地形地貌、地质构造、水文地质、整治方案、线路方案、工程类型、线路图、线路实体模型等。

在案例系统中,地质选线实例可以按照不同的地质类型来划分类别。相同地质类型一般具有某方面相同的特征,因此可以引入抽象案例来表示这样的案例类。这与面向对象思想中的对象类相似,由类的继承性建立一个有关地质选线实例的树形层次结构,而其中每个案例对象对应于其中某个抽象案例的一个具体实例。在上层、中间节点对应的抽象案例,它包含属于同一地质类的案例的共性属性特征,最底层的叶结点是具体的案例知识,包含属性,还包含选线路线和整治方案。实际问题的解决需要依靠相应领域的这些实体知识。每条实例的内容包括:实例名称、实例类型、地理位置、地质对象类型、规模大小、铁路等级、地质构造、水文地质、路线方案、线路构造、整治方案、线路实体模型等。合理的划分可以达到从复杂到简单、从抽象到具体,案例的层次结构如图 6-19 所示。

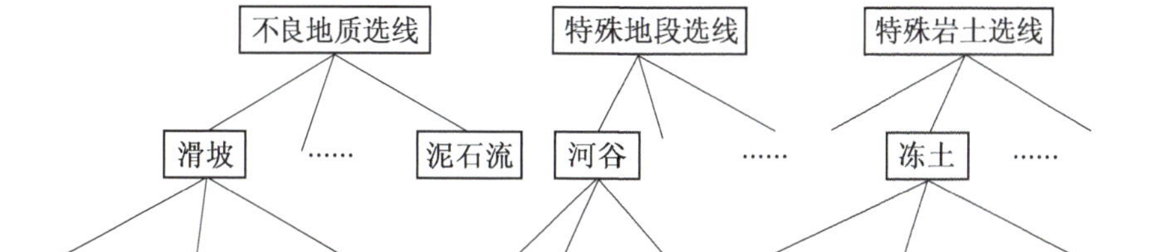

图 6-19 案例的层次结构

6.3.2 选线地质规则性知识表示

在知识的不确定性表示时,在概率论的基础上发展起来了一些新的方法和理论,主要有主观 Bayes 方法、可信度方法及证据理论等。主观 Bayes 方法需要给出先验概率 $P(H)$ 这是比较困难的。证据理论中运算复杂,工作量大。采用可信度的方法,if E then $H(\mathrm{CF}(H,E))$,应用最早且简单有效。

选线地质原则性知识采用面向对象方法和产生式相结合来表示,对搜集到的不同地质类型的选线的规则性知识进行分析和总结,从这些规则知识中加以分析总结,以确定适合地质选线规则性知识的表示方法。选线地质规则知识中,有不良地质选线原则知识、特殊地段选线原则知识、特殊岩土选线原则知识三个知识类。用知识类“不良地质选线原则知识”表示关于线路穿过不良地质区域怎样选择线路方案的原则性知识,该类的一个子类滑坡选线原则,而该子类的一个对象,例如“原则 1”则表示对应于某一具体情况下关于不良地质区域滑坡线路选择的原则性知识。

例如对于子类滑坡的一条选线规则知识描述:对性质复杂、工程量大、采取整治措施也不易确保稳定的大型滑坡,线路应尽量绕避。

这种知识是一种规则知识,可采用产生式规则的方法来表示,符合 If……THEN……的表达模式。因此可以描述如下:

规则的前提条件:性质复杂、工程量大、采取整治措施也不易确保稳定的大型滑坡。规则的结论:线路应尽量绕避。

根据实际经验,选线中只要确定是大型滑坡,结果就是线路宜绕避。因此具体产生式规则的具体表示中有些前提条件是不必要的,根据实际情况而定,可删减不必要的前提条件进行简化,因此具体可以表示为:

IF 滑坡类型是(大型)THEN 选线原则是(线路应绕避),可信度=0.9。

下面以滑坡和泥石流规则等知识为例,通过对规则知识的分析,以便确定规则知识的存储结构。

(1)地质对象为滑坡

①地质对象为滑坡的部分规则知识见表 6-3。

表 6-3 滑坡部分规则知识

编 号	线路方案	工程类型	规则解释	可信度
1	线路应尽量绕避	根据实际情况	以减少隐患	0.9
2	线路可移到滑坡对岸通过	根据实际情况	以减少隐患	0.86
3	线路宜在滑动面底下适当位置通过	隧道	确保铁路施工和运营安全	0.85
4	受控无法绕避且整治可确保稳定时,线路宜以路堑通过中小型滑坡上缘	路堑	滑坡上缘的路基宜设成路形式,以减轻滑体重量	0.9
5	受控无法绕避且整治可确保稳定时,线路宜以路堤通过中小型滑坡下缘	路堤	滑坡下缘的路基宜设成路堤形式以增加抗滑力	0.9

②地质对象为滑坡的部分规则知识存储结构见表 6-4。

表 6-4 滑坡规则知识存储结构

编　号	规模类型	线路经过滑坡的部位	滑坡所处的位置
1	大型	无	无限定
2	大型	无	河谷
3	中小型	中小型滑坡上缘	无限定
4	中小型	中小型滑坡下缘	无限定

（2）地质对象为泥石流

①地质对象为泥石流的部分规则知识见表 6-5。

表 6-5 泥石流部分规则知识

编　号	前　　提	结　　论
1	对于大型泥石流	线路应绕避
2	对于泥石流群	线路应绕避
3	河谷两侧均有泥石流	应在较轻的一侧通过
4	线路必须通过泥石流区域时	宜设桥,并根据泥石流的规模、活动性、对河道的堵塞情况留足孔跨及净空。应避开河床纵坡由陡变缓和平面急弯部位,不宜压缩沟床断面,改沟并桥或沟中设墩或作路堑
5	对于中等泥石流	应考虑绕避方案,以减少隐患
6	当线路通过泥石流地区时	桥位宜选在泥石流流通区,桥位在泥石流的流通区布置时,要避开弯道的转折处,应选在直线段,宜以一桥跨越。
7	在泥石流的形成区	不应布置桥渡
8	在泥石流的堆积区	路线应沿等高线定线,桥梁宜分散设置
9	当线路通过泥石流堆积区时	线路宜避开扇腰、扇顶部位,线路应改选在扇缘及其尾部部位
10	线路必须在扇腰通过时	则应逢沟设桥,在原沟处虽沟床淤积高于两侧,但也需一并设置桥梁,不应改沟筑堤强行合并至低洼处集中设桥
11	当线路通过扇缘部位时	桥位选定应考虑扇缘滨临大河受到水流切割的发展,留有安全的距离
12	当线路跨越小型泥石流群扇腰扇缘部位时	除应在各扇轴的主槽处设桥外,在各扇之间及扇与山坡间的洼地,也应分别情况设置桥梁
13	对于中型泥石流或小型泥石流	采用桥梁跨越,原则上采用一跨跨越,在滩地布置桥墩,对于桥梁主体结构加强,考虑泥石流掏蚀,基础相应加强。采用拦挡、排导槽等措施,对泥石流进行防护处理

②地质对象为泥石流的部分规则知识存储结构见表 6-6。

表 6-6　泥石流规则知识存储结构

编　号	规模类型	线路经过泥石流的部位	泥石流所处的位置
1	大型	无	无限定
2	泥石流群	无	无限定
3	中型	无	河谷
4	小型	形成区	无限定
5	小型	堆积区	无限定
6	小型	形成区	无限定

(3)地质对象为崩塌

①地质对象为崩塌的部分规则知识见表 6-7。

表 6-7　崩塌部分规则知识

编　号	前　提	结　论
1	大型崩塌的地段	线路应绕避
2	中型崩塌的地段	有条件绕避时要绕避，绕避有困难时，可调整线位，离开崩塌体一定距离，既保证行车安全性，又可减少防治工程；也可采用明洞、棚洞等遮挡建筑物通过
3	小型崩塌的地段	线路宜选择在落石堆积区外通过；有困难时，也应使线路与崩塌体之间留有适当余地

②地质对象为崩塌的部分规则知识存储结构见表 6-8。

表 6-8　崩塌部分规则知识存储结构

类型规模	所处位置	选线原则	工程类型	可信度	规则解释
大型	河谷	线路宜绕避，可在崩塌后方以隧道绕避	隧道	0.9	减少隐患，确保安全
大型	河谷	线路宜绕避，可在河谷对岸绕避	根据实际情况	0.9	减少隐患，确保安全
中型	河谷	线路宜绕避，可在崩塌后方以隧道绕避	隧道	0.9	减少隐患，确保安全

(4)地质对象为河谷

①地质对象为河谷的部分规则知识见表 6-9。

表 6-9　河谷部分规则知识

编　号	前　提	结　论
1	河谷较开阔，横坡较缓且地质良好	宜选择不受洪水冲刷的阶地
2	河谷狭窄，横坡较陡且地质不良时	应由避开山坡与外移建桥的方案选择
3	河谷十分弯曲时	可根据山嘴或河弯的实际情况，采取绕行或取直方案

②地质对象为河谷的部分规则知识存储结构见表 6-10。

表 6-10 河谷部分规则知识存储结构

编　　号	类　　型	横坡情况	地质情况
1	河谷宽阔	较缓	良好
2	河谷狭窄	较陡	不良
3	河谷弯曲	无	无

6.3.3 基于可视化的用户外部知识表示

知识库中的知识,一方面要求被内部计算机有效的存储、检索、识别,同时又要求能够以更直观的方式呈现给用户。地质知识库包含的知识种类多、知识存量大,因此,针对用户外部的知识表达方式应采用多种角度进行综合描述,即不仅用文字信息描述,还从图像、声音、动画、三维虚拟现实技术等多角度进行综合描述,并设置一个人机交互窗口,展现给选线工程师一个丰富、直观的信息交流环境。实现知识外部表示的可视化,如图 6-20 所示。

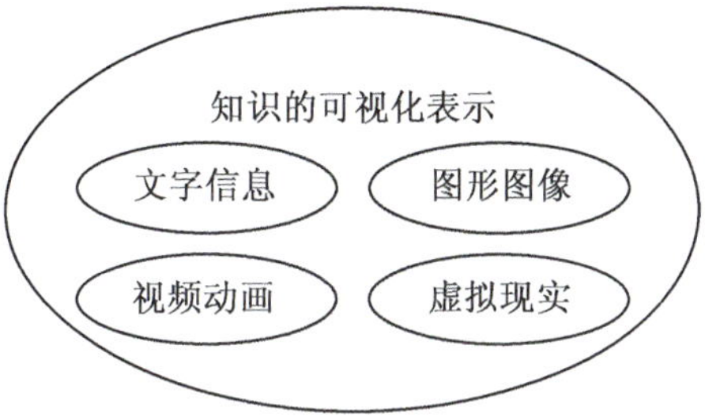

图 6-20 知识的可视化外部表示

其中的文字信息用来描述的知识的概念、类型等文本信息;图形图像、视频动画是对知识更为形象的表示,知识库为这些信息的输入提供了接口。以河谷地区选线知识表示为例,如图 6-21 所示。

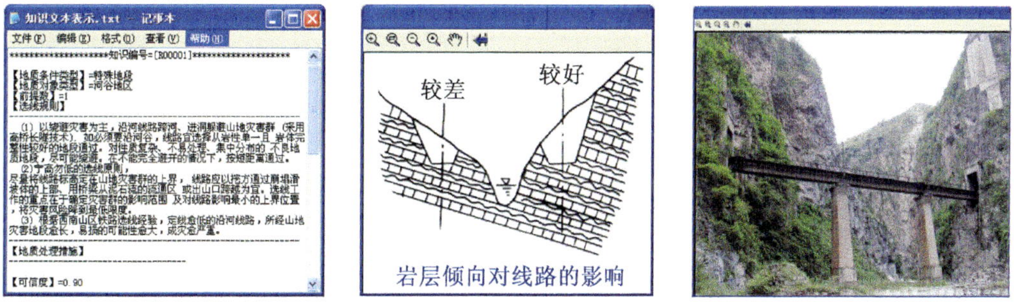

（a）知识的文本表示　（b）知识的图形表示　（c）知识的图像表示

图 6-21 知识的文本、图形图像表示

针对选线的特定环境,构建了河谷、冻土、黄土等各类三维地理环境,根据知识的不同地理环境,系统自动从虚拟地理环境库中调入对应的地理环境,并在该环境中表达知识,实现知识的可视化表示,使用户具有身临其境的感觉,更能有效的学习知识、利用知识。图 6-22 为河谷地区大江大河段的选线知识的三维可视化表示(采用高桥方案通过河谷)。可对三维知识表示模型进行不同视角、不同景深动态查看,也可对虚拟地理环境可进行调整。

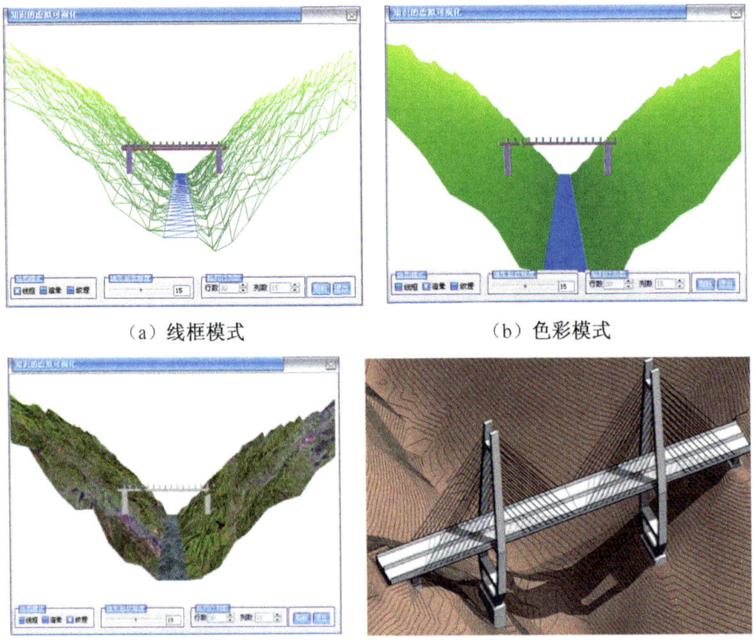

(a) 线框模式　(b) 色彩模式

(c) 纹理模式　(d) 3D模型模式

图 6-22　知识的三维可视化表示

6.4　选线地质知识的推理

6.4.1　案例推理

在选线地质知识库中,规则推理机和案例推理是分开的,这样可以保持各自的独立性。推理清晰,案例和规则相互补充。案例推理如图 6-23 所示。

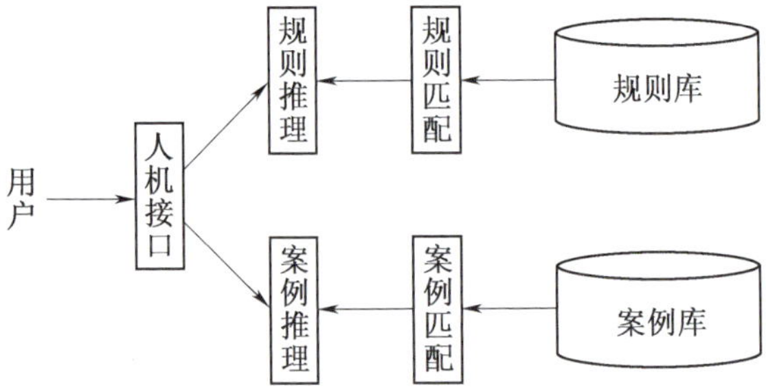

图 6-23　案例推理

基于案例推理(Case-based Reasoning ,CBR)是人工智能发展较成熟的一个分支,CBR 是利用类比推理这一原理,它的推理模式是访问知识库中过去的同类问题来获得当前新问题的解。在 CBR 中,一个问题的状态的描述以及求解策略是用一个案例来表示的。当出现一个新的问题时,系统根据索引,从知识库中检索出相似的案例(集),然后修改其求解策略,以达到当前问题的求解要求;这些要求符合后,将新问题与新求解策略所形成的新案例存入知识库中,以拓展知识库。要求解的目标案例和源案例本质特征间的相似关系是类比的基础。

一般来说,基于案例推理步骤分为案例检索(Retrieve)、案例重用(Reuse)、案例修改(Revise)、案例保留(Retain)这四个步骤,第一步案例检索是实现 CBR 的关键步骤。步骤如图 6-24 所示。

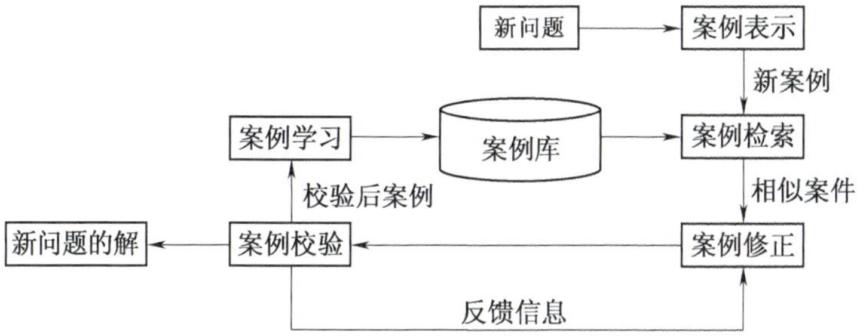

图 6-24　基于案例推理步骤

案例检索是指经过一系列的搜索和相似度计算的过程。从给定的已知众多案例库中挑选出与当前的目标问题最相似的若干案例这种检索过程,并且以一定的顺序进行,这个过程是按照识别、初始匹配、查询、筛选的顺序执行。相应的检索任务即有问题的描述、利用相似性计算原则查找出和新的案例有相似性的案例,最后得到最适合解。

在案例检索中,最主要的问题是怎样判别各个不同案例之间的相似性。常用的案例检索有 3 种方法:直接从问题特征出发寻找检索指针;查询检索结构;查询通用领域知识型。通常案例检索包括最近相邻(Nearest Neighbor)、知识引导、归纳推理等常用的策略。以下是几种方法的优缺点,见表 6-11。

表 6-11　检索方法

方　法	范围或优点	存在的问题
最邻近检索法	(1)适用案例库中案例数量较少的情况;(2)适用于检索目标未能很好定义的情况	(1)不可能找到一组适应所有特征项的权重系数,能够在任何情况下都可以准确地检索到案例;(2)特征项相互依赖,一个给定特征项的重要性取决于这个案例其他特征项的权重
归纳索引法	(1)通过自动、客观、严格分析案例,可确定区别这些案例的最佳特征;(2)案例可以组织成分层结构供检索使用,检索时间是呈对数增加	为了完成归纳,系统需要相当数量的案例来生成判别矩阵,归纳分析时间代价过大
知识引导法	案例的组织与检索具有一定的动态性和方向性	需要从已知信息中确定对检索有帮助的案例特征项

在进行了方法的适用性及优缺点的比较,这几种检索方法不适合选线地质知识。在地质选线案例推理阶段,由于选线地质内容多,范围广,从如何提高实例检索效率角度出发,根据选线地质知识的特点提出顺序逐次检索的方法。按照从高到低的权重排序,实例类型,铁路等级,地理位置、地形地貌,地质对象规模、地质构造等顺序进行检索。首先依据地理区域在源案例中检索与目标案例地理区域相同的案例,如果存在则形成候选案例集,然后再在候选案例集中依据地质灾害类型检索出与目标案例地质灾害类型相同的案例,形成新的候选集,依次类推。直到根据提供的特征个数检索不到相符实例为止。得到最终的案例集最后对所得到的实例进行相应的调整和修改,使符合实际情况,并作为最后的推理结论,如图 6-25 所示。

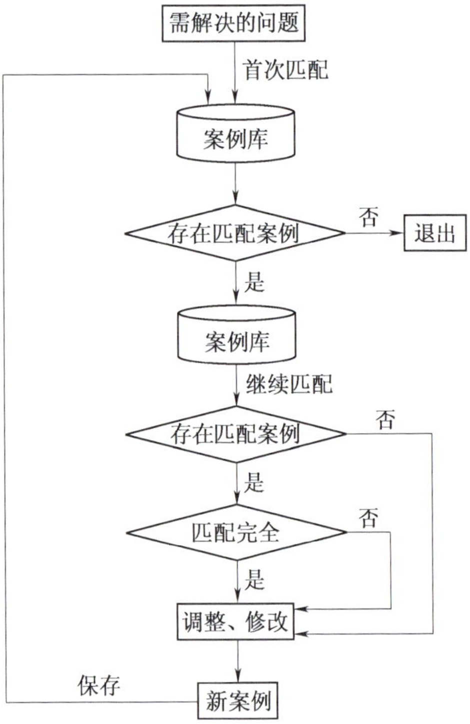

图 6-25　案例推理

6.4.2　规则推理

推理是依据现有的已知事实或判断,得到蕴含在其中的知识或得到新的事实这一思维过程。推理涉及两部分内容,如何选择控制策略和如何选择推理的方式。而研究如何选择控制策略是关键,推理机需要利用某种方法从知识系统中找到所用知识,方法的选择影响到推理的效率,控制策略是用来确定选用什么规则的策略,以及怎么运用规则的策略。通常从选择规则出发分三步过程来完成操作。首先进行知识匹配,其次是冲突解决,最后是执行操作。

1. 规则推理过程

(1)匹配

将当前数据库中的已知事实与规则中的条件进行比较,如果已知事实与规则前提条件是匹配的,则称之为匹配规则,考虑到可能有几条规则知识的前提相匹配于当前的已知事实,这时,需要选择其中某条规则来进行操作,这就是规则的冲突解决,按冲突解决方法选中其中某条规则之后,在操作部分启用的此条规则称启用规则。

(2)冲突解决

几种较常见的解决冲突的方法见表 6-12。

表 6-12 冲突解决方法

解决冲突的策略	策略内容
专一性排序	一条规则知识的前提比另一条前提更具体和充分,这样的规则优先选择使用
就近排序	最近使用较多的规则拥有较高级别,它是最为所用的
规则排序	启用顺序就是规则自身的排序
规模排序	前提条件个数多少来分级别高低,启用较多条件被满足的规则

(3)操作

操作就是触发某条规则后,当前的数据库有所变动,即数据库是动态的,添加了新的条件,来推出新的结论。推理如图 6-26 所示。

图 6-26 系统推理

2. 规则推理方法

(1)系统设计

规则推理由几个模块组成,接口模块、综合数据库模块、规则推理模块、知识库模块。接口模块是完成人机交互的主要功能,又称用户界面,即向用户提供简洁明了的方便用户操作的界面。使系统得到推理机所需的条件值(推理的条件部分输入接口模块),并由它输出推理结果。该领域问题的初始事实存储于综合数据库,该数据库还存储推理中得到的中间信息。可以理解为是辅助决策系统的工作内存。知识库模块存储了相关领域的规则性知识、案例类型的知识。规则推理涉及推理方法、方向以及推理如何匹配、冲突解决和最后的操作问题,如图 6-27 所示。

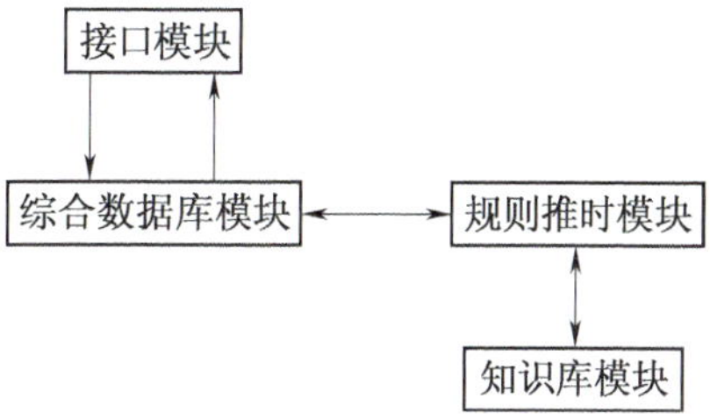

图 6-27 系统组成框架图

(2)不确定性推理

在铁路选线设计中,所遇到的大多数问题都是复杂和非结构化的,处理的信息通常是领域专家学者的直觉、非正式的规则和经验以及一些不十分精确的数据,特别是复杂地质区域的选线设计,其地质选线往往具有绝对地位,更依赖专家学者的直觉、经验和不十分精确的地质数据,地质选线受到多因素影响,具有一定的模糊性和知识的不确定性。因此,为了提高地质选线决策的科学性,减少人为的主观性和盲目性,将基于可信度表示的(C-F 模型)不确定性推理引入地质选线中,采用面向对象与产生式结合的方法表示地质选线知识,采用一种混合推理方法推理。

C-F 模型为 if E then H ($\mathrm{CF}(H,E)$)

$\mathrm{CF}(H,E)$是某条规则的可信度(即可信度因子),它的取值在$[0,1]$。E 是规则中的前提条件,H 是结论。

不确定性推理涉及的算法有:

①组合证据的不确定性算法

当 $E=E_1$ and E_2 and $\cdots$and E_n时,$\mathrm{CF}(E)=\min\{\mathrm{CF}(E_1),\mathrm{CF}(E_2),\cdots,\mathrm{CF}(E_n)\}$

当 $E=E_1$ or E_2 or $\cdots$or E_n时,$\mathrm{CF}(E)=\max\{\mathrm{CF}(E_1),\mathrm{CF}(E_2),\cdots,\mathrm{CF}(E_n))\}$

②结论不确定性的传递算法

结论的可信度为 $\mathrm{CF}(H)=\mathrm{CF}(H,E)\mathrm{CF}(E)$

③结论不确定性的合成算法

当结论是由多条不同的知识推出,例如

ifE_1 then $H(\mathrm{CF}(H,E_1))$

ifE_2 then $H(\mathrm{CF}(H,E_2))$

先依据②计算出每条知识的结论可信度 $\mathrm{CF}_1(H)$,$\mathrm{CF}_2(H)$,然后求两者对 H 的综合影响。

$$\mathrm{CF}(1,2)=\begin{cases}\mathrm{CF}_1(H)+\mathrm{CF}_2(H)-\mathrm{CF}_1(H)\mathrm{CF}_2(H) & \mathrm{CF}_1(H)\geqslant 0,\mathrm{CF}_2(H)\geqslant 0\\ \mathrm{CF}_1(H)+\mathrm{CF}_2(H)+\mathrm{CF}_1(H)\mathrm{CF}_2(H) & \mathrm{CF}_1(H)<0,\mathrm{CF}_2(H)<0\\ \dfrac{\mathrm{CF}_1(H)+\mathrm{CF}_2(H)}{1-\min\{|\mathrm{CF}_1(H)|,|\mathrm{CF}_2(H)|\}} & \mathrm{CF}_1(H)\text{与}\mathrm{CF}_2(H)\text{异号}\end{cases}$$

(3)推理方式和控制策略

推理方向有正向、反向、混合和双向推理这 4 种。正向推理是指将用户提供给的目标问题的初始状态、事实或证据等等放入综合数据库;然后开始进入推理,将根据存放的初始事实数据匹配,为了匹配,要进行查找,涉及搜索策略,采用关键词搜索。查找知识库中规则的前提条件(证据),匹配所得结果形成当前匹配知识集。此时,当知识集中只一条匹配的规则存在时,推理系统可立即选用此规则进行匹配、推理。如果知识集中有多条可适用的规则,需采用冲突消解策略。

这里采用可信度排序方法,即按规则可信度大小顺序依次启用,触发该条规则,将当前的结果作为新事实加入到综合数据库中,利用更新过的事实继续触发规则、推理，重复此推理过程。直到没有可匹配的新知识和不再有新事实的加入。

在地质选线规则库中，由于系统证据明确，推理过程中不存在过多中间结论，采用正向推理可避免无用的中间结论，推理效率高、推理方式自然、简单，因此适合采用正向推理，流程如图 6-28 所示。

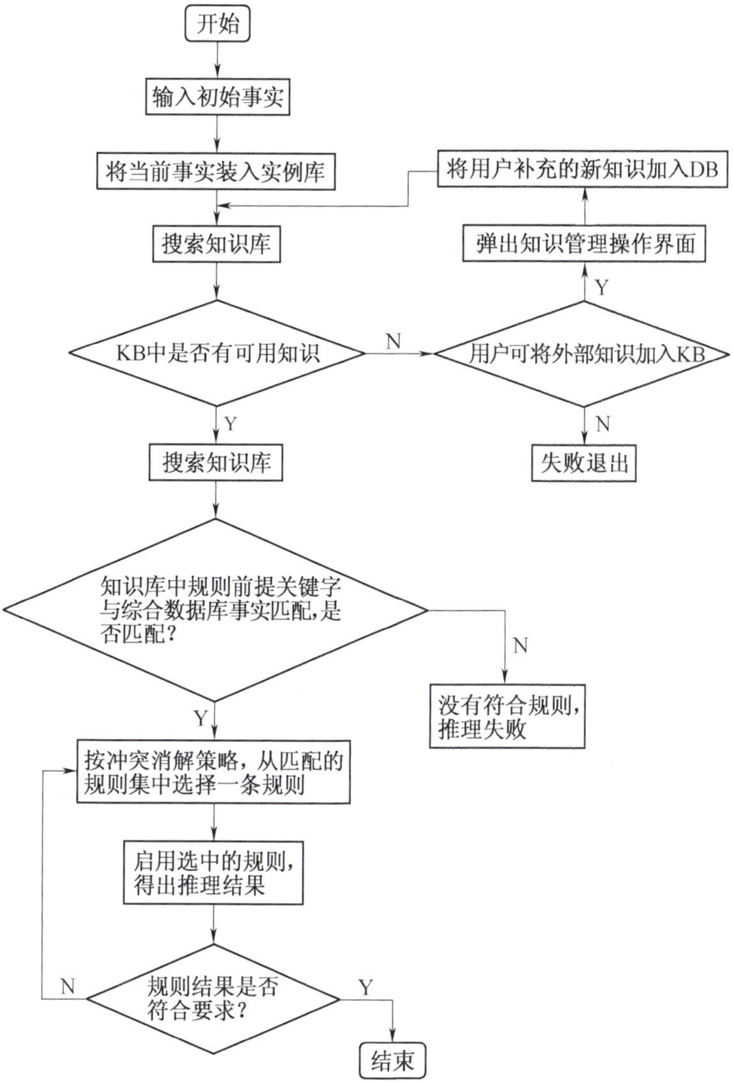

图 6-28　规则正向推理

6.5　选线地质知识库维护

一个知识库的创建，它包含的内容不是不变的，只有不断的更新，让知识处于动态变化,各用户可向知识库添加新知识,保持知识库的持续地改进,使建立知识库具备良好的管理、维护性能,才能使知识库的利用价值提高。

6.5.1 案例库的维护

案例库的维护(Case Base Maintenance,CBM)是在确保能执行推理任务的基础之上,实施某种合适的方法策略,将案例库中存储的不正确、不一致的领域知识或者一些重复性的知识删除掉,从而可以减少系统的运行时长,提高效率。涉及案例的增加与删除。知识库是动态变化的,可以更新的,具有学习功能,CBM 主要是将领域案例进行组织形态的调节以及多余的、重复的知识去除,以待提高整个案例库的性能。

案例库的维护技术有不确定删除法、选择删除法、非删除法等,这几种做法在一定程度上减少了知识库的膨胀,但存在缺点,不够客观精确,结果并不可靠,可能会因此使有的问题一直无解。根据选线地质知识库案例库的特点,采用选择删除法与人机交互策略,可以在案例推理过程中,对于检索出的案例集中存在的极相似、相同的案例进行删除,即对检索结果相同的案例,删除其中一条案例。被删除的案例另外存到备份数据库中,以备不时之需。流程如图 6-29 所示。

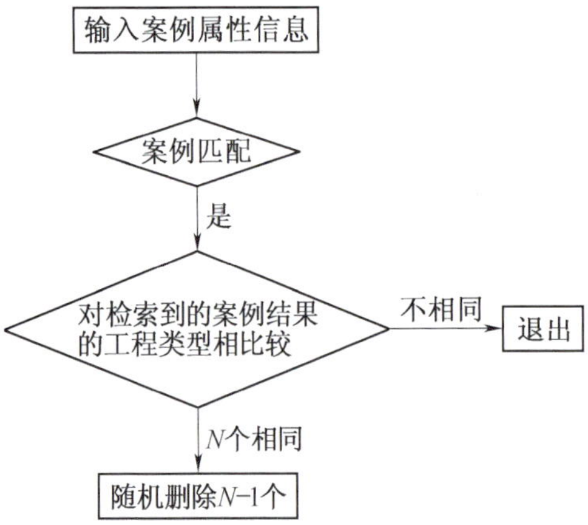

图 6-29 案例维护流程

6.5.2 规则库的维护

知识库的维护需要一定的检查,确保领域知识是正确无误的,这是最基本的、基础的。知识库初始规模较小,容易维护,知识领域人员的仔细斟酌组织,知识维护起来简单。然而,时间推移,知识库动态变化,新知识的加入可能出现冗余、矛盾知识,如何识别和检查成为难题,维护变得比较困难,如果只依赖于人工维护,逐条检查,浪费了时间而且效率较低。因此采用人机交互,或某种自动检测算法更为有效。

(1)多余规则的检查

冗余规则是指如 IF A THEN B,而另一条规则前提也是 A,结论也是 B。或者有规则链 IF A THEN C,IF C THEN B。那么由相关人员决定去除 IF A THEN B 或者 IF A THEN C,IF C THEN B 规则。检验如图 6-30 所示。

(2)矛盾规则的检验

矛盾规则的检验是从规则的几个矛盾方面分类,通常包括自相矛盾检验、相互矛盾检验、传递自相矛盾几方面判断。而选线规则知识中并未涉及太多的规则链问题,经根据知识特点考虑,不存在这几种矛盾知识,检验如图 6-31 所示。

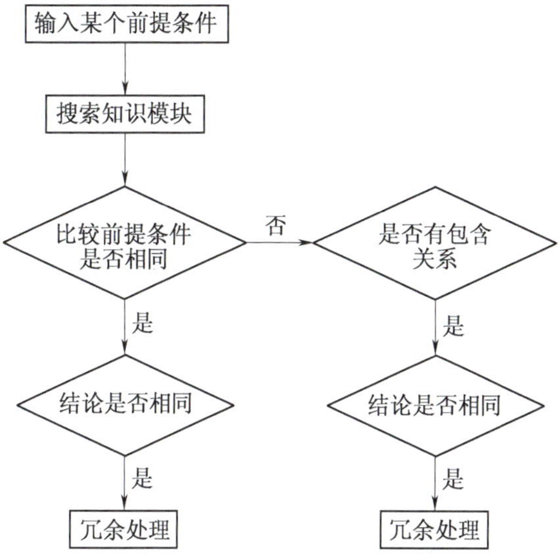

图 6-30　冗余检验

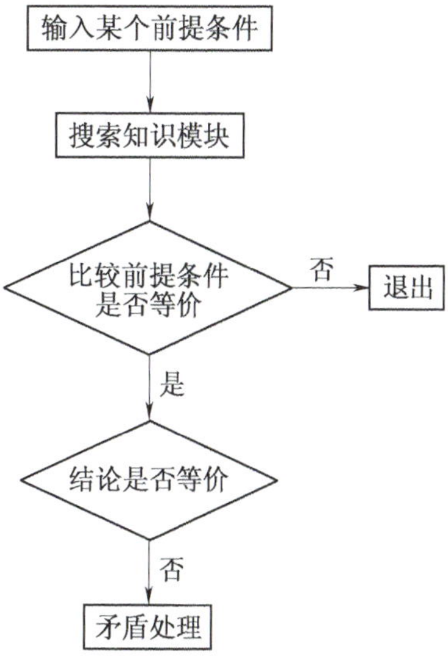

图 6-31　矛盾检验

(3)循环规则的检查

循环性规则是形如 IF *A* THEN *A* 或者规则链 IF *A* THEN *B*;IF *B* THEN *A* 这样的规则。解决办法是,把规则的前提单独分离出来、规则的结论单独分离出来,只要检测到两个单独的部分相同,则相关领域人员决定去除其中一条。在地质选线原则知识这样的规则知识中不存在规则链循环规则。

(4)知识库孤立规则检验

某些存在于知识库的规则,由于其自身特殊性或者可靠性,可能一直不被使用。对于这些规则可以采用计数方法,设置每条规则初始数字零,被使用一次加一,经过很长时间之后,如果有规则被检测到计数值仍然不变(为零),那么,相关人员应斟酌是否删除。

6.6　选线地质知识库系统

传统意义上的地质知识库并不具备数据库的特征,也无法与这些信息密切相关的地理坐标有效关联,不利于地质知识的管理、查询与共享。基于 GIS 技术构建地质知识库系统,GIS 技术将地理坐标和空间位置作为各种地质知识信息的组织框架,以地图的形式对各类信息进行导航与展示,实现地理坐标框架下的各类地质知识信息的集成存储与应用,能更方便地查阅和操纵地质知识。从而为三维地质选线设计提供更加直观、快捷的地质知识获取手段。

6.6.1 系统介绍

系统基于 ArcGIS Engine 二次开发组件,在 Visual Studio 2010 集成开发环境中采用 C#编程语言开发,能够完成选线知识存储、查询、推理和线路方案评价等工作。系统主界面如图 6-32 所示。

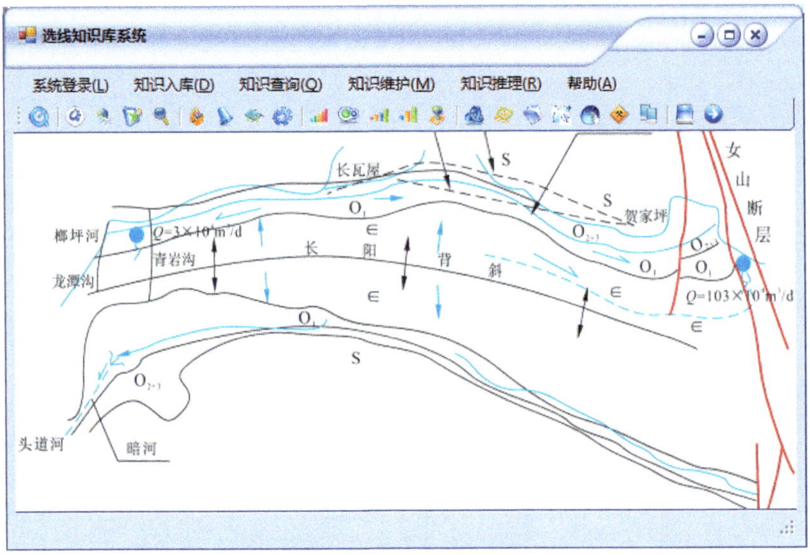

图 6-32 系统主界面

系统概况如下:

(1)硬件环境

CPU:Intel Core i3,2.4 GHz 以上。

主频:≥2.4 GHz。

内存:≥4 GB。

硬盘:≥320 GB。

(2)软件环境

操作系统:Windows 7 及以上。

编程语言:C#2010 及以上。

图形支持系统:AutoCAD 2010 或更高版本。

数据库系统:Oracle9i 或更高版本。

6.6.2 数据结构

选线地质知识数据结构是计算机存储和使用选线相关知识数据的方式，按照选线知识的类别，将数据结构分为规则知识数据结构和实例知识数据结构两种。在此基础上，根据地质对象的不同，再将规则知识数据结构和实例知识数据结构分类，从而构成选线知识数据结构。

(1)不良地质规则数据结构

不良地质包括滑坡、泥石流、采空区、崩塌等多种类型，虽然其类型不同，但是由于采用“规则与实例分表存储，不同类别分表存储”的数据存储方式，其数据结构却是一致的，见表6-13。

表6-13 地质对象为滑坡的规则数据结构

前提与结论	说　明	数据类型
规模类型	具体地质类型的分类	VARCHAR2
线路经过地质对象的部位	线路经过的具体位置	VARCHAR2
地质对象所处的位置	地质对象所处位置的地形地貌	VARCHAR2
选线原则	特定情况选线一般遵循原则	VARCHAR2
工程类型	线路以何种方式通过地质对象	VARCHAR2
可信度	规则的置信程度，范围0~1，1表示完全可信，0表示完全不可信	NUMBER2
规则解释	选线规则的详细解释	VARCHAR2

(2)特殊岩土规则数据结构

特殊岩土包括冻土、软土、膨胀土、黄土等类型，不同类型对应不同的数据结构，以冻土为例，见表6-14。

表6-14 冻土规则数据结构

字段名	说　明	数据类型
线路经过的位置	线路经过某个位置	VARCHAR2
选线原则	特定情况选线一般遵循原则	VARCHAR2
工程类型	线路以何种方式通过地质对象	VARCHAR2
可信度	规则的置信程度，范围0~1，1表示完全可信，0表示完全不可信	NUMBER
规则解释	选线规则的详细解释	VARCHAR2

(3)特殊地段规则数据结构

特殊地段包括河谷、越岭地段、水库等，根据其类型特征，不同地段有不同的规则数据结构，以河谷为例，见表6-15。

表 6-15　河谷规则数据结构

字段类型	说　　明	数据类型
河谷类型	河谷是宽阔的或者狭窄等	VARCHAR2
横坡情况	陡、缓情况	VARCHAR2
地质情况	地质良好或者不良地质	VARCHAR2
选线原则	特定情况选线一般遵循原则	NUMBER
工程类型	线路以何种方式通过地质对象	VARCHAR2
可信度	规则的置信程度,范围 0~1,1 表示完全可信,0 表示完全不可信	NUMBER
规则解释	选线规则的详细解释	VARCHAR2

(4)实例数据结构

实例数据结构地质选线的实例知识,虽然地质对象种类繁多,但是各类地质对象的数据结构可以统一表示,见表 6-16。

表 6-16　实例数据结构

字段名	说　　明	数据类型
实例名称	铁路地质选线的某段	VARCHAR2
实例类型	成功或失败	VARCHAR2
地理位置	实例的地理区域,如华东地区、华北地区等	VARCHAR2
铁路等级	实例线路的铁路等级	VARCHAR2
规模类型	地质对象的规模分类(特殊岩土无此项)	VARCHAR2
地形地貌	高原、平原、山地、丘陵等	VARCHAR2
地质构造	是否有断裂、褶皱等	VARCHAR2
水文地质	是否有基岩裂隙水、地下水等	VARCHAR2
线路方案	选线的方案	VARCHAR2
工程类型	线路以何种方式通过地质对象区域	VARCHAR2
整治方案	线路经过某种不良地质,对其治理措施	VARCHAR2
地质选线示意图	示意图存储路径	VARCHAR2
地质选线实景图	实景图存储路径	VARCHAR2
线路实体模型	实体模型存储路径	VARCHAR2

6.6.3　系统功能

(1)系统登录

只有输入正确的用户名和密码,进入系统,如图 6-33 所示。

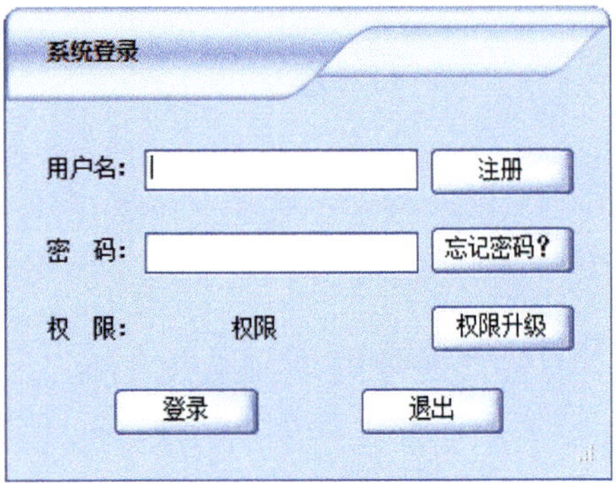

图 6-33　系统登录

(2)知识存储

知识存储是知识查询、推理以及知识库维护的基础。对应“规则与实例分表存储,不同类别分表存储”的数据存储方式,每个地质对象的规则与实例使用不同的窗体进行知识的存储工作。以滑坡的规则与实例存储过程为例，说明知识存储模块的功能。

滑坡规则存储窗体如图 6-34 所示，滑坡实例存储窗体如图 6-35 所示。

图 6-34　滑坡规则知识入库

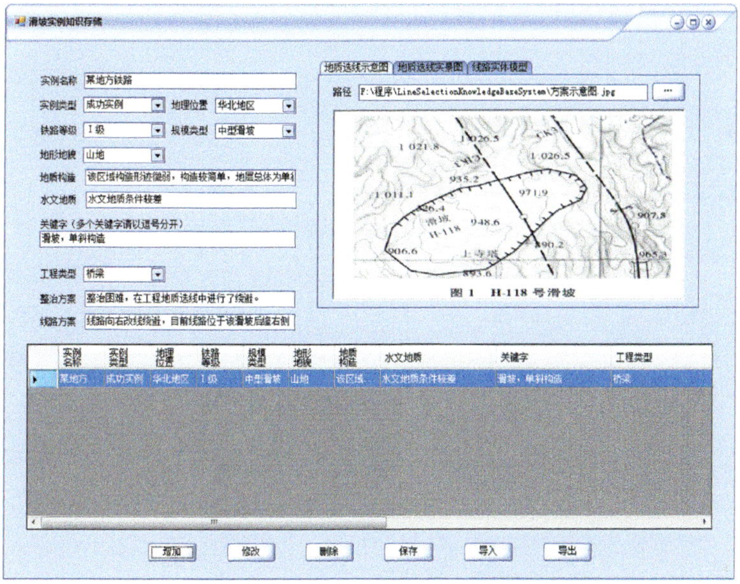

图 6-35　滑坡实例知识入库

泥石流规则存储窗体如图 6-36 所示，泥石流实例存储窗体如图 6-37 所示。

采空区规则存储窗体如图 6-38 所示，冻土规则存储窗体如图 6-39 所示，冻土实例存储窗体如图 6-40 所示，河谷实例知识入库如图 6-41 所示。

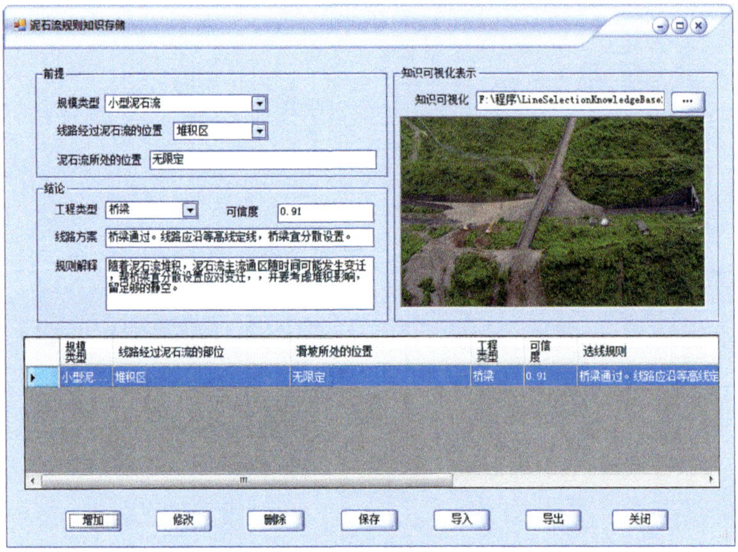

图 6-36　泥石流规则知识入库

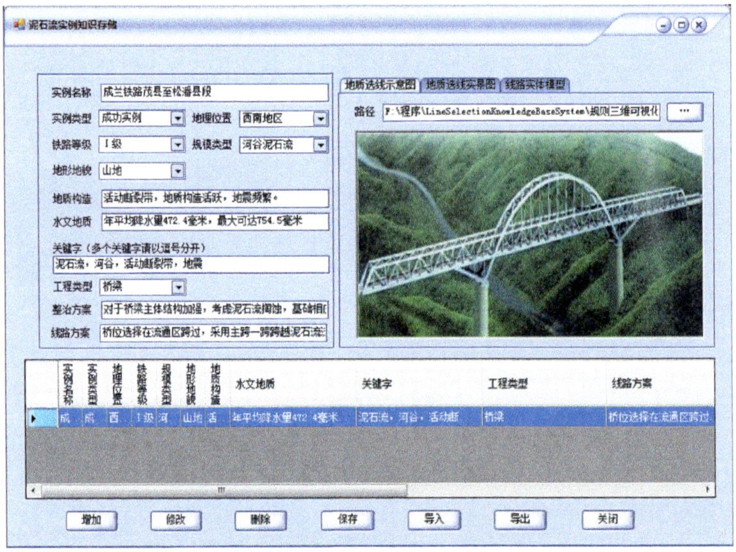

图 6-37　泥石流实例知识入库

规则与实例的存储过程相同,即使用存储窗体,在表格上方的列表框选择或在文本框中写入相应的内容,单击“增加”按钮,表格中即出现含有新写入内容的新行。选中某行后单击“修改”按钮可按照当前文本框和列表框中的内容修改当前行。选中某行后单击“删除”按钮可直接删除此行。“导入”按钮可将相应的规则或实例外部数据以文件的方式导入到数据表格中。“导出”按钮可将数据表格中的内容导出为一个文件。对应数据库的更新依靠“保存”按钮完成,即单击“保存”按钮后,打开对应的数据库,将数据表格中的内容按字段分别写入数据库的相应数据表。

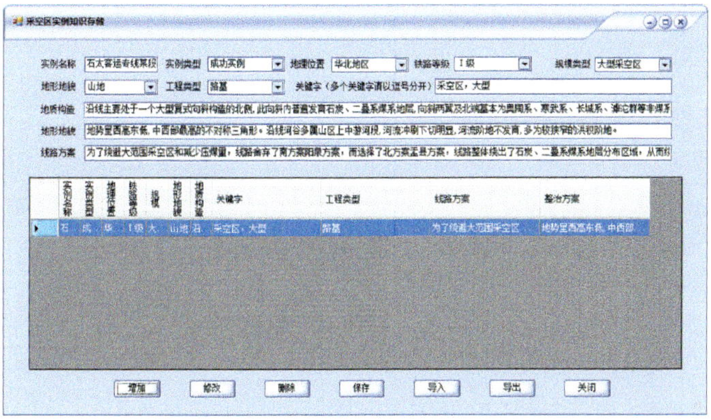

图 6-38　采空区规则知识入库

图 6-39　特殊岩土——冻土规则知识入库

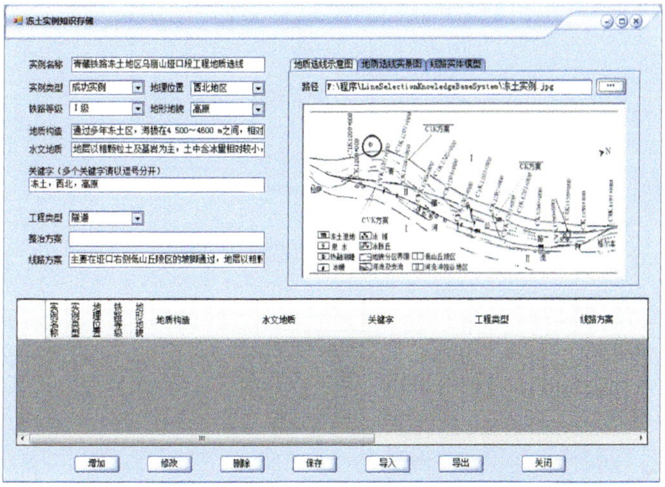

图 6-40　特殊岩土——冻土实例知识入库

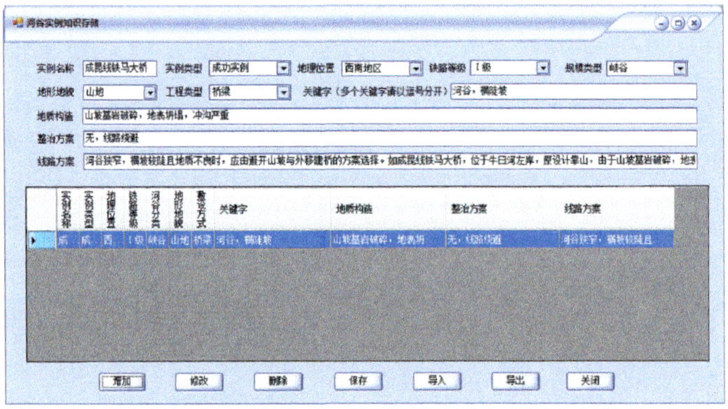

图 6-41　特殊地段——河谷实例知识入库

(3)知识查询

知识查询功能的实质是选定一个或多个待查询项后根据这些待查询项在知识库中查询,对于符合查询标准的知识,将其显示在数据表格中,对于不符合查询标准的知识,则不予显示。知识查询的方式多种多样,论文将规则与实例分开查询,提高查询效率。规则知识按类别查询,实例知识提供按类别查询、按关键字查询、按类别和关键字双重查询三种方式实现知识查询功能。实例知识查询窗体如图 6-42 所示,规则知识查询窗体如图 6-43 所示。

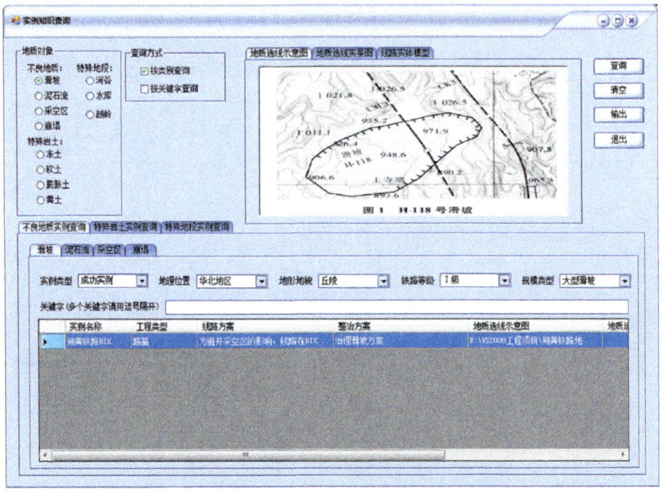

图 6-42　实例知识查询窗体

①按类别查询

“类别”指的是在知识存储时使用列表框 ComboBox 进行录入且表达知识的前提的一类字段,如滑坡规则知识中的规模类型和线路经过滑坡的位置、滑坡实例知识中的地理位置、地形地貌等字段。查询的结果是能够表达知识结论的一系列字段,如泥石流实例知识中的线路方案和整治方案、泥石流规则知识中

图 6-43 规则知识查询窗体

的工程类型、选线原则等字段。

查询时，根据列表框选择的信息在知识库的相应字段中进行比对，如果输入的信息与知识库中的信息相符，则将查询结果按相应字段显示在数据表格。

```
if (strCaseType == aReader.GetString(2) &&
strScaleType == aReader.GetString(5) &&
strGeoPosition == aReader.GetString(3) &&
strTerrain == aReader.GetString(6) &&
strRailwayGrade == aReader.GetString(4))
{
  DataGridViewRow row = new DataGridViewRow();
  dgvLandslide.Rows.Add(row);  //给 DataGridView 控件添加新行
  int RowID = dgvLandslide.RowCount - 1;
  dgvLandslide [0, RowID].Value = aReader.GetString(1);  //实例名称
  dgvLandslide [1, RowID].Value = aReader.GetString(10);  //工程类型
  dgvLandslide [2, RowID].Value = aReader.GetString(11);
  dgvLandslide [3, RowID].Value = aReader.GetString(12);
  dgvLandslide [4, RowID].Value = aReader.GetString(13);
  dgvLandslide [5, RowID].Value = aReader.GetString(14);
  dgvLandslide [6, RowID].Value = aReader.GetString(15);
}
```

以滑坡为例，查询实例如图 6-44 所示。

②按关键字查询

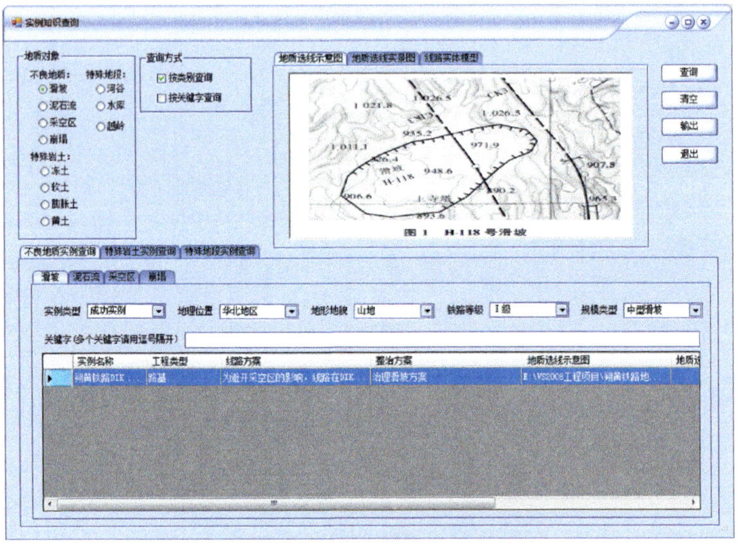

图 6-44　按类别实例查询知识结果

关键字是每个实例中能够最大程度概括实例内容的字或者词,是实例信息的概括化和集中化。按关键字查询就是将输入关键字文本 strBoxKeyword 与知识库中的关键字 strBaseKeyword 进行比对,如果比对结果符合查询标准,则将该 strBaseKeyword 所属的实例结论信息添加到数据表格。查询结果如图 6-45 所示。

关键字完全相同并不是说关键字的文本完全相同。而是 strBoxKeyword 中的每个关键字都能在 strBaseKeyword 中找到。这一判断过程可用如下代码实现:

```
private void KeywordCheck (string BaseKeyword, string BoxKeyword, out
bool IsContain)
{
IsContain = false;
string [] arrBaseKeyword = BaseKeyword.Split(' , ' );  //数据库中保
存的关键字
string [] arrBoxKeyword = BoxKeyword.Split(' , ' );  //待测关键字
for (int i = 0; i < arrBoxKeyword.Length;i++ )
{
    for (int j = 0; j < arrBaseKeyword.Length;j++ )
    {
     //只要数据库中存储的关键字字段包含待测关键字，认为符合查询条件
```

```
        if (arrBaseKeyword [j].IndexOf(arrBoxKeyword [i] )>-1)
      {
        IsContain = true;
        break;        }
    }
    if (IsContain == true)
    {
        break;     }
  }
}
```

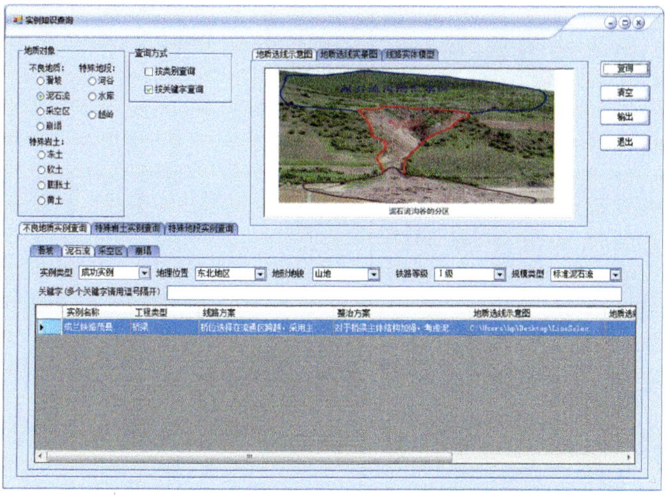

图 6-45　按关键字实例查询知识结果

(4)知识推理

知识推理包括两类:单纯知识推理和有方案背景的知识推理,即选线方案的推理评价。

①单纯知识推理

单纯知识推理,即无方案背景的知识推理,是按照选定的前提条件在知识库中检索与一个或多个前提条件相匹配的记录,并将该记录的结论部分作为最终的推理结果输出的过程,应用的推理窗体如图 6-46 所示。在推理前,应选择某一地质对象,同时在对应 tabControl 页面中填入推理前提信息,推理过程完成后,会将推理结果按照选线原则和方案建议显示在相应的文本框中。

地质对象小类 tabControl 中的页面与地质对象单选按钮存在一一对应的关系,即选择相应的单选按钮会打开对应的地质对象 Page,而当打开某个地质对象类的页面时,其所对应的单选按钮会更改为选中状态。

②选线方案的推理评价

选线方案的推理评价是将已录入的某个方案的推理前提信息置于知识库中进行推理检索,推理出该线路方案的各个问题段的位置描述、问题描述、方案建议等描述性信息和推理结论的过程。

首先在线路方案选择ComboBox中选择需要评价的方案,单击“推理”按钮开始推理,推理完成后,被推理方案的存在问题的线路里程段会显示在窗体左侧的TreeView中。右侧显示的是TreeView中被选中路段的相关信息和推理结果,包括位置描述、里程范围、存在问题描述和方案建议。

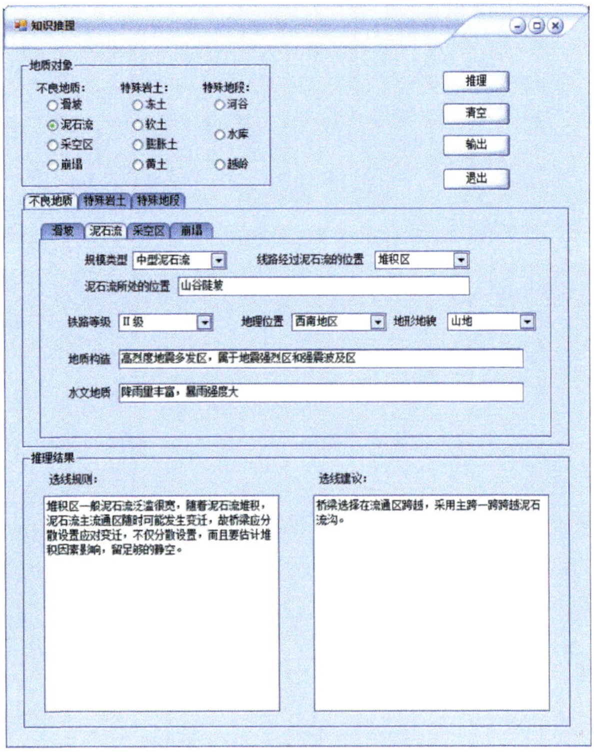

图 6-46　单纯知识推理

而实例参考按钮可以提供情况相符实例的查询和显示,若实例库中没有与该段情况相符的实例,则按钮不可用,如图6-47所示。

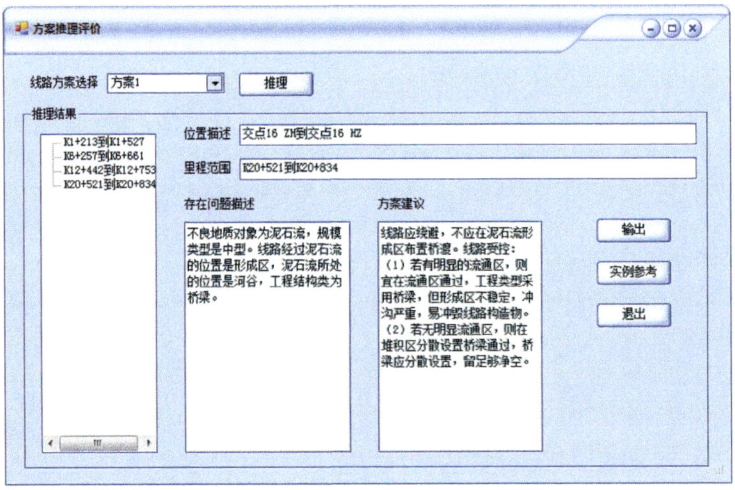

图 6-47　线路方案推理评价

7

基于地质三维建模的空间立体选线方法

基于已建立的矢量栅格一体化的地表地质环境、地下三维地质实体模型、超地图模型和地质知识库基础上，本章重点阐述基于地质三维建模的空间立体选线方法。通过对超地图模型的利用，获取地质对象信息，说明建立基于超地图模型的地质选线技术；通过对地质实体与线路实体的空间冲突关系计算，介绍基于地质实体对象建模的选线应用和局部地段线路构造物方案的比选方法，实现合理的设计和优化线路结构方案。在考虑不良地质和地质体模型基础上，以选线设计规范及其他相关技术条件为约束条件，以综合费用为目标函数，实现基于遗传算法的选线设计优化模型和决策。采用多目标决策模糊集理论，根据山区等地形地质复杂地区的选线设计的特点，从地质选线角度，建立复杂地质区域线路方案评价模型。

7.1 基于超地图模型的地质选线应用技术

三维地质环境超地图模型是由超地图工作区来建立，采用超目录结构来对工作区内的所有地质对象(信息)进行组织和管理。因此，建立选线超地图模型的前提是建立模型的超地图工作区，而建立超地图工作区的前提是确定其区域范围。超地图工作区区域范围的确定方式有交互式和自动式。

7.1.1 建立超地图工作区的方式

1. 交互方式

交互方式即选线工程师通过鼠标在三维地理环境中交互地确定一封闭区域为超地图工作区的区域范围，然后检索所有位于该区域内的地质对象、相应的地质知识以及地理水文等相关信息，建立超地图模型，并对这些信息进行分类，建立超目录结构，然后以超目录对这些对象（信息）进行组织和管理。选线工程师可对该区域内的地质、地理、水文等信息进行分析和评价。交互式确定超地图工作区的区域范围主要有点选和多边形两种方式，如图 7-1 所示。

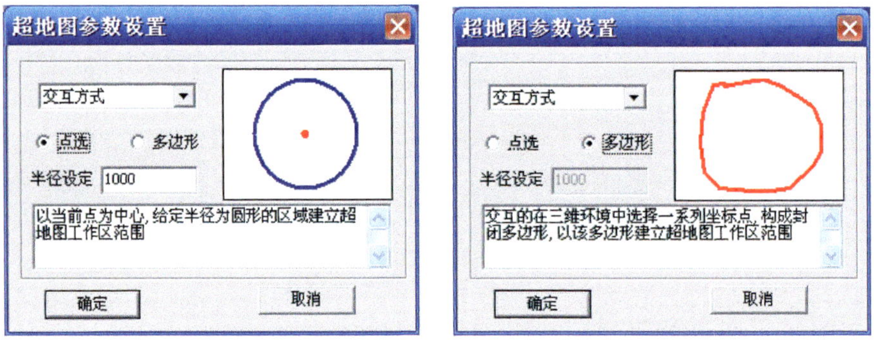

（a）点选方式　　（b）多边形方式

图 7-1　交互方式确定超地图工作区区域

2. 自动方式

在选线过程中，选线工程师对线路是否经过不良地质对象（区域）、地质灾害更为关心。自动方式即在选线过程中，随着选线设计的进行，自动地、动态地建立超地图区，以保证线路穿越任何不良地质对象（区域）和地质灾害时，选线工程师都能够实时地、自动地获取线路所处的地质条件和不良地质情况及其他相关信息，并进行分析和评价，从而做出合理的选线设计。因此，自动方式确定超地图工作区的区域范围以线路的前一设计交点和当前设计交点为起始边界，在线路中心线两侧一定区域范围内自动建立超地图工作区，随着设计过程动态建立。自动方式确定超地图工作区的区域范围主要有矩形和似菱形两种方式，如图 7-2 所示。

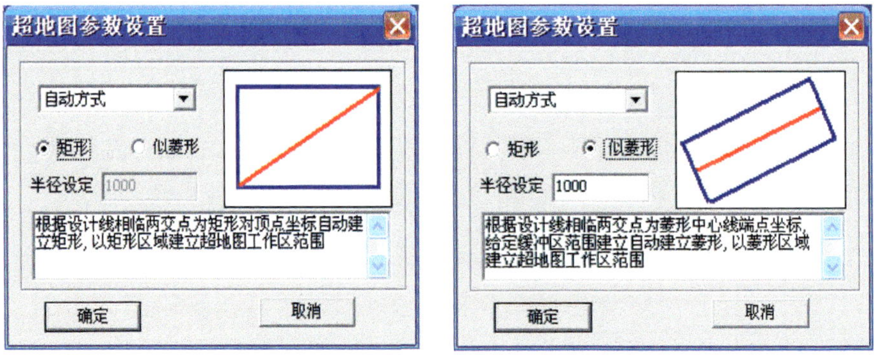

（a）矩形方式　　（b）似菱形方式

图 7-2　自动方式确定超地图工作区区域

自动方式主要以线路是否穿越不良地质对象(区域)和地质灾害为主要原则,这就涉及线路对象与地质对象空间关系的判断问题。算法如下:

(1)与线状不良地质对象相互关系的判断

线状不良地质对象可以认为是由一系列三维坐标点组成的多段直线段组成的,因此三维线路与线状不良地质对象的相互关系的判断即为三维线路与多段直线的相互关系的判断。若三维线路穿越线状不良地质对象,则必定会与其某一段空间直线段相交。问题转换为对两空间直线位置关系的判断,采用矩阵秩判断法判断,具体方法如下:

设三维线路直线段两端点为 P_1 和 P_2,线状不良地质对象由 N 个三维点组成,分别是为 P_{t1}, P_{t2}, …, P_{tN},如图 7-3 所示。分别判断空间线段 P_1P_2 与 $P_{t1}P_{t2}$, $P_{t2}P_{t3}$, …, $P_{tN-1}P_{tN}$ 之间的相交情况,以 P_1P_2 和 $P_{t1}P_{t2}$ 为例,具体过程如下:

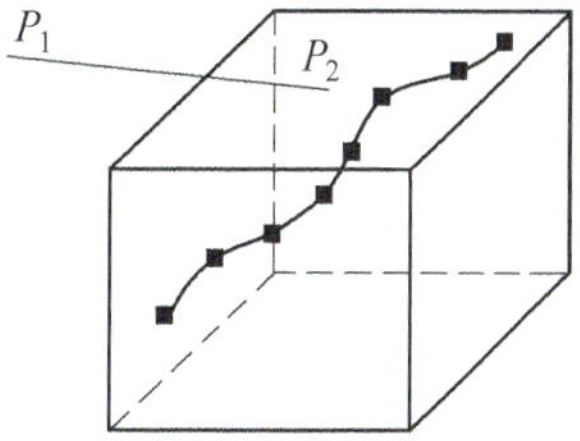

图 7-3　空间直线段位置关系

两空间直线可表示为

$$L_{P_1P_2}:\begin{cases}A_1x + B_1y + C_1Z + D_1 = 0\\A_2x + B_2y + C_2Z + D_2 = 0\end{cases}$$

$$L_{P_{t1}P_{t2}}:\begin{cases}A_3x + B_3y + C_3Z + D_3 = 0\\A_4x + B_4y + C_4Z + D_4 = 0\end{cases}$$

$$\boldsymbol{A} = \begin{bmatrix}A_1 & B_1 & C_1 & D_1\\A_2 & B_2 & C_2 & D_2\\A_3 & B_3 & C_3 & D_3\\A_4 & B_4 & C_4 & D_4\end{bmatrix}\quad \boldsymbol{B} = \begin{bmatrix}A_1 & B_1 & C_1\\A_2 & B_2 & C_2\\A_3 & B_3 & C_3\\A_4 & B_4 & C_4\end{bmatrix}$$

设矩阵 $\boldsymbol{A}$ 的秩为 $\boldsymbol{R}$,矩阵 $\boldsymbol{B}$ 的秩为 $\boldsymbol{S}$,则当 $\boldsymbol{R}=\boldsymbol{S}=3$ 时,两直线相交。

因此,与线状不良地质对象相互关系的判断的具体过程如下:

```
for (i=1; i<N; i++)
{
if (P1P2 与 PtiPti+1 相交)
{
    Break;  //退出循环
    return TRUE;  //返回真，表示相交，即线路经过线状不良地质对象
 }
return FALSE;  //返回假，线路直线与所有地质对象的所有直线段都不相交，
即线路不经过不良地质对象（区域）
}
```

(2)与面状不良地质对象相互关系的判断

针对面状不良地质对象的特殊性,其封闭的多边形区域并不共面,这大大增加了问题求解的难度。如果按照一般方法很难求解。因此,这里给出一种快速的、比较精确的求解方法。面状不良地质对象是一封闭、内部不共面的多边形区域,根据其边界三维坐标点,很容易求出最小最大 x, y, z 坐标,分别定义为 min$x$、min$y$、min$z$、max$x$、max$y$、max$z$。这样,就可确定一个最小立方体来包含该面状不良地质对象,如图 7-4 所示。

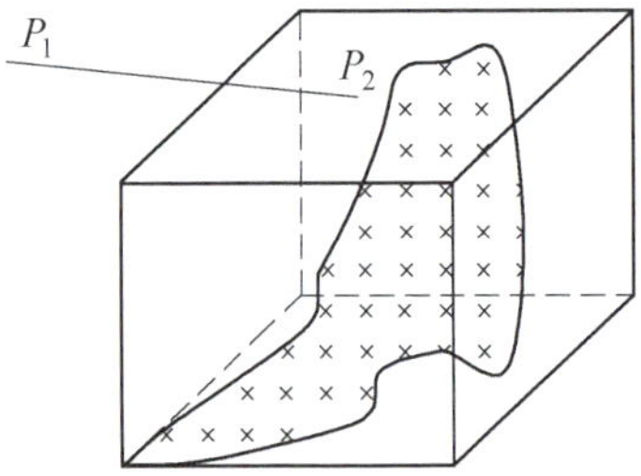

图 7-4　立方体包围盒示意图

设线路直线段的端点坐标为 $P_1(x_1, y_1, z_1)$ 和 $P_2(x_2, y_2, z_2)$。

判断规则如下:

1)满足以下三个条件之一:①$x_1<\min x$ and $x_2<\min x$;②$y_1<\min y$ and $y_2<\min y$;③$z_1<\min z$ and $z_2<\min z$,则线路直线段 P_1P_2 在立方体包围盒之外,不经过该面状不良地质对象。

2)满足以下三个条件之一:①$x_1>\max x$ and $x_2>\max x$;②$y_1>\max y$ and $y_2>\max y$;③ $z_1>\max z$ and $z_2>\max z$,则线路直线段 P_1P_2 在立方体包围盒之外,不经过该面状不良地质对象。

3)若 1)、2)均不满足,则线路直线段 P_1P_2 与立方体包围盒相交,此时还不能够确定是否与该面状不良地质对象相交,需要进入下一步验证。

设面状不良地质对象的边界由 N 个控制点组成,分别是 P_{t1}, P_{t2}, …, P_{tN},则分别判断线段 P_1P_2 与 $P_{t1}P_{t2}$, $P_{t2}P_{t3}$, …, $P_{tN-1}P_{tN}$ 之间的相交情况(按线状不良地质对象的相互关系判断方法)。具体过程如下:

```
for(i=1; i<N; i++)
{
  If(GetCross(P1P2, PtiPti+1)==TRUE)  //如果 P1P2 与 PtiPti+1 相交
  {
    Break;  //退出循环
    return TRUE;  //返回真，表示相交，即线路穿越不良地质对象（区域）
  }
  return FALSE;  //返回假，即线路不穿越不良地质对象（区域）
}
```

算法先通过立体包围盒直接排除未进入包围盒的情况,只有进入包围盒时,才进行线段是否相交判断。这样一来,将使计算量减少,能够快速确定在选

线设计时线路是否穿越(包括包含于)面状不良地质对象(区域),并做出实时响应,从而决定是否建立超地图工作区,这也是三维选线有效进行的需要和保证。

7.1.2 基于超地图模型的地质环境识别

不管是交互方式还是自动方式,都涉及对空间地质对象的识别,即如何判断位于工作区范围内的地质对象和其他与选线设计相关的信息。其中交互方式的点选方式判断较为简单,可以转换为点点之间距离的判断问题;交互方式的多边形方式和自动方式的矩形、似菱形方式则涉及直线、多边形与多边形空间关系判断问题。

(1)点点关系判断

交互方式的点选方式即属于这一种,它通过判断各地质对象空间边界坐标点与圆心的距离 D,凡是小于或等于所设定的半径 R,即可确定该对象位于工作区范围内。其流程可用以下伪代码表示:

```
for(long i=1; i<=M;i++)
{
  for(long j=1;j<=Conpts(i);j++)
  {
    dij=GetDistence(Pti,j,Pcenter)  //求解第 i 个地质对象的第 j 个边界
点与圆心的距离
    if(dij<=R)  //如果小于或等于 R
    {
      SaveToArray();  //保存该地质对象信息
      break;  //退出当前第 i 个地质对象的判断
    }
  }
}
```

(2)直线、多边形与多边形关系判断

采用的算法是将直线、多边形与多边形关系判断问题转换为点与多边形空间关系判断问题,即只要地质对象边界上有一点位于工作区多边形范围内或边界上,即可认为该地质对象位于工作区范围内。其流程可用下面伪代码表示:

```
for(long i=1; i<=M; i++)
{
    for(long j=1;j<=Conpts(i);j++)
```

```
    {
    //求解第 i 个地质对象的第 j 个边界点是否位于工作区多边形范围内或边
界上
    BOOL m_bIn=PtInRegion(Pti,j,* Pts)
    if(m_bIn==TRUE)  //如果位于内部或边界上
      {
       SaveToArray();//保存该地质对象信息
       break; //退出当前第 i 个地质对象的判断
      }
    }
  }
```

7.1.3 基于超地图模型的选线应用

通过超地图模型的地质环境识别技术,能够为工程师交互的对地质环境进行识别,并将识别的地质等信息以超地图模式向工程师提供。图 7-5、图 7-6 和图 7-7 显示了点选、矩形和多边形方式的应用实例,图 7-8 显示了基于地质环境识别技术自动建立的超地图模型实例。

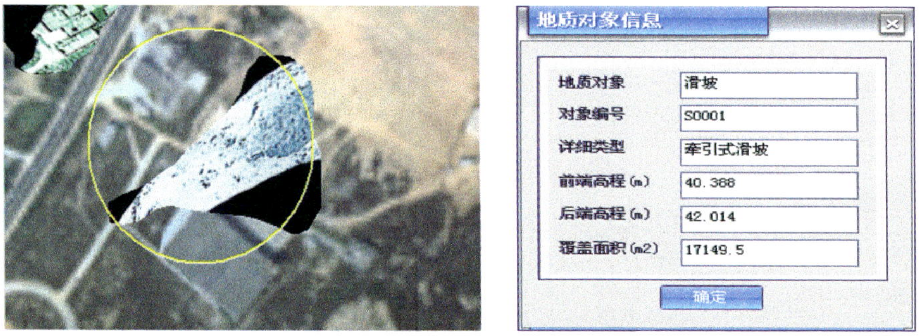

图 7-5 超地图模型——点选模式应用

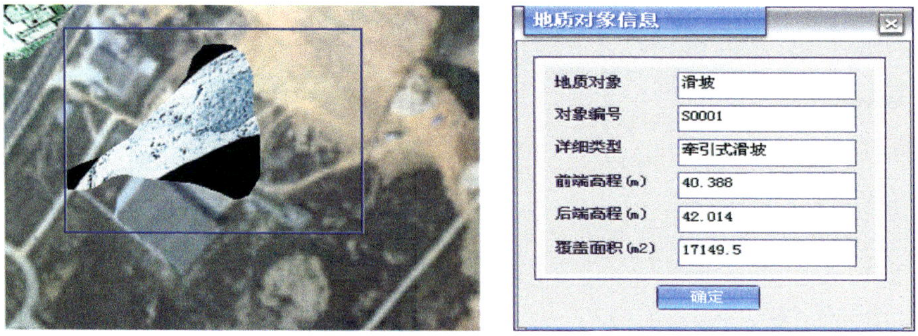

图 7-6 超地图模型——矩形方式模式应用

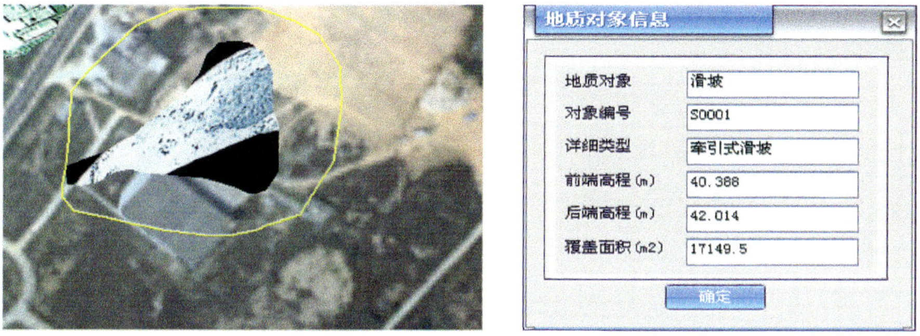

图 7-7　超地图模型——多边形模式应用

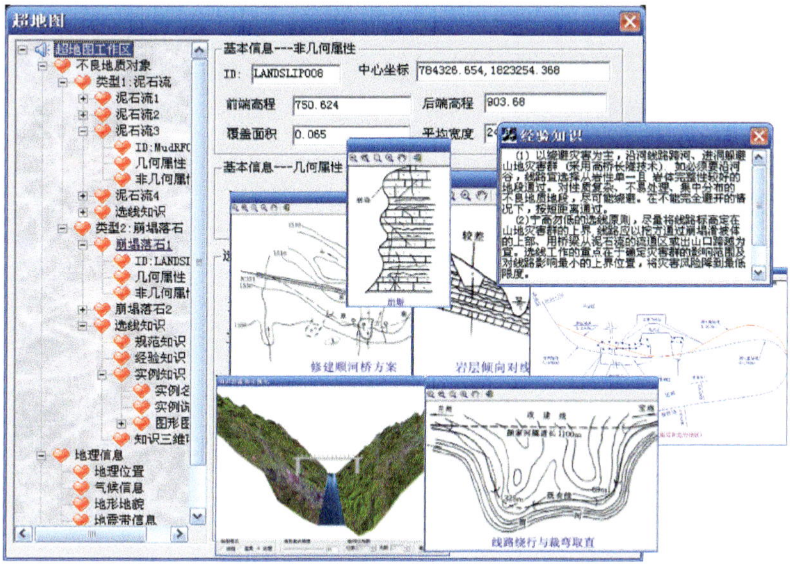

图 7-8　超地图模型的应用实例

7.2　方案线实体自动化建模方法

地质选线过程中，为了快速分析比较地质实体对象与线路实体的空间关系，确定合理的方案线结构物形式，选线方案的自动化实体建模显得尤为重要。本节针对在三维地质环境中，线路中线拟定后，对方案线路基、桥梁、隧道段实体自动化建模方法开展研究。

7.2.1　路基段建模方法

路基实体模型，主要由基床模型、排水沟模型和边坡模型组成。在实际建模过程中，路基段各模型的建模可以根据设计线路基横断面控制点相连生成。因此，主要分析路基横断面的自动生成。以一般标准路基横断面为例分析。

1. 标准路基的组成

当线路设计中线在三维空间位置确定后，根据铁路线路的组成，设置道床顶面宽度、砟肩至砟脚的水平距离、路肩宽度后，根据预先设定的横断面内插间距，自动从线路方案的起始里程到终点里程内插出所有横断面，计算出每个横断面的各组成部分的左右侧三维坐标后，则线路横断面即可确定。下面以单线铁路直线地段标准路基面为例加以说明(图 7-9)。

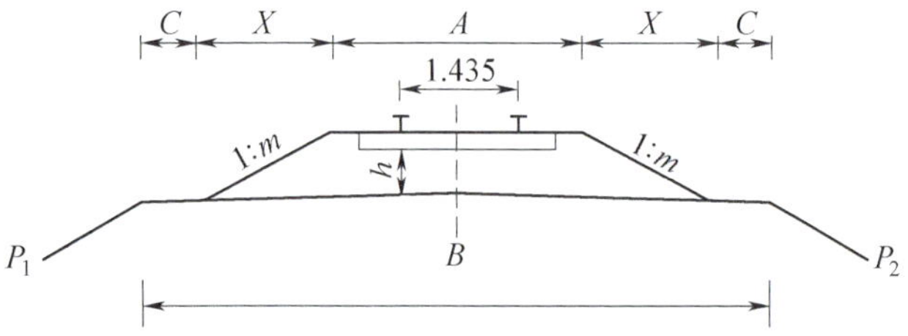

图 7-9　单线铁路直线地段标准路基面宽度(单位：m)

(《铁路路基设计规范》TB 10001—2016)

注：A——单线地段道床顶面宽度(m)；

m——道床边坡坡率：轻型轨道为 1∶1.5，其余为 1∶1.75；

h——道床厚度(m)；

C——路肩宽度(m)，路堤 0.8 m，路堑 0.6 m；

X——砟肩至砟脚的水平距离；

B——路基面宽度为：$B = A + 2X + 2C$。

根据以上要求计算确定的路基面最小宽度为：单线铁路不小于 6.7 m；双线铁路 160 km/h 不小于 11.9 m(其他不小于 11.7 m)。

2. 边坡模型自动计算

图 7-9 中左右侧的 P_1 和 P_2 点即为路基左右侧的边缘点，通过比较路基边缘点的高程与垂直方向地面的高程来确定路基两侧是填方、挖方或填挖平衡。

以路基左侧 P_1 点为例，设其高程为 Z_{P1}，通过内插其正下方地面点的高程为 Z_m。分为以下三种情况：

①$Z_{P_1} < Z_m$，为挖方，即为路堑或隧道；

②$Z_{P_1} > Z_m$，为填方，即为路堤、桥梁或涵洞；

③$Z_{P_1} = Z_m$，此时线路边缘点刚好与地面相交，即边线在与地表曲面三角片内(重合)，可能是挖方，也可能是填方。需要做倾斜角为 α 的向上的平面与临近的三角片相交，和做倾斜角为 β 的向下的平面与临近的三角片相交，决定是挖方或填方，α、β 为挖方和填方的边坡角度。

按上述方法计算出路基边缘坐标点和确定挖方和填方后，按如下规则建立边坡模型：

①确定标准的填方边坡、挖方边坡形式；

②依据标准边坡的形式，逐点进行放坡，直到得到与地面相交为止。

这里采用迭代方法计算各边坡点与地面交点坐标，方法如下：

以填方边坡 AB 段为例，若 B 点数模内插值 $Z_m<Z_B$，则按设定的坡率和取定的间距的向下累计，并逐点内插相应位置的高程值 Z_m，直到 $|Z_m-Z_B|<=\varepsilon$，ε 为设定的阈值。地面的高程都是以米为单位，如当 $\varepsilon=0.000\ 1$，即认为 $|Z_m-Z_B|$ 相

差 0.1mm 可认为已找到边坡线与地面交点。这样计算出来与地面的交点坐标的精确度是比较高的。

根据线路规范设置初始边坡模型建立规则,其中各参数可调整,这里只给出在给定参数的情况下,自动建立边坡模型的方法。

(1)路堑设置规则

1)先计算 1 级边坡(1∶1),最大高度为 h_{maxLQ_1}(m),计算对应点的地面高程。若刚好相交于地面,表明只需要设置一级边坡,边坡高度 $h_{lq}=h_{maxLQ\_1}$(m);若高程超过地面高程,说明该断面的路堑边坡 $h_{lq}<h_{maxLQ\_1}$(m),直接按迭代计算与地面交点坐标,否则转入 2)。

2)在计算 h_{maxLQ_1} 后,仍低于地面高程,说明需要设置二级边坡(1∶1.5),按最大高度 h_{maxLQ_2}(m) 计算,若刚好相交于地面或高程已经超过地面高程,说明该断面的路堑二级边坡 $h_{lq}<h_{maxLQ\_2}$,直接迭代计算与地面交点坐标,否则转入 3)。

3)在设置二级边坡 h_{maxLQ_2}(m)后,还未与地面相交,则取消边坡,直接设置护墙(1∶0.3),按如下规则进行:

设护墙允许的最小、最大高度为 h_{minhq}(m)、h_{maxhq}(m),先计算护墙高度为 h_{maxhq}(m)时,对应的地面高程 H 和地面高程 h_{dm}。

①若 $H \geqslant h_{dm}$ 时,说明设置护墙高度在 h_{minhq}(m) ~ h_{maxhq}(m) 内,则从 $h=h_{minhq}$ 开始,迭代计算与地面交点坐标,直到与在地面高程差小于设置的阈值 ε 时,说明护墙此时的高度 h' 为所求高度,然后在护墙上设置一级边坡(1∶1.5)即可。

②若 $H<h_{dm}$,则护墙直接按最大高度 h_{maxhq} 设置,然后设置一级边坡(1∶1.5),设允许的最小、最大高度为 h_{minbp}、h_{maxbp},当按 h_{minbp} 高度设置边坡时,边坡点的高程高于地面高程,说明在护墙上只需要设置一级边坡即可,从最小边坡高度 h_{minbp} 开始,迭代计算与地面交点坐标;若低于地面高程,则设置二级边坡(1∶1.25),计算与地面交点坐标方法同一级边坡。

(2)路堤设置规则

先计算 1 级边坡(1∶1.5),设最大高度为 h_{maxLT_1}(m)m,按 h_{maxLT_1} 高度计算对应边坡点高程 h_{LT} 和地面点的高程 h_{dm}。

1)若 $h_{LT} \leqslant h_{dm}$,说明只需要设置一级边坡即可,则从边坡高度由 0 开始,逐步按步长增加,迭代计算与地面交点坐标。

2)若 $h_{LT}>h_{dm}$,说明需要设置二级边坡(1∶1.75),设二级边坡允许的最小、最大高度为 h_{minLT_2}(m)、h_{maxLT_2}(m),先按 h_{maxLT_2} 高度设置边坡,计算对应的边坡点高程 H 和地面点高程 h_{dm}。

①若 $H \leqslant h_{dm}$ 时,说明只需要设置二级边坡即可,从最小边坡高度 h_{minbp} 开始,迭代计算与地面交点坐标;若高于地面高程,则设置二级边坡(1∶1.25),计算与地面交点坐标方法同一级边坡。

②若 $H \leqslant h_{dm}$ 时,由二级边坡点还未与在地面相交,需要设置挡墙(1∶0.25),按如下规则进行:

设挡墙允许的最小、最大高度为 h_{mindq}(m)、h_{maxdq}(m),当按 h_{maxdq} 高度设置挡墙时,能够与地面点相交,则取消二级边坡,直接在一级边坡下设置挡墙;否则保留二级边坡,在二级边坡下设置挡墙。具体挡墙设置方法与路堑的护墙方法相同,不再叙述。当计算完成每个内插横断面的边坡坡脚点后,顺序连接逐桩边坡的特征点、边坡坡脚点,即可建立路基段的三维模型。

根据无砟轨道双线硬质岩路堑标准横断面,构建路堑实体模型,路堑边坡设置为一级边坡,如图 7-10 所示。

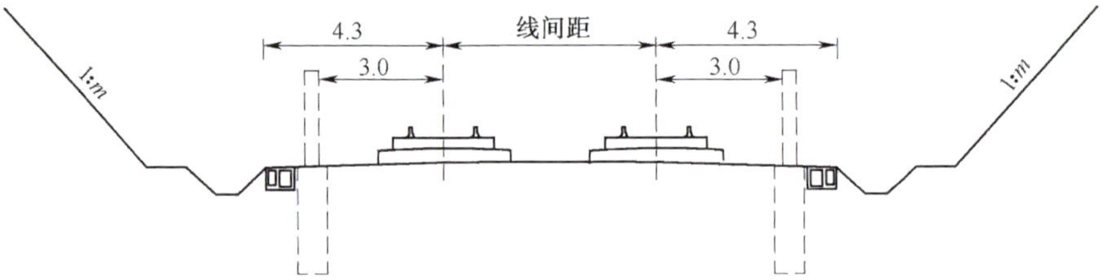

(a)无砟轨道双线硬质岩路堑标准横断面示意图(单位:m)
(《高速铁路设计规范》TB 10621—2014)

(b)路堑实体模型(带无砟轨道)

图 7-10　无砟轨道双线硬质岩路堑标准横断面及实体模型

在地质选线系统三维场景中,通过修改路基面参数、边坡参数,生成不同的路基段实体模型。路堤、路堑的边坡参数设置界面如图 7-11 所示,实际场景中的路基段三维实体模型建模效果如图 7-12 所示。

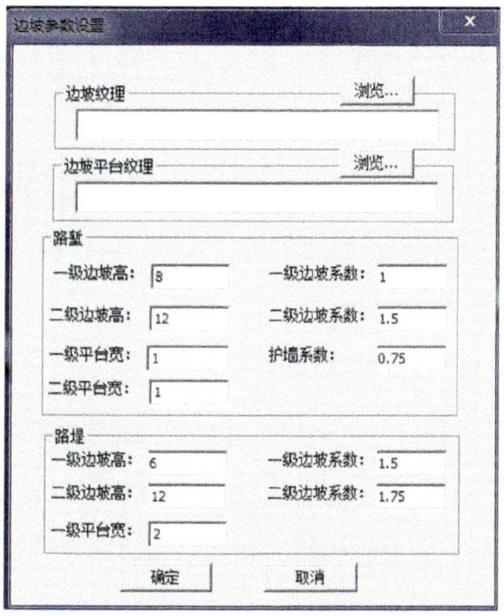

图 7-11 路基参数设置

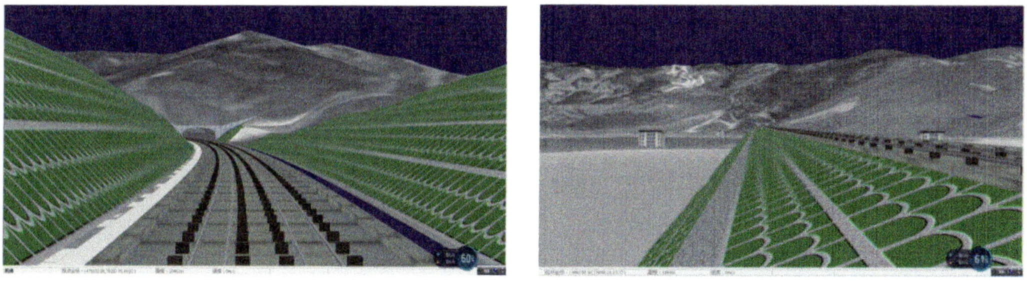

图 7-12 路基段三维实体建模

7.2.2 桥梁段建模方法

桥梁段建模与路基段建模不同,桥梁模型的结构形式较复杂,一般通过调用外部桥梁构件模型,组合形成桥梁模型。铁路桥梁实体模型主要由下部结构模型(桥墩模型、桥台模型、锥坡护坡模型)、上部结构模型(各式样的桥跨模型)、桥面结构模型(栏杆模型、伸缩缝模型等)组成。由于此处是通过设计线参数自动建模,如果没有设置专门的桥梁配置参数将默认选择采用简支桥型进行自动建模。简支桥梁模型默认配置桥墩、简支箱梁、桥台和栏杆模型。

建模过程如下:

(1)根据默认或者配置的参数选择模型基元,根据模型编码 ID 读取数据库中的模型,并记录相应的模型 x、y、z 尺寸和模型原点信息。

(2)梁的架设:根据记录的梁尺寸和对应的梁配置信息,计算梁模型 x、y、z 三个方向的缩放比例,根据缩放比例对模型进行缩放操作;根据线路中线数据计算梁的放置位置,将梁模型原点设置到该位置。再根据线路方位角、坡度设计信息等设计资料计算模型 x、y、z 三个方向的旋转角度，根据旋转角度对模型进行旋转操作；这样就完成了一片梁的架设工作，循环处理该过程，即可完成梁的架设。

(3)墩台的放置：根据记录的墩台尺寸和对应的实际墩台大小配置要求，计算墩台模型 x、y、z 三个方向的缩放比例，其中 z 方向缩放需要根据桥梁底部到地面的距离进行设置，计算好之后，根据缩放比例对墩台进行缩放操作；根据跨度配置信息计算墩台的放置位置，将墩台模型原点设置到该位置。根据该位置处的线路方位角计算模型 z 方向的旋转角度，根据旋转角度对模型进行旋转操作，此处由于默认墩台垂直放置在地面上，所以沿 x、y 轴的旋转角度都为 0；通过这些操作就完成了墩台的放置工作，根据墩台数目，循环处理该过程，即可完成墩台的建模。

(4)桥上围栏的配置：桥上围栏的配置方法与梁的类似，不同的是配置数目要多，且左右两侧都需要配置。

桥梁实体模型建模全部通过调用外部构件基元模型自动化组合形成，其关键是要设置好基元模型的空间约束关系。

基元模型的空间约束关系的确定主要需要控制三个参数，即基元模型放置位置、缩放大小和旋转角度。实体模型的组合匹配，不管使用什么三维引擎，基元模型调用组合方法都基本相同。

其步骤如下：

①根据唯一标识的模型基元编码 ID 读取所需的模型；

②解析模型，读取模型信息并记录其 x、y、z 尺寸和模型原点位置；

③根据记录的模型尺寸和对应的线路或桥隧设计资料规定的实际尺寸，计算模型 x、y、z 三个方向的缩放比例，根据缩放比例对模型进行缩放操作；

④根据构造物设计参数计算模型的实际放置位置，将读取的模型放置在该位置处；

⑤根据线路方位角、坡度设计信息等设计资料，计算模型 x、y、z 三个方向的旋转角度，根据旋转角度对模型进行旋转操作；

⑥最后将设置好的基元模型添加到构造物整体模型中。

上述步骤在计算模型 z 方向缩放比例和 x、y 方向旋转角度时，需要注意的是有部分模型需要垂直放置在地面上，比如桥墩、桥台，其 z 方向比例等于梁底到地面距离除以模型 z 方向尺寸，且 x、y 轴的旋转角度都为 0。

根据上面的方法步骤，以 OSG 图形渲染引擎为例，实现基元模型调用组合的核心代码如下：

```
//根据基元模型编码 ID 读取库中模型节点
readModelfromDB( m_node_id );
//读取模型后，记录模型 x、y、z 尺寸
double m_xMax;double m_yMax;double m_zMax;
//定义模型 x、y、z 方向比例,默认为 1;
double m_xscale=1; double m_yscale=1; double m_zscale=1;
//在循环中定义模型变换矩阵
osg::PositionAttitudeTransform* m_unitmodepat = new osg::Position-
AttitudeTransform();
//设置模型局部坐标原点位置偏移
float m_pian_x;
float m_pian_y;
float m_pian_z;….
m_unitmodepat ->setPivotPoint(m_pian_x,m_pian_y,m_pian_z);
//根据构造物设计资料计算基元模型的三维坐标
osg::Vec3 m_Center; //基元模型三维空间坐标
m_unitmodepat ->setPosition(m_Center); //设置放置位置
//根据构造物设计资料计算基元模型的旋转角度
float m_Angle_x;//沿 x 轴的旋转角度，单位弧度
float m_Angle_y;//沿 y 轴的旋转角度，单位弧度
float m_Angle_z; //沿 z 轴的旋转角度，单位弧度
……
osg::Quat new_rotatex; //控制 x 方向旋转
osg::Quat m_rotation= m_unitmodepat ->getAttitude();//得到旋转角度
new_rotatex.makeRotate(m_Angle_x, osg::Vec3d(1,0,0)); //沿 x 轴的旋转
m_rotation = m_rotation* new_rotatex;
osg::Quat new_rotatey; //控制 y 方向旋转
new_rotatey.makeRotate(m_Angle_y, osg::Vec3d(0,1,0)); //沿 y 轴的
旋转
m_rotation = m_rotation* new_rotatey;
osg::Quat new_rotatez; //控制 z 方向旋转
new_rotatez.makeRotate(m_Angle_z, osg::Vec3d(0,0,1)); //沿 z 轴的旋转
m_rotation = m_rotation* new_rotatez;
m_unitmodepat ->setAttitude(m_rotation); //设置旋转角度
//根据 x、y、z 比例设置模型大小
m_unitmodepat ->setScale(m_xscale,m_yscale,m_zscale); //设置缩放
大小
```

```
//添加变换好的基元模型矩阵 m_unitmodepat
osg::ref_ptr<osg::LOD> m_lod = new osg::LOD();
m_lod->addChild(m_unitmodepat,mindistance,maxdistance);
//将 lod 节点添加到场景中
myScene->addChild(m_lod);
```

实际建模过程中,不同的桥梁结构形式,需要进行桥梁配置参数设置,桥梁参数设置界面如图 7-13 所示。实际场景中的桥梁实体模型建模效果如图 7-14 所示。

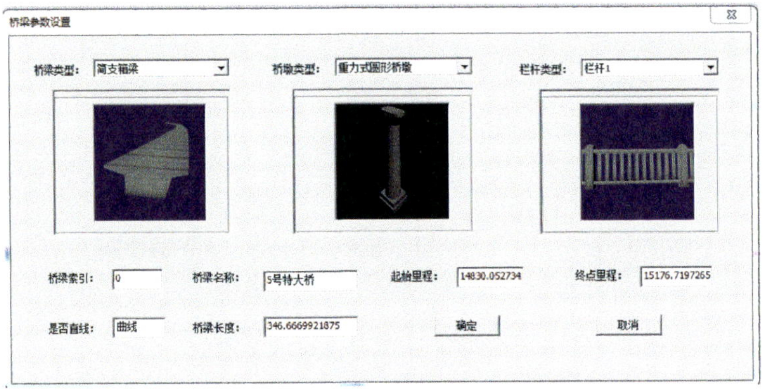

图 7-13　桥梁建模参数设置

图 7-14　桥梁段中承式拱桥实体模型

7.2.3　隧道段建模方法

针对方案线实体自动化建模的隧道段实体模型主要由洞门模型和洞身模型组成。洞门模型的建模方法可以采用调用外部模型建模,与桥梁建模方法类似。洞身模型采用参数化建模方法,通过预置断面形式,计算隧道断面相连接形成。隧道段建模分析如下:

(1)隧道横断面形式的确定

隧道断面通常采用圆弧拱、矩形、梯形拱、三心拱等基本形状,有时结合地质条件或其他工程情况,也可选择圆形、多边形等类型。隧道自动化建模默认预置的断面形式为圆弧拱,以圆弧拱为例进行建模方法分析。图 7-15 为圆弧拱形隧道的断面,利用圆弧拱宽度 W 和腰高 h 就可以确定断面的形状,以宽度的一半为圆弧半径 R。为了在三维环境下表达隧道断面,可将拱顶的圆弧部分用线段逼近的方法表达。

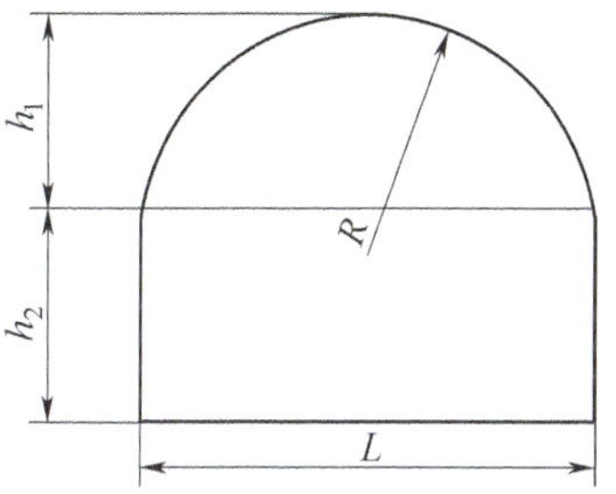

图 7-15　隧道起始位置横断面

图 7-15 中参数说明如下:

h_1——隧道圆弧的顶端高度(>0);

h_2——隧道立面高度(≥0);

L——隧道宽度(>0)。

圆弧半径的计算公式为

$$由\ R^2=\left(\frac{L}{2}\right)^2+(R-h_1)^2,解得\ R=\frac{L^2}{8h_1}+\frac{h_1}{2}$$

当圆弧高度大于圆弧半径时如图 7-16(a)所示,设计竖墙并不合理,取消断面竖墙,横断面直接设计成圆形断面,隧道采用圆形断面形式,如图 7-16(b)所示。

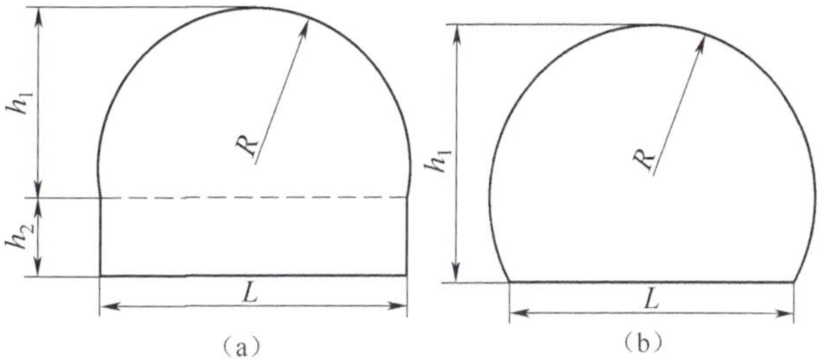

图 7-16　隧道起始位置横断面——圆形

此时圆弧半径计算公式为

$$R^2=\left(\frac{L}{2}\right)^2+(h_1-R)^2,解得\ R=\frac{L^2}{8h_1}+\frac{h_1}{2}$$

圆弧半径 R 只与圆弧高度 h_1 有关。通过 h_1 与 R 之间在关系,确定隧道横断面的形式。即

$h_1 \leqslant R$ 时,绘制断面立墙,隧道断面为圆弧+立墙断面形式,如图 7-16(a)所示;

$h_1 > R$ 时,不绘制断面立墙,隧道断面为圆形断面形式,如图 7-16(b)所示。

(2)圆弧拱断面形式计算

隧道顶端圆弧实现的方法是:以隧道圆弧高度为椭圆短轴,隧道宽度为椭圆长轴,采用椭圆方程,根据隧道圆弧分段数量计算组成顶端圆弧各内插点的三维坐标,将内插点连接起来,构成隧道顶端圆弧。

在绘制隧道内部时,分以下三部分:

①通过相临隧道两断面的坐标数据,以矩形绘制左侧立墙面;

②通过相临隧道两断面的坐标数据,以矩形绘制右侧立墙面;

③通过相临隧道两断面的圆弧数据两两连接,以多边形方式绘制,如图 7-17所示。

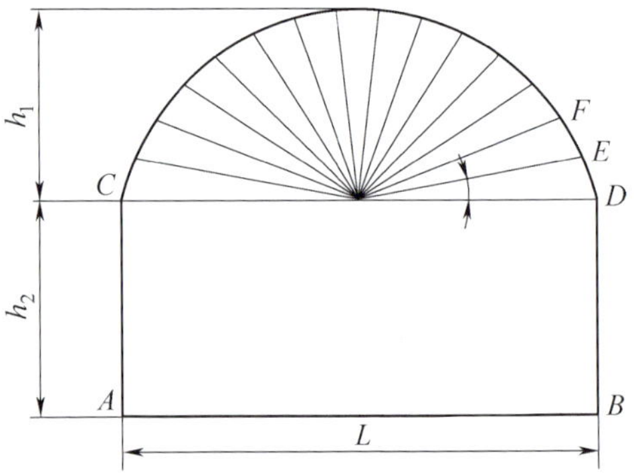

图 7-17 圆弧拱断面坐标计算图

椭圆参数计算公式如下:

A 点和 B 点坐标即为线路断面边界点坐标,可由线路设计结果数据获得。设 A 点和 B 点坐标分为:(X_A, Y_A, Z_A) 和 (X_B, Y_B, Z_B)。

C、D 点计算坐标如下

$$\begin{cases} X_C = X_A \\ Y_C = Y_A + h_2 \\ Z_C = Z_A \end{cases} \qquad \begin{cases} X_D = X_B \\ Y_D = Y_B + h_2 \\ Z_D = Z_B \end{cases} \tag{7-1}$$

椭圆参数计算如下

椭圆长轴 $a = L/2$

椭圆短轴 $b = h_1/2$

椭圆圆心坐标 (X_0, Y_0, Z_0) 计算如下:

$$\begin{cases} X_0 = \dfrac{(X_C + X_D)}{2} \\ Y_0 = \dfrac{(Y_C + Y_D)}{2} \\ Z_0 = \dfrac{(Z_C + Z_D)}{2} \end{cases} \tag{7-2}$$

则椭圆方程为

$$\frac{(x - X_0)^2}{a^2} + \frac{(y - Y_0)^2}{b^2} = 1 \tag{7-3}$$

椭圆可以参数化表达为

$$\begin{cases} x = X_0 + a\cos t \\ y = Y_0 + b\sin t \end{cases} \quad (-\pi \leqslant t \leqslant \pi) \tag{7-4}$$

将上部椭圆分割为 n 等份,分割点坐标计算公式如下:

以 E 点为例,其三维坐标计算如下:

$$\begin{cases} X_E = X_0 + a\cos\theta\cos\beta \\ Y_E = Y_0 + b\sin\theta \\ Z_E = Z_0 - a\cos\theta\sin\beta \end{cases} \tag{7-5}$$

F 点坐标计算如下：

$$\begin{cases} X_F = X_0 + a\cos2\theta\cos\beta \\ Y_F = Y_0 + b\sin2\theta \\ Z_F = Z_0 - a\cos2\theta\sin\beta \end{cases} \tag{7-6}$$

其他分割点坐标可参照依次计算。

β：隧道横断面与 X 轴的交角，表示断面与 X 轴的逆时针方向旋转角度。

这样，相临两断面连接构成隧道三维断面，隧道顶端圆弧连接示意图如图 7-18 所示，平面展开图如图 7-19 所示。

按照上述方法建立的隧道三维建模线框图如图 7-20 所示。

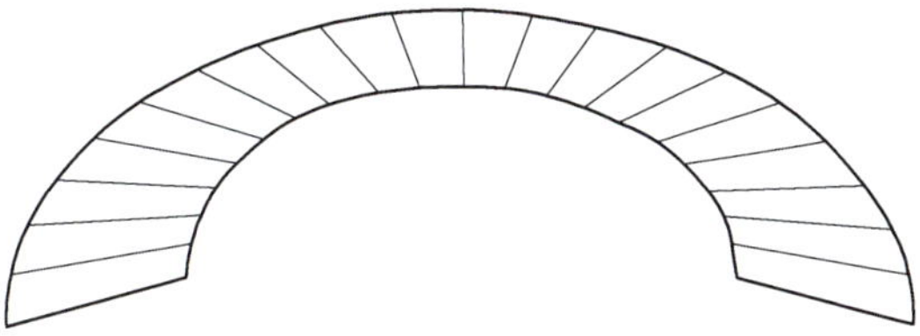

图 7-18　隧道顶端圆弧连接示意图

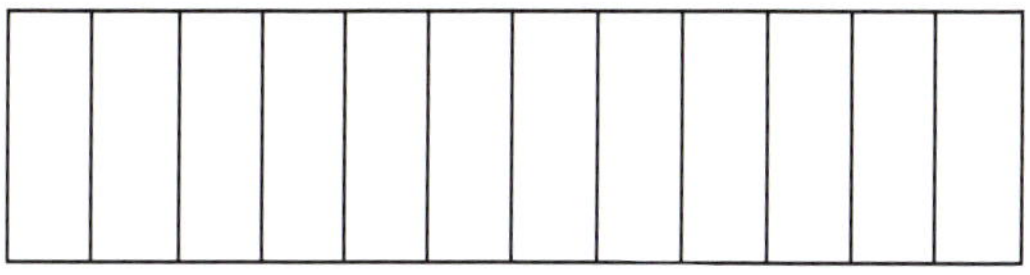

图 7-19　隧道顶端圆弧平铺示意图

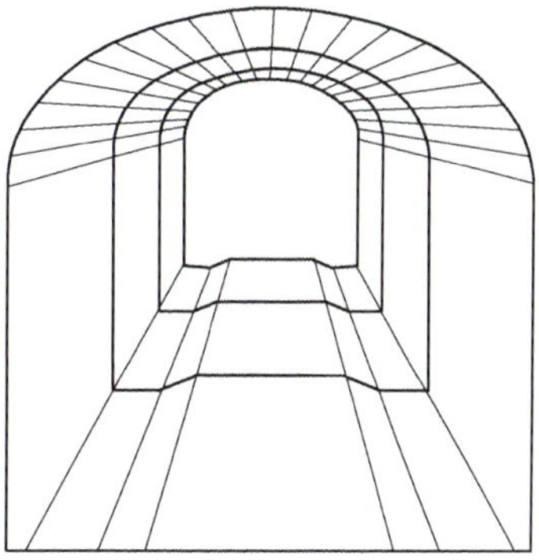

图 7-20　隧道三维建模线框图

(3)隧道洞身数据结构设计

定义如下数据结构来表示隧道洞身结构参数：

```
typedefstruct
{
    double H;                   //隧道总高度(顶端圆弧+侧面立墙)
    double H1;                  //隧道顶端圆弧的高度
    double H2;                  //隧道侧面立墙的高度
    double W;                   //隧道总宽度
    int ArcNumber;              //隧道圆弧分段的数量,越大,隧道圆弧越光滑
    double x1,y1,z1;            //隧道左侧立墙底面的三维坐标
    double x2,y2,z2;            //隧道右左侧立墙底面的三维坐标
    float angle;                //隧道洞门的旋转角度
    int  style;                 //类型：1：圆弧拱断面形式 2：圆形断面形式
}Tunnel3DModel;
```

(4)隧道参数设置实现

通过设置隧道的立墙高度、圆弧高度、隧道宽度、圆弧分段数、隧道顶端两侧延伸宽度等参数,实现不同参数下的隧道三维建模效果。参数设置如图 7-21 所示,实际场景中建模效果如图 7-22 所示。

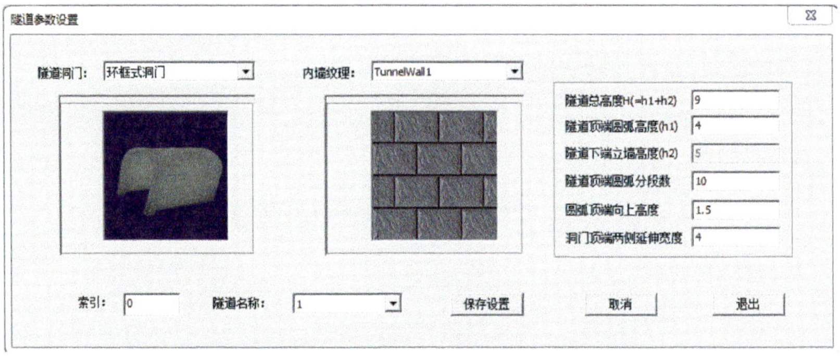

图 7-21　隧道建模参数设置

(a)隧道内部效果　　(b)隧道柱式洞门

图 7-22　隧道段三维实体建模

7.3　基于地质实体与线路实体空间冲突分析的选线应用技术

本节通过以网格划分地质区域、构建线路和地质对象 AABB 包围盒(Axis Aligned Bounding Box,轴对齐包围盒)和 OBB 包围盒(Oriented Bounding Box,有向包围盒)来解决线路与地质对象二者的空间冲突问题,判断检测出线路与地质对象的空间关系,并对线路经过地质对象的具体部位做出判断,最后根据知识库和线路结构推理是否符合规范,不符合规范的设计给出相应的建议。

7.3.1　网格划分

不同对象之间的两两直接冲突测试往往计算代价过高,最快速的方法是将两两测试锁定于可能出现相交的近距离对象上。网格划分由于其实现上的简洁性成为空间划分算法中常用的一种。

在大范围的带状铁路地质选线区域中,利用空间划分技术中的格网划分,将含有地质对象的空间区域划分成合适的均匀的格网区域,选择适当的单元尺寸,网格单元不能过于稀疏或紧凑,尽量使地质对象包围在一个个划分的网格内。经网格划分后,每个地质对象都将与其覆盖的网格单元关联,赋予每个网格相应的编号,不同的网格编号下对应一定的地质对象,如图 7-23 所示。

首先利用这种粗略的测试方案快速判断线路是否经过网格,线路穿过网格,如图 7-24 所示。记录每个网格对角点的坐标信息和线路折线每个点的坐标信息,判断线路是不是穿过网格。判断直线上是不是有一点(x_0,y_0),x_0在x_1,x_2之间,同时y_0在y_1,y_2之间;或者线路恰好通过某一角点,即存在(x_0,y_0)与角点坐标相同。

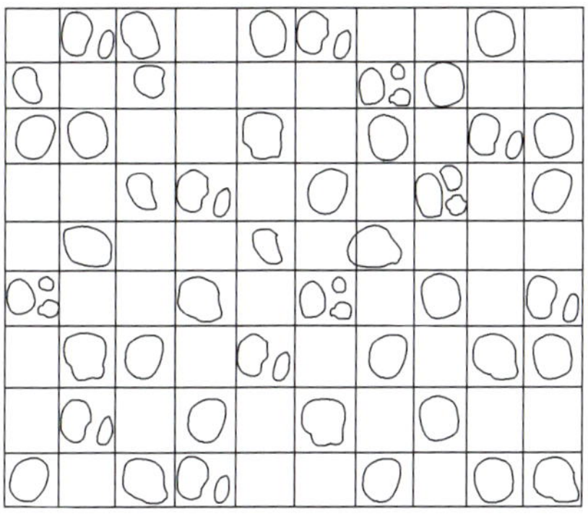

图 7-23　网格划分示意图

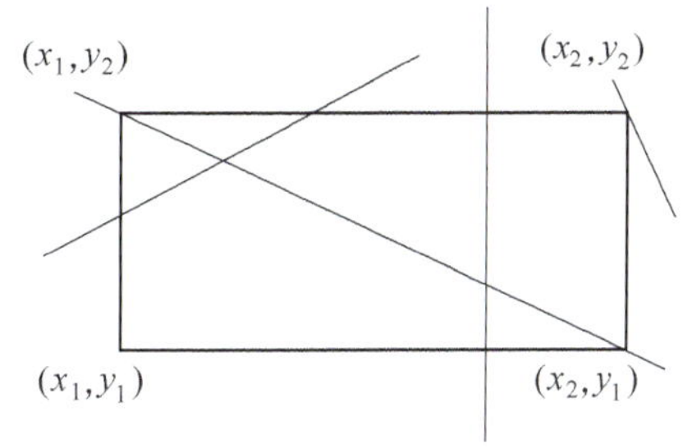

图 7-24　线路穿过网格示意图

当判定线路穿过网格且网格内有地质对象时,则首先对线路和地质对象构造 AABB 包围体测试是否碰撞、冲突,而非直接对两者执行碰撞测试,即先采用 AABB 的粗糙碰撞剔除,然后利用 OBB 进行精细测试判断。

7.3.2　基于 AABB 的碰撞检测

在虚拟的三维地质环境场景中,对于线路与地质对象的相交测试较复杂,而考虑到包围盒间的相交测试比两两对象测试碰撞简单,可以快速消除彼此远离、不可能相交的对象。轴对齐包围盒(AABB,即 Axis Aligned Bounding Box)又称矩形包围盒,鉴于 AABB 包围盒的构造比较简单,而且对于不规则体的紧密性较 OBB 差,即冗余空间大,利用它的特点来做第一次的快速测试,剔除,即仅执行相对应的坐标值之间的相互比较。因此,在已知线路已经通过网格且网格内有地质对象时,判断线路是否与网格内的地质对象相交,首先进行 AABB 包围盒的粗糙碰撞检测。如果三维地质对象的轴对齐包围盒彼此不相交,那么对于不规则的多面体包围体,就不用进行下一步耗时的相交查询操作步骤,可以执行快速的剔除测试。这也体现了包围体的核心理念:优先选择使用代价低廉的测试类型,并且尽量使测试提早退出。AABB 包围盒示意图如图 7-25 所示。

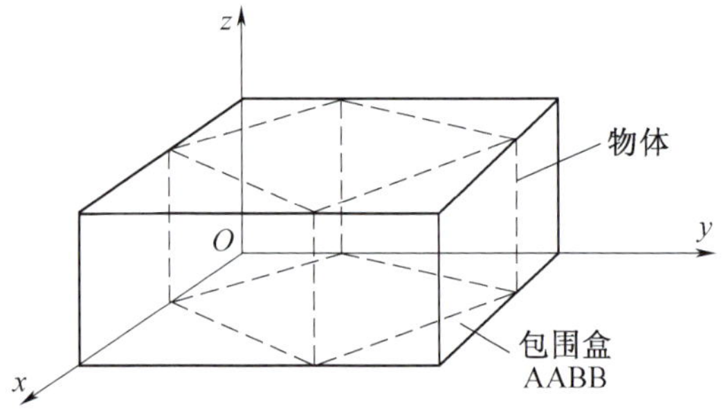

图 7-25　AABB 包围盒示意图

AABB 在 3D 空间中,是一个六面盒状长方体。在构造 AABB 轴向包围盒时,需要沿着线路和三维地质实体的局部坐标系来构造,沿着轴向(X,Y,Z)构造平行于坐标轴的六面体,因此它们的方向均相同,它是包含该实体的最小正六面体。所以,用六个标量就可以来描述包含实体对象的 AABB 包围盒。

AABB 的构造相对简单,对线路实体和地质对象实体,可利用轴向包围盒初步进行简单的碰撞检测计算。轴向包围盒有 3 种常见的表达方式,最小值—最大值、最小值—宽度值及中心位置和半径,采用各个坐标轴上最大值和最小值,如

```
region R =(x,y,z) | min.x<=x<=max.x, min.y<=y<=max.y, min.z<=z<=max.z,
Struct AABB
 {
     Point min;
     Point max;
 };
```

因此需要首先计算出线路实体 AABB 包围盒坐标(X,Y,Z)元素的最大值和最小值和地质实体 AABB 包围盒坐标(X,Y,Z)元素的最大值和最小值。计算空间实体需要 6 次比较计算。

两个空间实体中轴向包围盒的相交检测,在三维环境中,相交盒体原理是,两个盒体相交时,此时根据两个盒体在三个坐标轴上的投影区间情况来确定,若三个投影区间(3 个轴向)都一一重叠,则两盒体相交。减少不相交的实体的碰撞检测次数,以便提高结果效率。通过投影,将三维空间实体相交问题就被转化成了一维相交情况(一种改进 AABB 包围盒的检测算法)。它的有效范围对应于每个对应轴上的数值区间,AABB 间的这种直观的判定相交测试,不用考

虑其他表达方式。最小值—最大值的相交测试有：

```
Int TestAABBAABB(AABB a,AABB b)
{
    //如果沿轴线分离，则不相交。
    If (a.max [0] <b.min [0] || a.min [0] >b.max [0] )  return 0;
    If (a.max [1] <b.min [1] || a.min [1] >b.max [1] )  return 0;
    If (a.max [2] <b.min [2] || a.min [2] >b.max [2] )  return 0;
    //在所有轴上重叠，则 AABB 是交叉的
    return 1;
}
```

7.3.3 基于 OBB 的碰撞检测

在利用 AABB 包围体判定两被包围体相交,简单剔除分离状态的包围体之后,需进一步对二者执行相交计算。可以进行进一步精细的测试鉴于有向包围盒(OBB)碰撞检测方法较好的紧密性、较高的实时性和方向自由性,可以进行进一步精细的测试。这里引入空间冲突概念,采用碰撞算法实现执行各类三维地质体的 OBB 包围盒与线路 OBB 包围盒的空间分析,OBB 包围盒间发生碰撞,视为地质体与线路有空间冲突。

(1)构建 OBB 包围盒

OBB 是一个类似于 AABB 的长方体包围体,但是 OBB 具有方向任意性的特点。三维场景中的 OBB 被定义为包含某对象且相对于坐标轴方向任意的最小的长方体,通过中心点 b_c、三个相互正交归一化向量 **bu**、**bv**、**bw** 以及半边长 h_u^B、h_v^B、h_w^B 来描述,三维 OBB 包围盒如图 7-26所示。

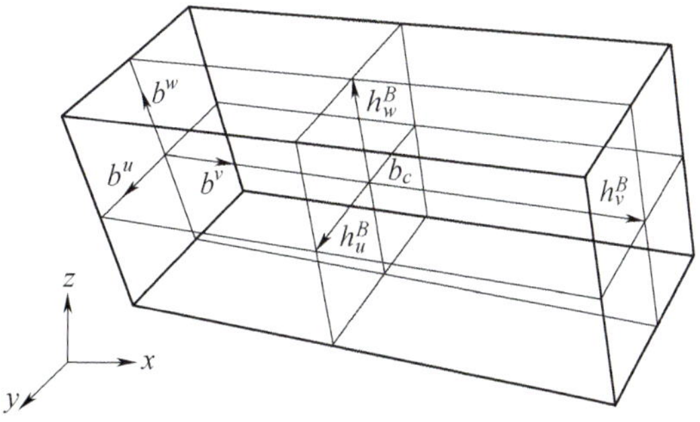

图 7-26 三维 OBB 包围盒

OBB 确定的区域为

$$D = \{b^c + ah_u^B b^u + bh_v^B b^v + ch_w^B b^w\} \qquad a,b,c \in (-1,1) \tag{7-7}$$

式中 b^u, b^v, b^w ——相互正交的归一化向量；

h_u^B, h_v^B, h_w^B ——OBB 包围盒的半边长；

b^c ——OBB 包围盒的中心点。

由于线路对象和地质对象的基本几何元素是三角形,在对 OBB 包围盒进行

计算时，首先需要确定 OBB 包围盒的位置和方向，它们的确定可通过计算三角形顶点的均值与协方差矩阵得到。设三角形集的第 i 个三角形的顶点矢量为 $\boldsymbol{p}^i$、$\boldsymbol{q}^i$、$\boldsymbol{r}^i$，统计包围盒包含的三角面片数为 n，则

$$C = \frac{1}{3}\sum_{i=1}^{n}(\boldsymbol{p}^i + \boldsymbol{q}^i + \boldsymbol{r}^i) \tag{7-8}$$

协方差元素为

$$D_{jk} = \frac{1}{3n}\sum_{i=1}^{n}(\boldsymbol{p}_j^i\boldsymbol{p}_k^i + \boldsymbol{q}_j^i\boldsymbol{q}_k^i + \boldsymbol{r}_j^i\boldsymbol{r}_k^i),1 \leqslant j,k \leqslant 3 \tag{7-9}$$

式中，n 是三角形数量，协方差 D 是一个对称矩阵（3×3），因此协方差矩阵 D 的 3 个特征向量 $\boldsymbol{p}^i = \boldsymbol{p}^i - \boldsymbol{u}$，$\boldsymbol{q}^i = \boldsymbol{q}^i - \boldsymbol{u}$，$\boldsymbol{r}^i = \boldsymbol{r}^i - \boldsymbol{u}$ 正交，它们正规化后可作为一个基底。沿着基的每个轴向，根据轴上的极点顶点来确定 OBB 的大小，即分别计算各个元素的顶点在该基底的 3 个轴向上的最大值和最小值，使 OBB 包围各轴上的极点顶点，确定该 OBB 的大小。基的轴向作为 OBB 的方向得到最佳方向。根据地质对象矢量化建模时已建立好 TIN 三角网，在地质环境建模时可同时建立每个地质对象的 OBB，在进行空间冲突检测时就不再需要重新建立 OBB，节省检测时间。

（2）OBB 相交测试

该测试理论基于分离轴理论，确定两个 OBB 的相交状态，需要测试最多 15 条分离轴，来确定是否相交，只要找到 15 条轴的某一轴上产生重叠，即可判定两者处于相交状态，从而测试提前退出。若任一轴都未产生重叠，则判定两个盒体不相交。这些分离轴分别包含包围体 A 和包围体 B 的 3 个坐标轴，以及跟每轴垂直的 9 个轴。

对于某一轴，把包围盒的方向轴矢量向这根分离轴上投影，如图 7-27 所示。如果两盒体投影半径之和小于中心点之间的距离，则两个物体的 OBB 处于分离关系，从而确定线路与地质对象的空间关系。在图 7-27 中，PA、PB 为两个包围体的中心点，在分离轴的投影距离分别为 r_A，r_B。

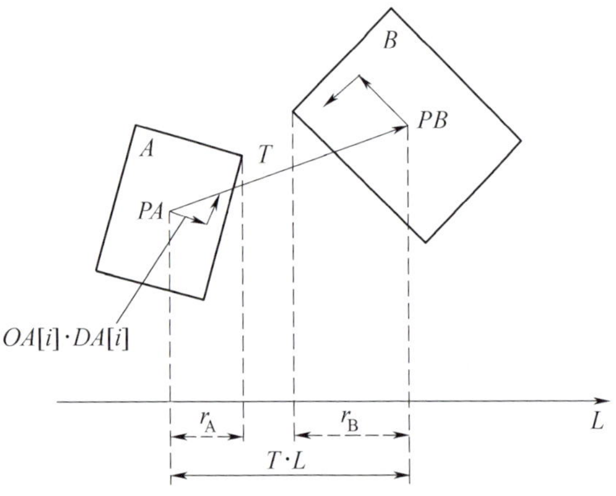

图 7-27　分离轴示意图

定义　包围盒 A 的方向轴为矢量数组 $OA[3]$，尺寸为数组 $DA[3]$，中心位置为 PA；包围盒 B 的方向轴为矢量数组 $OB[3]$，尺寸为 $DB[3]$，中心位置为

PB;当前测试的分离轴为 L。如果式(7-10) 存在,则包围盒 A 和 B 不相交,否则按此公式继续计算 A、B 在其他 14 条分离轴上的投影。

$$|\boldsymbol{T}\cdot\boldsymbol{L}| > r_A + r_B \tag{7-10}$$

式中

$$T = PB - PA\ ;\ r_A = \sum_{i=1}^{3} |DA[i]\cdot OA[i]\cdot L|\ ;$$

$$r_B = \sum_{i=1}^{3} |DB[i]\cdot OB[i]\cdot L|$$

为减少操作数量,可以将 B 转换至 A 的坐标系统中,假定由 A 至 B 的位移向量是 t,旋转矩阵 R(B 转化到 A 的坐标系统)为$[r_{ij}]$。则在各轴上的测试过程和顺序见表 7-1。

表 7-1　15 个分离轴测试以确定 OBB-OBB 间的相交状态

L	$\|T\cdot L\|$	r_A	r_B
u_0^A	$\|t_0\|$	e_0^A	$e_0^A\|r_{00}\|+e_1^B\|r_{01}\|+e_2^B\|r_{02}\|$
u_1^A	$\|t_1\|$	e_1^A	$e_0^A\|r_{10}\|+e_1^B\|r_{11}\|+e_2^B\|r_{12}\|$
u_2^A	$\|t_2\|$	e_2^A	$e_0^A\|r_{20}\|+e_1^B\|r_{21}\|+e_2^B\|r_{22}\|$
u_0^B	$\|t_0r_{00}+t_1r_{10}+t_2r_{20}\|$	$e_0^A\|r_{00}\|+e_1^A\|r_{10}\|+e_2^A\|r_{20}\|$	e_0^B
u_1^B	$\|t_0r_{01}+t_1r_{11}+t_2r_{21}\|$	$e_0^A\|r_{01}\|+e_1^A\|r_{11}\|+e_2^A\|r_{21}\|$	e_1^B
u_2^B	$\|t_0r_{02}+t_1r_{12}+t_2r_{22}\|$	$e_0^A\|r_{02}\|+e_1^A\|r_{12}\|+e_2^A\|r_{22}\|$	e_2^B
$u_0^A\times u_0^B$	$\|t_2r_{10}-t_1r_{20}\|$	$e_1^A\|r_{20}\|+e_2^A\|r_{10}\|$	$e_1^B\|r_{02}\|+e_2^B\|r_{01}\|$
$u_0^A\times u_1^B$	$\|t_2r_{11}-t_1r_{21}\|$	$e_1^A\|r_{21}\|+e_2^A\|r_{11}\|$	$e_0^B\|r_{02}\|+e_2^B\|r_{00}\|$
$u_0^A\times u_2^B$	$\|t_2r_{12}-t_1r_{22}\|$	$e_1^A\|r_{22}\|+e_2^A\|r_{12}\|$	$e_0^B\|r_{01}\|+e_1^B\|r_{00}\|$
$u_1^A\times u_0^B$	$\|t_0r_{20}-t_2r_{00}\|$	$e_0^A\|r_{20}\|+e_2^A\|r_{00}\|$	$e_1^B\|r_{12}\|+e_2^B\|r_{11}\|$
$u_1^A\times u_1^B$	$\|t_0r_{21}-t_2r_{01}\|$	$e_0^A\|r_{21}\|+e_2^A\|r_{01}\|$	$e_0^B\|r_{12}\|+e_2^B\|r_{10}\|$
$u_1^A\times u_2^B$	$\|t_0r_{22}-t_2r_{02}\|$	$e_0^A\|r_{22}\|+e_2^A\|r_{02}\|$	$e_0^B\|r_{11}\|+e_1^B\|r_{10}\|$
$u_2^A\times u_0^B$	$\|t_1r_{00}-t_0r_{10}\|$	$e_0^A\|r_{10}\|+e_1^A\|r_{00}\|$	$e_1^B\|r_{22}\|+e_2^B\|r_{21}\|$
$u_2^A\times u_1^B$	$\|t_1r_{01}-t_0r_{11}\|$	$e_0^A\|r_{11}\|+e_1^A\|r_{01}\|$	$e_0^B\|r_{22}\|+e_2^B\|r_{20}\|$
$u_2^A\times u_2^B$	$\|t_1r_{02}-t_0r_{12}\|$	$e_0^A\|r_{12}\|+e_1^A\|r_{02}\|$	$e_0^B\|r_{21}\|+e_1^B\|r_{20}\|$

注:上角标表示相应的 OBB。

(3)包围树的构建

①包围树算法的思想

采用包围体计算在几何图元测试之前对物体包围体计算,可有效的改善测试性能,但是两两组间测试的数量仍未改变,因此采用包围体技术整合至树结构中,可降低复杂度。采用相应的层次结构,如果在碰撞测试的整个过程中,父节点之间不存在相交,那么无需对子节点进行求交检测。简单层次包围体如

图 7-28 所示。

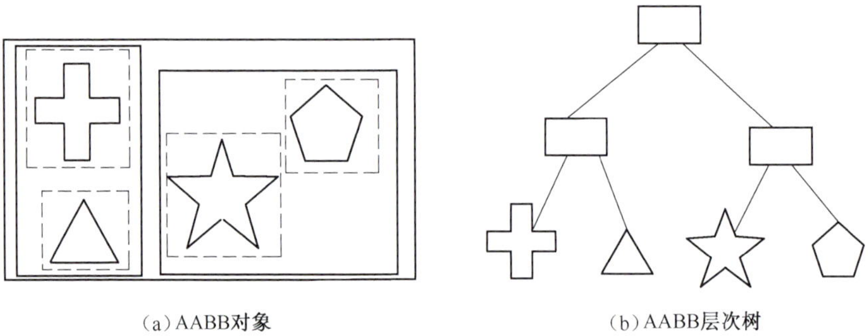

图 7-28　AABB 的 4 个简单对象的层次包围体

层次包围技术,可将时间检测复杂度降低为 log 等级,如图 7-29 所示,对整个物体构建包围树,通过构造各部分的逼近物体的包围盒,逐渐形成树形结构,然后再细分至最底层叶子节点。首先比较各子级部分构建的包围盒是否碰撞冲突,如果不相交,则判断停止退出;如果结果相交,那么继续判断下一个节点,直到最后底部叶子节点(基本几何元素或包围几何元素的同一种包围盒)。

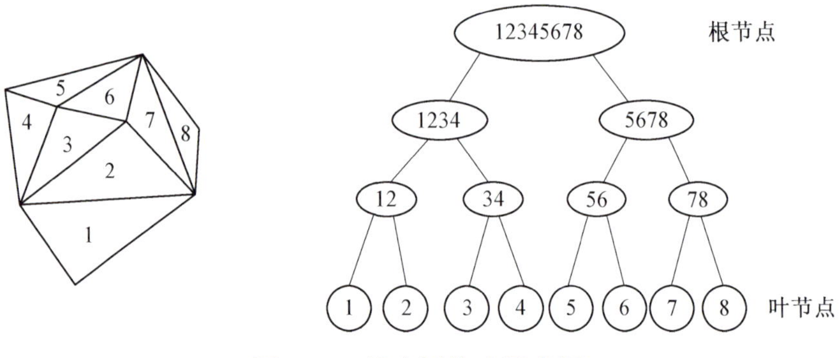

图 7-29　层次树构建示意图

②包围树的实现

关于树形构造法,主要有 3 类,top-down(自顶向下),bottom-up(自底向上)以及插入算法。分别如图 7-30~图 7-32 所示。

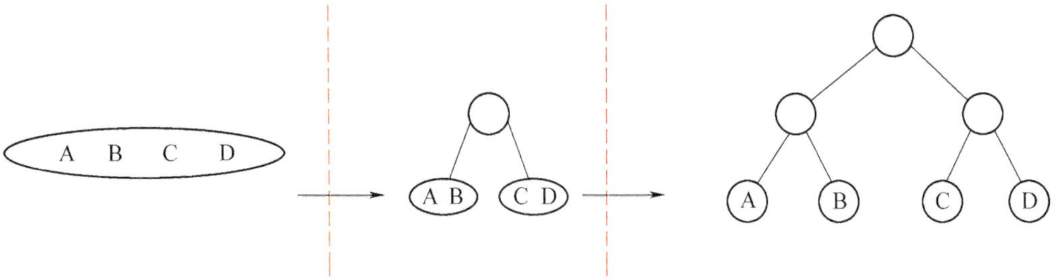

图 7-30　自顶向下构造

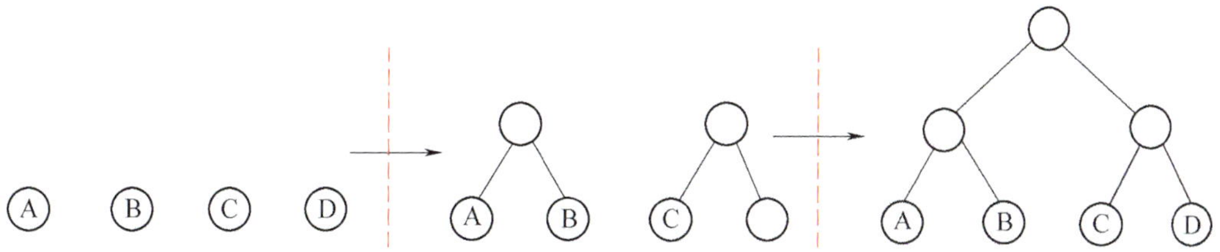

图 7-31 自底向上构造

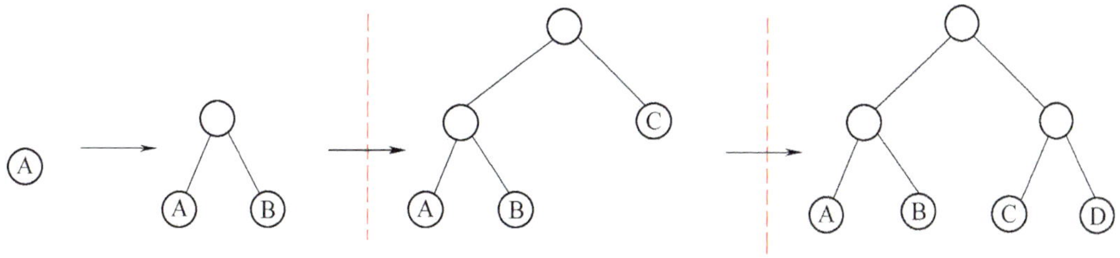

图 7-32 插入算法

图 7-30 是由自顶向下方法构造的该包围盒的二叉树。所示根节点为包含 A、B、C、D 的整体包围盒，中间节点为各子包围盒，而包围树的叶子节点是构成 ABCD 的基本几何元素（例如三角形）。通过对整棵树的遍历，有效的测试子包围盒或者它们的叶子节点是否在当前位置相交。

自顶向上的算法是将输入集作为整个大的自身集体包围盒，然后按照一定的分割规则，将输入集划分为多个（或两个）子集，构造这些子集的包围体，继续递归划分，直到结果满足一定条件或者是不能划分的基本几何元素。鉴于这种方法的易用性，得到了较为广泛的应用。如图 7-33 所示，以 AABB 包围盒为例的自顶向下分割示意图的简单描述。

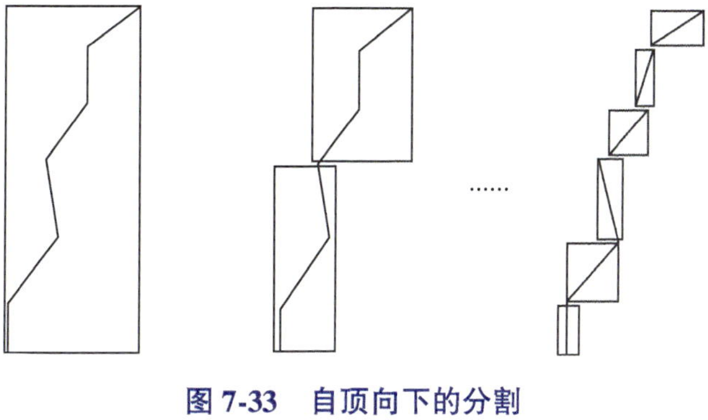

图 7-33 自顶向下的分割

以下为创建 OBB 包围树的伪代码：

```
Build_hierarchy(triangles)   //设输入 n 个三角形
{
for(n 个三角形) 计算并保存它的均值点 C 以及协方差元素 D_jk}；
根据 D_jk 得到 3 个特征向量，正规化得到 3 个基，根据轴上的极点顶点来确定 OBB 的大小，排序保存矩阵 D;
    for(i =0; i <n ; i ++)
    t [i] = i;  //初始化 t(三角形索引数组)
    为 OBBTree 的 2n 个 OBB 结构分配数组空间 boxes [2n]，boxes [0] 作为根节点
    Box_counter=1;
    Split_recursive(box [0] ,D, m, t, n);  //调用递归剖分算法
}
```

对于线路和地质体的包围树，采用混合包围树法构建，如图 7-34 所示。

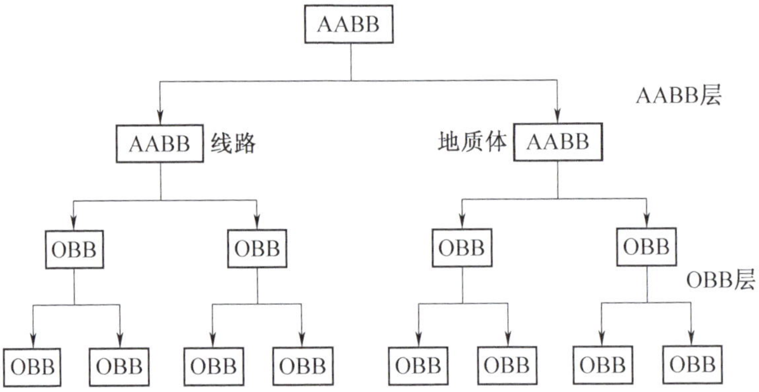

图 7-34　混合包围树

(4) OBB 碰撞检测结果

在进行碰撞检测时，读取该段线路空间链表和所占的空间网格集合，按网格的元素链表提取线路的几何要素，构建当前网格内线路包围盒，然后逐个与已事先建立的位于当前网格内各地质对象 OBB 进行碰撞检测，有空间冲突的地质对象标记出来，实现在线路设计时地质对象的实时检测、判断和展示，如图 7-35 所示。

图 7-35　碰撞检测图

7.3.4 线路与地质对象部位的相交确定

由于线路经过地质对象的不同部位，通常具有不同的选线规则和线路结构类型要求。如线路经过泥石流的流通区应布置桥梁，经过中小型滑坡的上缘应采用的工程类型为路堑、下缘应采用的工程类型为路堤；冻土区的线路应尽量布置在阳坡而非阴坡上等。因此，经过 OBB 包围盒检测，若线路与地质实体相交，如何判断线路通过地质对象的具体位置成为关键。在判断出线路通过地质实体具体位置后，再由知识库推理判断线路是否满足相应的设计要求，如果不满足，应给出相应的建议和推理结论。

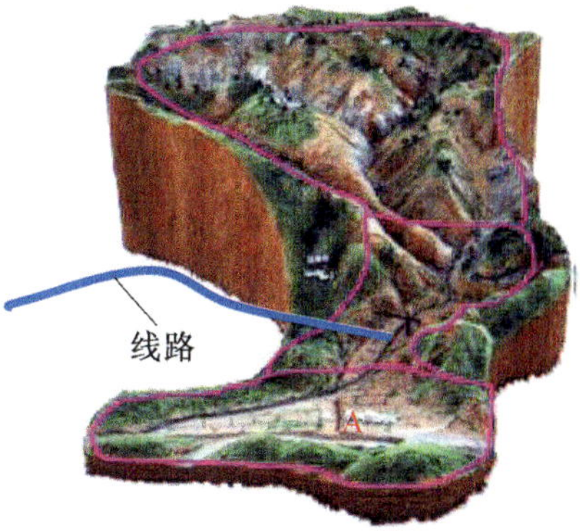

图 7-36　线路经过泥石流示意图

下面以泥石流地质实体为实例，说明计算线路通过地质对象的具体部位的计算方法。设地质对象分块组成部分为 $A_i(\forall i = 1, 2, \cdots)$（如泥石流分成三个组成区域：形成区、流通区和堆积区），示意图如图 7-36 所示。

地质对象任一区域 A_i 内部三角网坐标数据结构见表 7-2。

表 7-2　地质对象区域内部三角网坐标数据结构

字 段 名	说　　明	数据类型
X1	三角网顶点 1 横坐标	double
Y1	三角网顶点 1 纵坐标	double
Z1	三角网顶点 1 高程	double
X2	三角网顶点 2 横坐标	double
Y2	三角网顶点 2 纵坐标	double
Z2	三角网顶点 2 高程	double
X3	三角网顶点 3 横坐标	double
Y3	三角网顶点 3 纵坐标	double
Z3	三角网顶点 3 高程	double
SectionID	三角网所属部位编号	int

地质对象区域内的地形由三角网表示，三角网中的每个三角形面片都可以看做为一个空间平面，而进入地质区域范围的铁路线路可以看做是一条空间折线，其中的每一小段可以看做是一条空间直线段，判断线路具体经过地质

对象的哪一部分,实际上可以简化为判断空间直线与空间平面是否相交,即若空间直线与空间平面相交就代表着线路的某一直线段与某三角形面片相交,该三角形面片属于地质对象的什么部位(SectionID),线路就经过地质对象的该部位。

如图 7-37 所示,某三角形面片 Ω 的三个顶点分别为 $A(x_A, y_A, z_A)$、$B(x_B, y_B, z_B)$ 和 $C(x_C, y_C, z_C)$,代表线路某段的空间直线段 L,其起终点坐标分别为 $P(x_P, y_P, z_P)$ 和 $Q(x_Q, y_Q, z_Q)$。若 L 与 Ω 不平行,则一定存在交点,设 L 与 Ω 的交点为 $J(x, y, z)$。

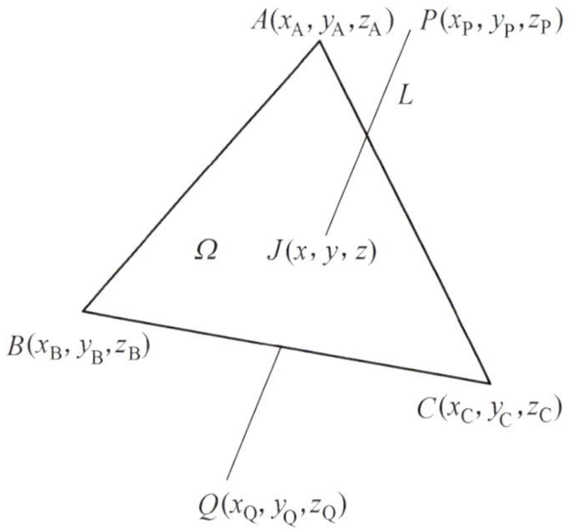

图 7-37　三角形面片与直线相交示意图

又知,直线 L 过 $P(x_P, y_P, z_P)$ 且方向向量为 $\boldsymbol{VL} = \{VL_x, VL_y, VL_z\}$,面片 Ω 过 $O\left(\frac{x_A + x_B + x_C}{3}, \frac{y_A + y_B + y_C}{3}, \frac{z_A + z_B + z_C}{3}\right)$ 且法向量为 $\boldsymbol{VM} = \{VM_x, VM_y, VM_z\}$。

直线 L 的参数方程为 $\begin{cases} x = x_P + VL_x \times t \\ y = y_P + VL_y \times t \\ z = z_P + VL_z \times t \end{cases}$,面片 Ω 的方程为

$$VM_x(x - x_O) + VM_y(y - y_O) + VM_z(z - z_O) = 0$$

当 $VL_x \times VM_x + VL_y \times VM_y + VL_z \times VM_z = 0$ 时,直线 L 与面片 Ω 平行,没有交点。

当 $VL_x \times VM_x + VL_y \times VM_y + VL_z \times VM_z \neq 0$ 时,直线 L 与面片 Ω 不平行,肯定有一交点。

联立两方程,有

$$t = \frac{(x_O - x_P)VM_x + (y_O - y_P)VM_y + (z_O - z_P)VM_z}{VL_x \times VM_x + VL_y \times VM_y + VL_z \times VM_z} \tag{7-11}$$

将 t 代入直线方程即可求出交点 $J(x, y, z)$。

当求出的交点 $J(x, y, z)$ 位于三角形面片内部时,说明线路与三角面片相交,只要从数据库查询出该三角形面片属于地质对象的哪一部分,就可以说明线路通过该部分。然后通过地质知识库搜索对应的选线知识进行判断推理,给出设计是否合理的判断及建议。

7.3.5　空间冲突分析总体流程

空间冲突分析流程如图 7-38 所示。

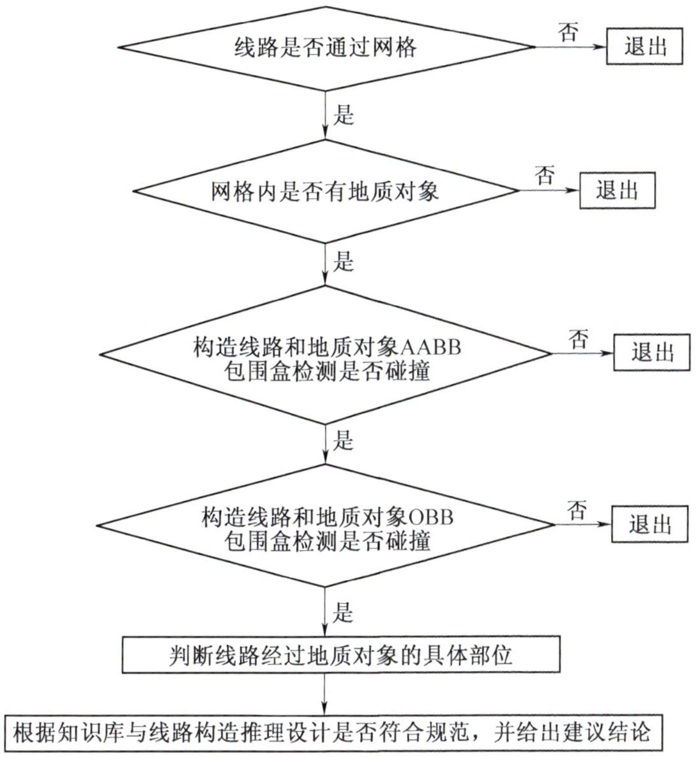

图 7-38　空间分析总体流程图

通过对碰撞检测算法的研究,解决了线路与地质对象的空间关系的判断问题。对地质区域进行网格划分、构建线路和地质对象的 AABB 包围盒快速粗略剔除不相交的盒体,再分别构建 OBB 包围盒做精细测试。通过算法判断线路通过的是地质对象的某一部位,根据知识库和线路结构推理是否符合规范。使线路能够最大程度上绕避不良地质,获得正确的分析评价。

7.3.6　基于空间冲突分析的线路结构物比选

通过上节计算了地质对象与线路的空间冲突关系,基于此,选线工程师可以在该地质对象影响区域范围中分析线路构造物的结构方案,并进行不同结构物方案的比选。实现在三维地质环境中对线路实体与地质对象空间关系观察,如图 7-39 和图 7-40 所示。

基于空间冲突分析的不良地质地段线路结构方案比选如图 7-41 所示。

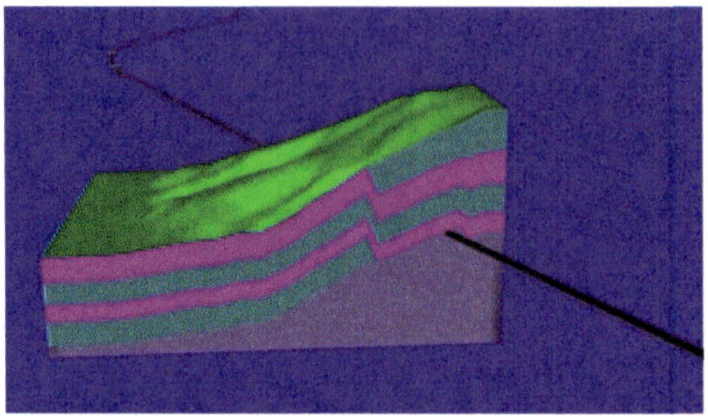

图 7-39　地质实体对象与隧道的空间关系

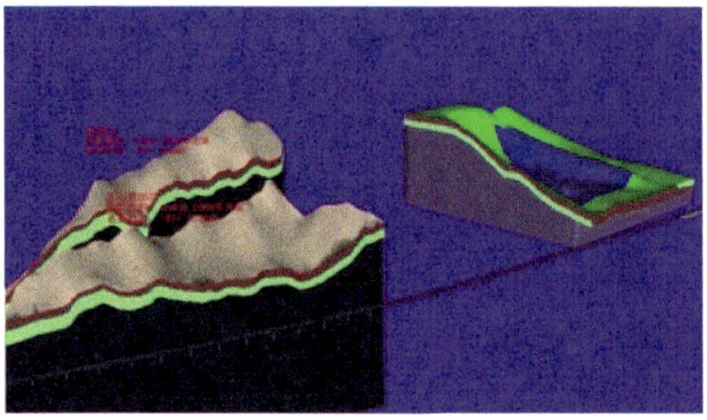

图 7-40　不良地质实体对象与桥梁的空间关系

（a）位于不良地质对象区域的原方案线　（b）以高架桥的形式通过　（c）以路基的形式绕避通过

图 7-41　不良地质地段的线路结构方案比选示意

7.4　基于地质实体的选线优化与决策模型

线路方案不仅直接影响工程造价、经济效益和运营成本，更会对沿线及相关地区的政治、经济、文化、环境等产生长久深远的影响。采用智能选线技术，依据技术标准并考虑约束条件自动生成经济、节能、环保、合理的线路方案具有重要的意义。遗传算法是一种模拟生物进化的全局搜索优化算法，对目标函数和约束条件没有可微和连续的限制，搜索可遍及整个解空间，具有找到接近全局最优解的优势。铁路选线的目标函数和约束条件极其复杂，整个三维连续解空间都可能出现最优方案，因此遗传算法更适用于铁路智能选线，基于遗传算法的线路优化已成为当前研究热点。在考虑不良地质和地质体模型基础上，将三维空间选线优化设计归结为以线路三维几何参数为设计变量，以铁路选线设计规范及其他相关技术条件为约束条件，以综合费用为目标函数的优化问题，建立优化模型。研究基于遗传算法的选线优化设计与方案评价模型。

7.4.1　设计变量

线路的三维空间几何信息一般采用平面交点和纵断面坡度数据描述。平

面第 i 个交点数据包括经纬距坐标(N_i,E_i)、曲线半径 R_i、缓长 l_{0i}。纵断面坡度数据包括各变坡点的桩号 K_i、标高 H_i以及竖曲线半径 R_{si}。

线路设计规范给出了不同曲线半径对应的推荐缓长,为减少优化时设计变量的数目,l_{0i}不作为设计变量,而是根据曲线半径自动选配。铁路等级确定后,竖曲线半径即为固定值,不作为优化的设计变量。另外,线路起终点的平面位置和纵断面标高一般为已知量。设除线路起终点外,平面交点总数为 n_{H} ,纵断面变坡点总数为 n_{V} 。线路三维空间优化的设计变量为

$$\begin{cases}\text{交点纬距列向量:}\boldsymbol{N}=(N_1,N_2,\cdots,N_{n\mathrm{H}})^{\mathrm{T}}\\ \text{交点经距列向量:}\boldsymbol{E}=(E_1,E_2,\cdots,E_{n\mathrm{H}})^{\mathrm{T}}\\ \text{平曲线半径列向量:}\boldsymbol{R}=(R_1,R_2,\cdots,R_{n\mathrm{H}})^{\mathrm{T}}\\ \text{变坡点桩号列向量:}\boldsymbol{K}=(K_1,K_2,\cdots,K_{n\mathrm{V}})^{\mathrm{T}}\\ \text{变坡点标高列向量:}\boldsymbol{H}=(H_1,H_2,\cdots,H_{n\mathrm{V}})^{\mathrm{T}}\end{cases} \tag{7-12}$$

7.4.2 目标函数

影响线路方案选择的主要因素包括前期建设投资、后期运营费用、对环境的影响及不良地质处理费。综合考虑这些因素的目标函数为

$$f(N,E,R,K,H)=\alpha f_{\mathrm{c}}+\beta f_{\mathrm{O}}+\gamma f_{\mathrm{e}}+\lambda f_{\mathrm{g}} \tag{7-13}$$

式中 f_{c} ——建设费;

f_{O} ——运营费;

f_{e} ——环境影响代价;

f_{g} ——地质影响代价;

$\alpha,\beta,\gamma,\lambda$ ——各代价相应的权重值,可根据要求调整。

(1) 建设费

对于建设费,主要考虑土石方、桥涵、隧道、支挡、防护、征地拆迁等。建设费可分为两类:

①第Ⅰ类与线路三维空间线形及工程结构物所处的工程、经济条件紧密相关,例如土石方、桥涵、隧道,征地拆迁等;

②第Ⅱ类主要与线路平面相关,例如轨道、电气化、信号设备的造价等。

对于第Ⅰ类建设费,首先需根据地形、地质、经济条件等因素,将整个三维选线空间划分为若干个工程代价空间,处于不同工程代价空间时,不同铁路结构物的单价不同。总建设费为

$$f_{\mathrm{C}}=\sum_{i=1}^{k\,\mathrm{I}}\sum_{j=1}^{n_i}f_{\mathrm{C}ij}(N,E,R,K,H)+\sum_{i=1}^{k\,\mathrm{II}}f_{\mathrm{p}i}(N,E,R) \tag{7-14}$$

式中 $k_{\text{I}}, k_{\text{II}}$ ——分别表示Ⅰ、Ⅱ类工程总数；

f_{Cij} ——Ⅰ类第 i 种工程在第 j 个工程代价空间中的建设费用；

n_i ——Ⅰ类第 i 种工程的工程代价空间总数；

f_{pi} ——Ⅱ类第 i 种工程的建设费用。

建设费用单价按表 7-3 计算，其中单价可根据实际情况调整。

表 7-3　建设费计算单价表

序　号	指标名称		单价(万元)
1	轨道(km)		850
2	征用土地(m^2)		0.001 8
3	填方(m^3)		0.001 6
4	挖方(m^3)		0.002
5	桥涵(m)		4.6
6	隧道(m)	总长度 >1 000 m 的隧道	5.5
		400 m<隧道总长度≤1 000 m	5.0
		短隧道	4.8
7	圬工(m^3)		0.02

(2)运营费

运营费用包括机车车辆走行费、固定设备维修费和附加维修费。其中，固定设备维修费包括正线、站线、供电设备等维修费，附加维修费包括小曲线半径和陡坡地段的附加维修费，相关计算方法参见文献(后宗彪，2006)。当线路较长时，牵引计算需要较长时间。在对走行费精度要求不高的情况下，可以采用文献(铁道科学研究院，2002)中的能耗定额表快速计算出走行费。在对走行费精度要求高的情况下，普速列车可采用文献(吕希奎，2014)；高速 CRH 动车组可采用文献(朱颖，吕希奎，许佑顶，2015)中的牵引计算系统进行高精度牵引计算，然后根据计算结果计算出燃油费或电力费，从而得到精度高的走行费。

(3)环境影响费

根据环保要求，将整个选线空间中的环保敏感区分为绝对不允许通过的禁区和允许通过但必须付出额外代价的区域。在优化过程中，首先判断线路是否处于环保敏感区域内，如果穿越了环保禁区，则直接抛弃该方案；否则，用线路方案占用区域面积乘以该区域环保附加单价。

(4)不良地质体处理费

根据选线要求和地质知识库，将整个选线空间中按不良地质类型进行划分，若穿越不良地质，则需要计算额外的工程处理费用；若完全绕避工程处理费用为 0。计算方法如下：

$$f_g = \sum_{i=1}^{K} \sum_{j=1}^{M} f_g^{ij}(N, E, R, K, H) \tag{7-15}$$

式中 K——线路方案穿越的不良地质类型总数；

M——线路方案穿越第 i 种不良地质的数量；

f_g^{ij}——第 i 种类型第 j 个不良地质的工程处理费用,若绕避了不良地质,则 $f_g^{ij}=0$。

不良地质处理费用可由线路方案经行或需要处理的不良地质的面积与相应的工程费用系数的加权和来体现。

$$f_g^{ij} = \gamma_j A_j \tag{7-16}$$

式中 γ_j, A_j——第 j 处不良地质区域的工程费惩罚系数和区域面积(m^2)；γ_j 根据不良地质类型、危害程度以及线路结构物形式取值。

7.4.3 平面约束

选线设计中包含的大量约束条件,线路平面、纵断面设计应满足《铁路线路设计规范》(以下简称《线规》)的要求,需将《线规》及其他技术要求写成对变量的约束条件。将约束条件分为平面约束、纵断面约束和平纵组合约束 3 类。

平面约束仅影响线路平面设计参数,主要包括:

①最小曲线半径约束

$$R_i \geqslant R_{\min} \ (i = 1, 2, \cdots, n_H) \tag{7-17}$$

式中 R_i——第 i 转点处的平曲线半径；

$R_{\min}$——允许的最小平面曲线半径(m)。

②最小夹直线长约束

$$L_{Zi} \geqslant L_{Z\min}, (i = 1, 2, \cdots, n_H + 1) \tag{7-18}$$

式中 L_{Zi}——第 i 个曲线缓直点和第 $i+1$ 个曲线交点直缓点间的距离；

$L_{Z\min}$——允许最小夹直线长度(m)。

③最小圆曲线长约束

$$L_{Ci} \geqslant L_{C\min}, (i = 1, 2, \cdots, n_H) \tag{7-19}$$

式中 L_{Ci}——第 i 曲线的圆曲线长度(m)；

$L_{C\min}$——允许的最小圆曲线长度(m)。

④站坪长度约束

在车站范围内的线路应满足

$$L_J \geqslant L_{Z\min} \ (m) \tag{7-20}$$

式中 L_J——站坪长度(m)；

$L_{Z\min}$——允许最小站坪长度(m)。

⑤平面禁区约束

必须经过的点、必须绕避的自然保护区或不良地质地区等其他几何平面约束。用禁区边缘上的一系列平面坐标 x，y 坐标表示禁区范围;可在禁区范围的高程数字地形模型上叠加一特定的大数,当线路进入禁区时,工程量急剧增大,从而使优化过程中的线路自动离开禁区。

对于危险性大的不良地质,线路需要绕避,为保证线路不受不良地质的影响,还需要距不良地质一定的安全距离。采用 GIS 空间缓冲区方法,根据地质体危险程度设定不良地质缓冲区,示意图如图 7-42 所示。

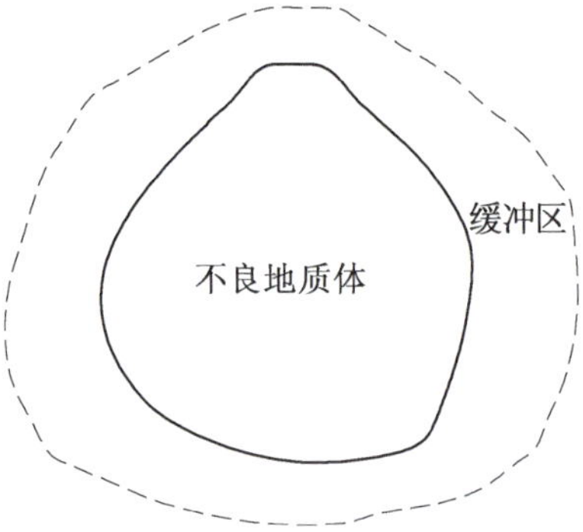

图 7-42　不良地质体缓冲区示意图

缓冲区是解决邻近度问题的空间分析工具之一,从数学的角度看,缓冲区分析的基本思想是给定一个空间对象或集合,确定它们的邻域,邻域的大小由邻域半径 R 决定。因此不良地质对象 O_i 的缓冲区定义为

$$B_i = \{x : d(x, O_i) \leqslant R\} \tag{7-21}$$

B_i 即不良地质对象 O_i 的半径为 R 的缓冲区，B_i 为距 O_i 的距离 d 小于 R 的全部点的集合。d 可根据不良地质危险程度和类型定义。

对于所有需要设定的不良地质对象集合

$$O = \{O_i : i = 1, 2, \cdots, n\} \tag{7-22}$$

其半径为 R 的缓冲区是各个对象缓冲区的并集,即

$$B = \bigcup_{i=1}^{n} B_i \tag{7-23}$$

⑥线路起终点边界约束

当线路起点(x_0, y_0)与第 1 交点 JD_1间的方向角已定时,则 JD_1的坐标(x_1, y_1)只有一个是独立变量,应满足

$$(x_1 - x_0) \cdot \tan\varphi_0 - (y_1 - y_0) = 0$$

或

$$(x_1 - x_0) - (y_1 - y_0) \cdot \cot\varphi_0 = 0 \tag{7-24}$$

式中　φ_0——始直线方向与 x 轴正向的夹角。

同理,若线路终点(x_{m+1} , y_{m+1})与前一交点 JD_m 间的方向角已定时,则 JD_m 的坐标(x_m , y_m)应满足

$$(x_{m+1} - x_m) \cdot \tan\varphi_m - (y_{m+1} - y_m) = 0$$

或

$$(x_{m+1} - x_m) - (y_{m+1} - y_m) \cdot \cot\varphi_m = 0 \tag{7-25}$$

⑦交叉条件约束

当线路与河流、公路、断裂或其他铁路等相交，要求交角在一定的范围内，则有交叉约束，即

$$\varphi_{i,\ maxy} \geqslant \varphi_i \geqslant \varphi_{i,\ miny} \tag{7-26}$$

式中 $\varphi_{i,\ maxy}, \varphi_{i,\ miny}$——第 i 直线允许的最大与最小的方向角；

φ_i——第 i 直线与 x 轴正向的夹角。

设平面约束总数为 n_{CH}，则线路优化的平面约束为

$$g_i(N,E,R) \geqslant 0, \quad \forall i = 1,2,\cdots,n_{CH} \tag{7-27}$$

7.4.4 纵断面约束

纵断面约束仅影响纵断面设计参数值，需要将《线规》及其他技术要求写成对变量的约束条件。纵断面优化设计时的约束条件主要包括：变坡点位置约束、坡段坡度约束、相邻坡段坡度差约束和高程约束条件等。

①变坡点位置约束

变坡点应设在勘测里程整百米标上或50米标上，并且变坡点位置应离开缓和曲线起终点至少有一个竖曲线切线长的距离。

$$\mathrm{Mod}(L_i,50) = 0, \forall i = 1,2,\cdots,n_V + 1 \tag{7-28}$$

式中 L_i——变坡点 i 的里程(m)。

②最小坡长约束

相邻两变坡点的距离一般不短于规定的最小坡段长度 L_{min} 即第 i 坡段长度 L_i 应满足

$$L_i = K_i - K_{i-1} \geqslant L_{Smin}, \forall i = 1,2,\cdots,n_V + 1 \tag{7-29}$$

③限制坡度约束

线路纵断面设计时，由于地形、地质等条件的限制，必然会有坡道。而为了创造不间断行车的条件，各坡段的坡度不应当超过《线规》所规定的最大值。这些最大值在不同的纵断面地段可能是不同的。例如，在曲线地段，确定坡度最大值时应考虑曲线折减；在隧道地段应考虑隧道折减；站坪范围内的坡度不得大于《线规》规定的相应坡度值等。

$$\left|(H_i - H_{i-1})/(K_i - K_{i-1})\right| \leqslant i_{max}, \quad \forall i = 1,2,\cdots,n_V + 1 \tag{7-30}$$

④相邻坡段坡度代数差约束

为了满足列车运行和平顺的要求，就要对相邻坡段坡度差加以约束。坡度差约束条件为

$$\Delta PC_i = \left|i_i - i_{i-1}\right| \leqslant \Delta i_{max}, \quad \forall i = 1,2,\cdots,n_V + 1 \tag{7-31}$$

⑤控制标高约束，引出接入点标高、必经高程点、最小净空要求等

在分布有泄水桥涵建筑物的地点，在沼泽以及线路被淹没和雪埋的地段，

必须保证路堤的最小高度,而在与既有线、输电线以及和公路交叉时,又要求设计高程不超过某一限制值,因此在线路设计时,存在高程限制,即最大设计高程和最小设计高程的限制。当以坡度为设计变量时,高程约束条件为

$$\begin{cases} \sum_{k=0}^{j} i_k \cdot L_k + Y_0 \geqslant h_{j\min} + Z_j \\ \sum_{k=0}^{j} i_k \cdot L_k + Y_0 \leqslant h_{j\max} + Z_j \end{cases} \tag{7-32}$$

式中 i_k, L_k ——第 k 坡段的坡度值和坡段长;

Z_j ——第 j 变坡点处的设计高程;

Y_0 ——线路起点的设计高程;

$h_{j\min}, h_{j\max}$ ——为第 j 变坡处的最小、最大施工高程。

相应的约束函数为

$$\begin{cases} g_j = \sum_{k=0}^{j} i_k \cdot L_k + h_{j\min} + Z_j - Y_0 \leqslant 0 \\ g_j = \sum_{k=0}^{j} i_k \cdot L_k + Y_0 - h_{j\max} - Z_j \leqslant 0 \end{cases} \tag{7-33}$$

⑥地下地质体控制标高约束

对于线路隧道,还需要根据地下地层信息,确定隧道合理的设计高程,避免通过岩层破碎带、不稳定岩层等。若通过,则增加一较大地质处理费用系数,使线路方案尽可能避开直接穿越岩层破碎带。

设纵面约束总数为 n_{CV} ,则线路优化的纵面约束为

$$h_i(K,H) \geqslant 0, \quad \forall i = 1,2,\cdots,n_{\mathrm{CV}} \tag{7-34}$$

7.4.5 线路空间曲线约束

平纵组合约束同时影响平面和纵面设计参数的取值,主要包括竖缓不重叠、坡度不大于曲线折减后的限制坡度、线路不得进入溶洞和暗河等。

①竖曲线不应与缓和曲线重叠

竖曲线范围内,轨面高程以一定的曲率变化;缓和曲线范围内,外轨高程以一定的超高顺坡变化。如两者重叠,一方面在轨道铺设和养护时,外轨高程不易控制;另一方面外轨的直线形超高顺坡和圆形竖曲线,都要改变形状,影响行车的平稳。

为了保证竖曲线不与缓和曲线重叠,纵断面设计时,变坡点离开缓和曲线

起终点的距离,不应小于竖曲线的切线长(图 7-43)。

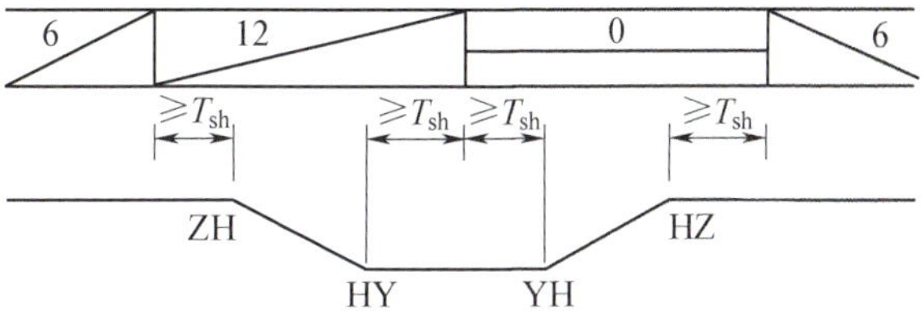

图 7-43　变坡点距缓直点的距离

第 j 变坡点与第 r 曲线配合的约束条件为

$$|L_j - K_r| \geqslant T_{sh}$$

相应的约束函数为

$$\begin{cases} g_{2j1} = L_j - K_r + T_{sh} \leqslant 0 \\ g_{2j2} = T_{sh} - (L_j - K_r) \leqslant 0 \end{cases} \tag{7-35}$$

式中　L_j——第 j 变坡点的里程;

K_r——ZH、HY、YH、HZ 点的里程。

②竖曲线不应设在明桥面上

在明桥(无砟桥)面上设置竖曲线时,其曲率要用木枕高度调整,每根木枕厚度都不同,若要按固定位置顺序铺设,会给施工、养护带来困难。为了保证竖曲线不设在明桥面上,变坡点距明桥面端点的距离,不应小于竖曲线的切线长。

第 j 变坡点与第 q 座桥配合的约束条件为

$$|L_j - K_q| \geqslant T_{sh}$$

相应的约束条件为

$$\begin{cases} g_{2j1} = L_j - K_q + T_{sh} \leqslant 0 \\ g_{2j2} = T_{sh} - (L_j - K_q) \leqslant 0 \end{cases} \tag{7-36}$$

式中　K_q——第 q 座桥的起、终点里程。

③竖曲线不应与道岔重叠

道岔的尖轨和辙叉应位于同一平面上,如将其设在竖曲线的曲面上,则道岔的铺设与转换都有困难;同时道岔的导曲线和竖曲线重合,列车通过道岔的平稳性降低。为了保证竖曲线不与道岔重叠,变坡点与车站站坪端点的距离,不应小于竖曲线的切线长。第 j 变坡点与第 c 个车站配合的约束条件为

$$|L_j - K_c| \geqslant T_{sh}$$

相应的约束条件为

$$\begin{cases} g_{2j1} = L_j - K_c + T_{sh} \leqslant 0 \\ g_{2j2} = T_{sh} - (L_j - K_c) \leqslant 0 \end{cases} \tag{7-37}$$

式中　K_c——第 c 个车站的起、终点里程。

设平纵组合约束总数为 n_{CHV}，则约束条件为

$$l_i(N,E,R,K,H) \geqslant 0 \quad ,i=1,2,\cdots,n_{CHV} \tag{7-38}$$

综上所述，三维空间智能选线的优化模型可表示为

$$\left.\begin{array}{ll} \min & f(N,E,R,K,H), \\ \text{s. t.} & g_i(N,E,R) \geqslant 0 \quad i=1,2,\cdots,n_{CH} \\ h_i(K,H) \geqslant 0 & i=1,2,\cdots,n_{CV} \\ l_i(N,E,R,K,H) \geqslant 0 & i=1,2,\cdots,n_{CHV} \end{array}\right\} \tag{7-39}$$

7.4.6　考虑地质体信息的隧道空间位置优化

在复杂山区的线路优化设计中，不良地质和地层地质信息是主要考虑的主要因素之一。通过地质实体三维建模，得到了地下地层信息，特别是对于隧道，地下地层信息对其空间位置有较大的影响。因此，研究根据地质体地下岩层信息和地形 DEM 信息，考虑边坡和仰坡的稳定，合理确定隧道洞口位置和标高。隧道穿越地质体示意图如图 7-44 所示。

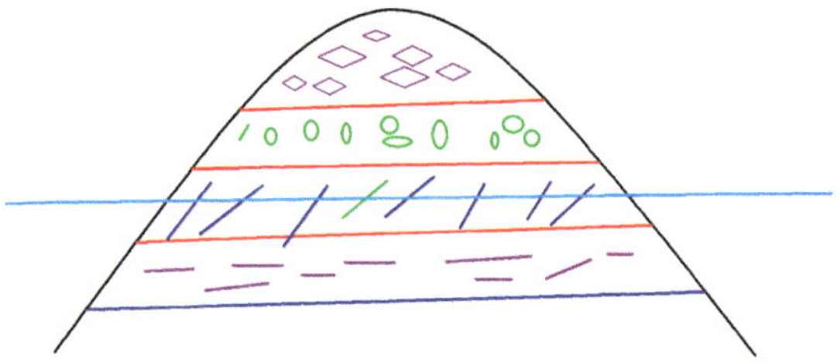

图 7-44　隧道穿越地质体示意图

实现方法：

①设挖方临界高度为 $h_w(m)$，超过 h_w 时，线路采用隧道方式通过，初步确定隧道进洞起始里程 L_S。根据从地质数据库中读取隧道洞门一定范围内的地质信息，若存在崩塌不良地质，则向外延伸隧道门位置，延伸长度可用不良地质（如崩塌面积、隧道仰坡的坡度）为参考来计算，重新确定隧道洞门位置和隧道起始里程 L_S。

②根据已完成的线路纵断面设计数据和纵断面约束条件，计算该隧道允许的最小和最大设计标高 h_{min} 和 h_{max}。

③根据地质体建模信息，得到地下岩层信息（各地层厚 w_i 和层高 h_i），判断洞门所处的地层信息。若位于岩层破碎带等不良地质体上，在$[h_{min},h_{max}]$范围内调整洞门空间位置，寻找满足良好工程地质条件的洞门位置。

④根据线路平面线位信息和地形 DEM，计算隧道走向，以小间隔 Δs（如 1 m）向前计算隧道线路的标高 h_{sj} 和对应地面点的标高 h_{dj}，直到 $h_{dj}-h_{sj} \leqslant h_w$，确定隧道初始出洞洞门位置以及里程 L_E。

⑤根据 h_{min}，h_{max}，L_S 和 L_E，确定线路穿越的地层空间位置，根据地质体建

模信息，得到地下岩层信息（层厚 w_i 和层高 h_i），根据隧道设计高程，计算隧道穿越的地层信息和地层长度；若穿越岩层破碎带等不稳定地质体，则在满足 h_{min} 和 h_{max} 条件下，以小步长高度 Δh 移动隧道设计高程，由上至向下寻找合适隧道设计高程，同时计算隧道坡度 i_s（满足规范排水要求 $i_s \geq 3‰$），以隧道长度最短为原则，最终确定隧道的起始里程、设计标高，完成该隧道空间位置优化。

7.5　基于遗传算法的线路优化

遗传算法作为一种全局的优化算法，其主要特点是群体搜索策略和群体中个体之间的信息交换，搜索不以梯度信息为基础，尤其适用于处理传统搜索方法难以解决的复杂非线性问题。铁路三维空间线形优化问题为复杂、困难的多目标优化问题，基于遗传算法在运行过程中不易受外界环境变化的影响，因此利用遗传算法来解决铁路线路方案优化问题是恰当与有效的方法（蒲浩，2013）。遗传算法实现中的各个步骤包括：编码方法、初始种群的生成、遗传算子设计、终止准则。

7.5.1　基因编码

以优化模型中的设计变量 N、E、R、K、H 作为线路染色体的基因进行编码，在垂直于线路起终点航空线方向上，按一定间距生成一系列分割面，线路控制点位于这些分割面上，以控制点相对于航空线的偏移距为基因编码控制点的坐标，采用该方法进行平面交点坐标的编码，如图 7-45 所示。

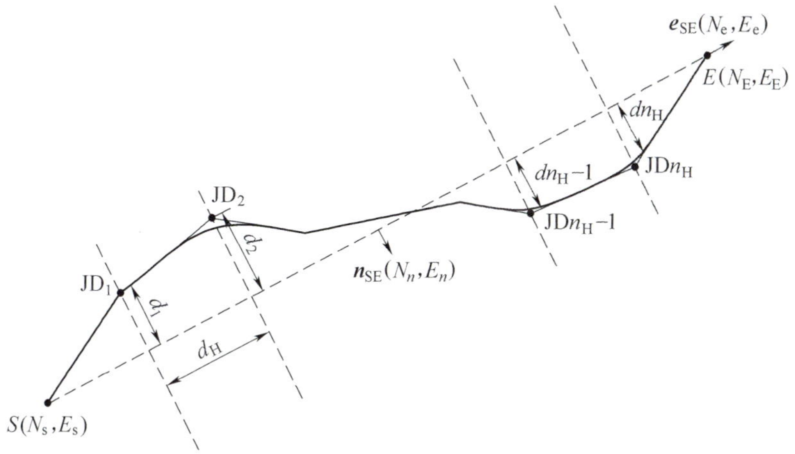

图 7-45　线路平面交点编码

如图 7-45 所示，S 和 E 为线路起终点，$\boldsymbol{e}_{SE}$ 为起点指向终点的单位矢量，$\boldsymbol{n}_{SE}$

为 $\boldsymbol{e}_{SE}$逆时针旋转 90°后的矢量,虚线为垂直于 $\boldsymbol{e}_{SE}$的分割面,分割面之间的间距为 d_{H},d_i为第 i 个交点相对于起终点连线的偏移量(右侧为正,左侧为负),交点经纬距坐标(N_i,E_i)与偏移量 d_i之间存在如下关系:

$$\begin{bmatrix} N_i \\ E_i \end{bmatrix} = \begin{bmatrix} N_{\mathrm{s}} \\ E_{\mathrm{s}} \end{bmatrix} + i d_{\mathrm{H}} \begin{bmatrix} N_{\mathrm{e}} \\ E_{\mathrm{e}} \end{bmatrix} + d_i \begin{bmatrix} N_n \\ E_n \end{bmatrix} \tag{7-40}$$

平面切割线的间距 d_{H} 可采用如下经验公式:

$$d_{\mathrm{H}} = 1.5R_{\min} + L_{Z\min} \tag{7-41}$$

式中 $L_{Z\min}$——最小夹直线长。

对于纵断面设计变量,与平面类似,对于纵断面也可先生成一系列法向量为 $\boldsymbol{e}_{\mathrm{SE}}$的分割面(图 7-46),分割面的间距 d_{V}可取规范中的最小坡长。设分割面总数为 n_{V},各分割面与线路的交点为 JD_1,JD_2,…,$\mathrm{JD}_{n\mathrm{V}}$,以这些交点为变坡点可形成链式坡,对该链式坡进行整饰后,得到线路纵断面设计变量 K 和 H,链式坡变坡点的里程 k 可通过平面线位与分割面求交后得到,高程 h 作为基因。

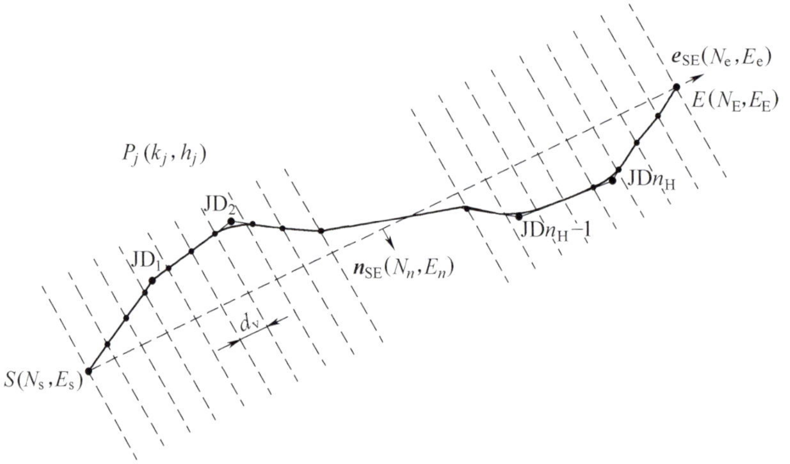

图 7-46 线路纵面分割面

实数编码具有精度高、便于大空间搜索、运算简单的特点,特别适合于实优化问题。因此采用十进制浮点数(实数)编码,相比之下,这样做不仅无需转换数制和数据类型便于理解,而且节省遗传操作时间。因此,采用实数编码方式,X_a为第 a 个染色体,$\lambda_{a,b}$为第 a 个染色体的第 b 个基因,$d_{a,i}$、$R_{a,i}$、$h_{a,j}$分别为染色体 a 第 i 个交点的偏移距、半径和第 j 个变坡点标高。线路三维空间染色体为

$$\begin{aligned} X &= [\lambda_{a,1},\lambda_{a,2},\cdots,\lambda_{a,n}] \\ &= [d_{a,1},d_{a,2},\cdots,d_{a,n\mathrm{H}},R_{a,2},\cdots,R_{a,n\mathrm{H}},h_{a,1},h_{a,2},\cdots,h_{a,n\mathrm{V}}] \end{aligned} \tag{7-42}$$

其中:$d_{a,k} = \lambda_{a,k}$,$R_{a,k} = \lambda_{a,n\mathrm{H}+k}$,$h_{a,k} = \lambda_{a,2n\mathrm{H}+k}$

式中,染色体的基因由 3 部分组成:平面交点基因片段 $d_{a,1}$,$d_{a,2}$,…,$d_{a,n\mathrm{H}}$、

平曲线半径基因片段 $R_{a,1},R_{a,2},\cdots,R_{a,n\mathrm{H}}$ 和纵断面基因片段 $h_{a,1},h_{a,2},\cdots,h_{a,n\mathrm{V}}$。采用分步编码的方式最终生成整体基因序列。

7.5.2 线路染色体形成

线路染色体基因中的 3 个基因片段并非完全独立，平面交点坐标影响平曲线半径的选配，纵断面基因的产生必须以平面为基础。基因编码过程中，充分考虑优化模型中平面几何约束、纵断面几何约束、平纵组合约束、环境影响和地质影响约束作用。采用逐步编码方式形成线路三维染色体，基本流程如下：

①形成平面交点基因片段；

②依据平面交点坐标和约束条件形成平曲线半径基因片段；

③依据半径选配缓长，平面整饰，形成线路平面；

④计算纵面分割面与线路平面的交点坐标，确定链式坡变坡点里程；

⑤形成纵断面基因片段；

⑥坡段整饰，形成纵断面方案。

现以线路初始种群生成过程为主，介绍染色体中 3 组基因片段的形成方法。

(1)形成平面基因片段

平面基因片段包括平面交点偏移距 $d_{i,1}$、$d_{i,2}$、$d_{i,n}$ 和平曲线半径 $R_{i,1}$、$R_{i,2}$、$R_{i,n}$ 两部分。为了实现全局寻优且不失一般性，平面基因片段采用随机数方式形成。平面交点基因片段中的 d_i 采用正态分布随机数确定，为保证线路尽可能顺直，d_i 的正态分布函数以 0 为期望值，d_i 在选线地理环境的带状地形宽度范围内 $[-W,W]$ 取值。

$$d_i = SD(0,k^2),k \leqslant W$$

式中，k 越小，生成的平面方案越顺直，反之，生成的平面方案展线越长，也越能适应复杂地质区域选线。

通过上式确定平面交点位置后，可依次计算出各平曲线能选配的最大曲线半径 $R_{\max}$。考虑规范最小曲线半径 $R_{\min}$ 的要求，基因片段中 R_i 的取值区间为 $R_{\min} \sim R_{\max}$，在该区间内采用均匀随机数便可获得 R_i。形成平面基因片段后，根据规范选配对应的缓和曲线长度，从而生成线路平面方案。

(2)形成纵面基因片段

在生成的纵断面方案满足线路穿越地质体条件和填挖土方最小为目标，自起点到终点逐步计算各链式坡变坡点的设计标高。设 $P_i(k_i,h_i)$，$P_{i+1}(k_{i+1},h_{i+1})$ 为链式坡任意坡段的前后两变坡点，$[k_i,k_{i+1}]$ 坡段范围内有 m 个桩号，其中第 j 个桩号处的里程和地面高程分别为 $k_{\mathrm{E}j}$ 和 $h_{\mathrm{E}j}$。不考虑约束条件，该坡

段的坡度 i'_{P} 满足

$$\min\sum_{j=1}^{m}\left[i'_{\mathrm{P}}(k_{\mathrm{E}j}-k_i)+h_i-h_{\mathrm{E}j}\right]^2 \tag{7-43}$$

求解式(7-43)得

$$i'_{\mathrm{P}}=-\sum_{j=1}^{m}(k_{\mathrm{E}j}-k_i)(h_i-h_{\mathrm{E}j})/\sum_{j=1}^{m}(k_{\mathrm{E}j}-k_i)^2 \tag{7-44}$$

考虑最大限制坡度、坡度代数差、最小净空、地质条件等约束条件，该坡段的坡度容许区间为 $[i_{\min},i_{\max}]$。当 i'_{P} 属于该区间，则该段坡度 $i_{\mathrm{P}}=i'_{\mathrm{P}}$，否则取与 i'_{P} 最接近的 $i_{\min}$ 或 $i_{\max}$。

(3)适应度函数

在遗传算法中使用适应度函数来表征种群中每个个体对其生存环境的适应能力，该函数就是遗传算法中指导搜索的评价函数。遗传算法规定适应度函数必须为非负，并且在任何情况下总是希望越大越好。根据线路优化设计目标，采用优化的目标函数作为适应度函数，由于原目标函数为求最小值，所以适应度函数取原目标函数的倒数，将线路优化设计优化问题的适应度函数 F 定义如下：

$$F(i)=1-\frac{f(i)}{\sum f(i)} \tag{7-45}$$

式中 $f(i)$ ——第 i 条线路的总费用值；

$\sum f(i)$ ——所有生成方案的费用值总和；

$F(i)$ ——代表第 i 条线路的遗传适应度。

(4)杂交与改进算法

采用十进制实数编码时，每个十进制数被看作一个基因整体，因为个体本身就是解空间的点，其物理意义很明确。为使杂交前后新旧个体有更大的差异，对算术杂交法进行改进，改进后的算术杂交算子描述如下：

$$\begin{cases}x'_1=b_1x_1+b_2x_2\\x'_2=b_2x_1+b_1x_2\end{cases} \tag{7-46}$$

式中，$b_1=0.5+b$，$b_2=0.5-b$，($b=0.95\alpha$ 或 $b=\alpha$)，α 为[0,1]区间随机数。

采用上述改进的算术杂交算子后，为了避免不可行个体解的产生，采取在产生子代后逐个判断是否越界，若越界则更换成下面的混合杂交算子来产生新个体，以利于个体的多样性，同时该算子可保证子代不会越界。

$$\begin{aligned}x'_1&=\beta x_1+(1-\beta)x_2\\x'_2&=\beta x_2+(1-\beta)x_1\end{aligned} \tag{7-47}$$

其中，β 为[0,1]区间的随机数。

7.5.3　终止准则

遗传算法的终止准则一般有两种：

(1)指定代数终止：即达到所指定的代数后，终止运行，其缺点是终止时有可能仍处于高速进化状态，得到解不是最优解；或指定代数过大，已经达到最优解，还在运算，降低优化速度。

(2)指定相临两代进化非常微小时终止，其缺点是有可能是局部最优，而非全局最优。

因此，可将两种终止准则结合起来。当达到给定的遗传代数之前就出现进化甚微时则加大变异操作的比例，继续进化，如果再连续 5 代进化依然较慢时则终止；如果在指定路段代数的最后几代种群处于明显进化阶段，则增加迭代次数，直到进化程度非常微小时停止迭代。流程如图 7-47 所示。

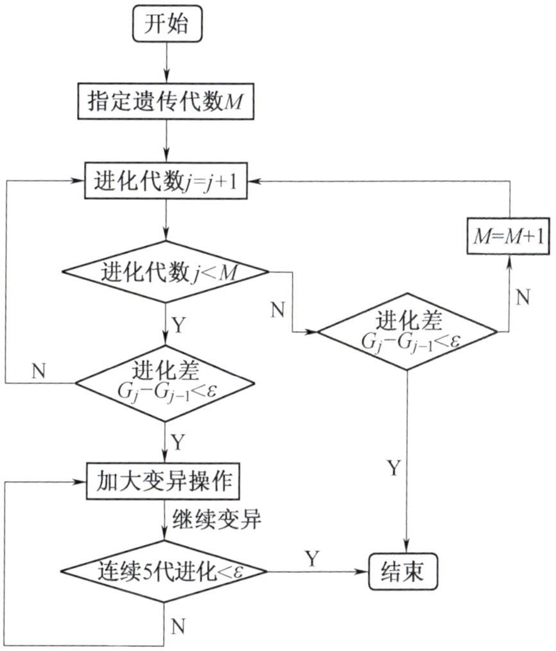

图 7-47　遗传操作终止流程图

7.5.4　应用与实例

基于上述理论与方法，对川藏铁路协荣—桑日某段进行了线路方案的优化，其中权重 $\alpha=\beta=\lambda=\gamma=1/4$，线路为Ⅰ级铁路，速度目标值 160 km/h，最小曲线半径 1 600 m，最小夹直线长 110 m，限制坡度 12‰，到发线有效长度650 m，最小站间距 7.8 km，最大站间距 15 km。纵断面切割面间距取最小坡段长350 m，

平面切割线的间距 d_H 采用经验公式(7-41)确定为 2 510 m。方案优化前后效果如图 7-48～图 7-53 所示。

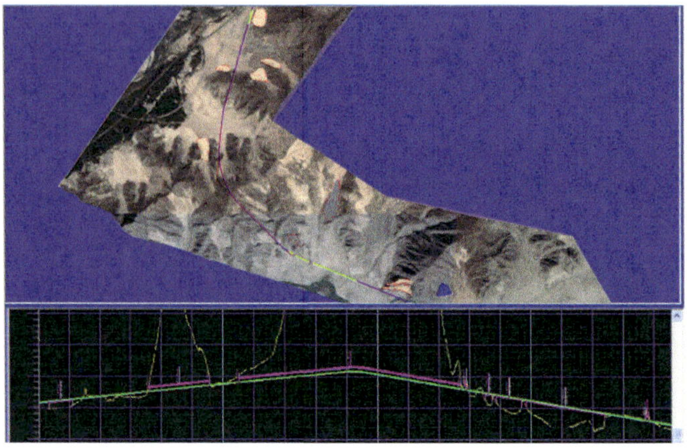

图 7-48　人工方案平面和纵断面

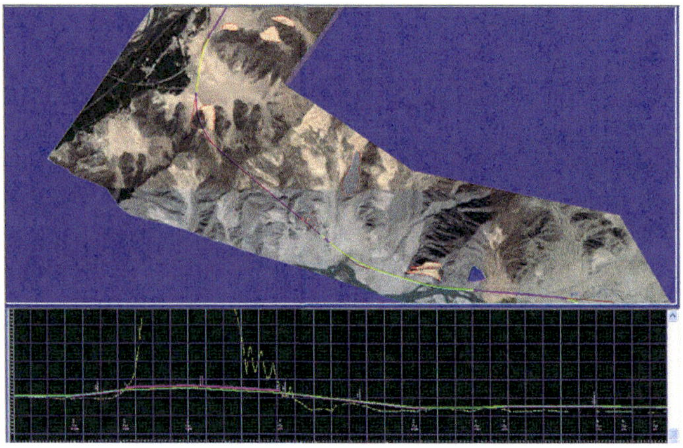

图 7-49　优化方案平面和纵断面

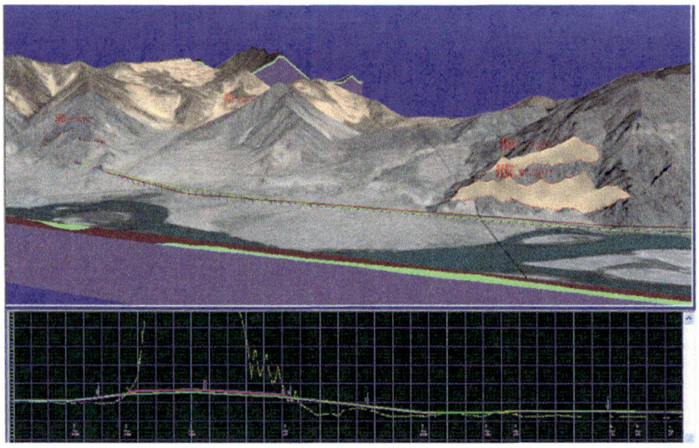

图 7-50　优化方案线路三维模型效果图 1

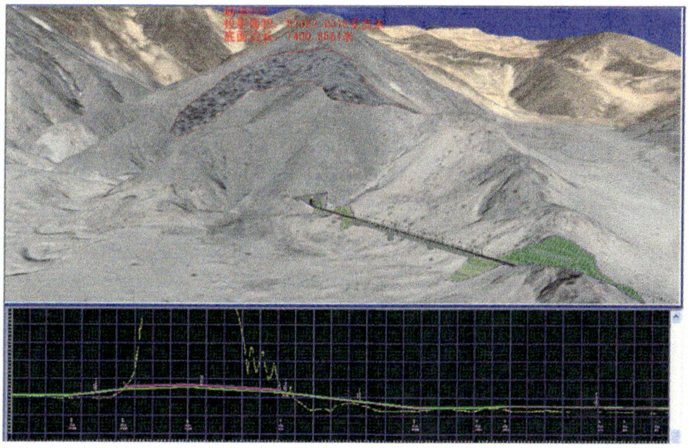

图 7-51　优化方案线路三维模型效果图 2

图 7-52　优化方案线路三维模型效果图 3

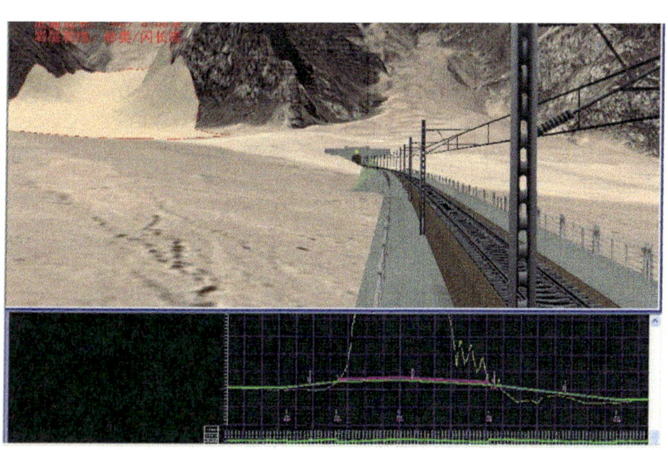

图 7-53　优化方案线路三维模型效果图 4

7.6 复杂地质区域线路方案评价模型

7.6.1 概　　述

在山区等地形地质复杂地区的选线设计，由于地形复杂，可能会遇到滑坡、岩堆、泥石流等特殊不良地质区。铁路沿线工程地质条件对评价线路设计方案的优劣和决定造价的高低起着至关重要的作用，线路方案比选中应充分研究沿线地质条件，绕避复杂、严重地质不良地段，线路方案的选择往往受到地质条件的严重制约。

借鉴已有的线路方案比选决策理论和数学模型，采用多目标决策模糊集理论，将设计方案比选视为多目标决策系统模糊比选问题。根据山区等地形地质复杂地区的选线设计的特点，从地质选线角度，建立复杂地质区域线路方案评价模型，来重点研究基于地质选线的线路多方案比选决策。实现在区域工程地质条件遥感解译分区及不良工程地质现象分布规律的基础上，以各线路方案基本工程地质条件和不良地质现象为主要依据，主要从地质角度对不同线路方案进行综合比选评价。

7.6.2 评价模型的层次结构

选线设计的多专业化和领域知识的异构体系，决定了多方案综合评价由细部到总体的层次结构。根据方案评价指标及指标之间的相互关系，结合选线原则，将方案综合评价问题层次化，建立评价模型的层次结构，从而构造出多方案综合评价的层次分析模型，分别建立目标层、指标层和准则层，如图 7-54 所示。

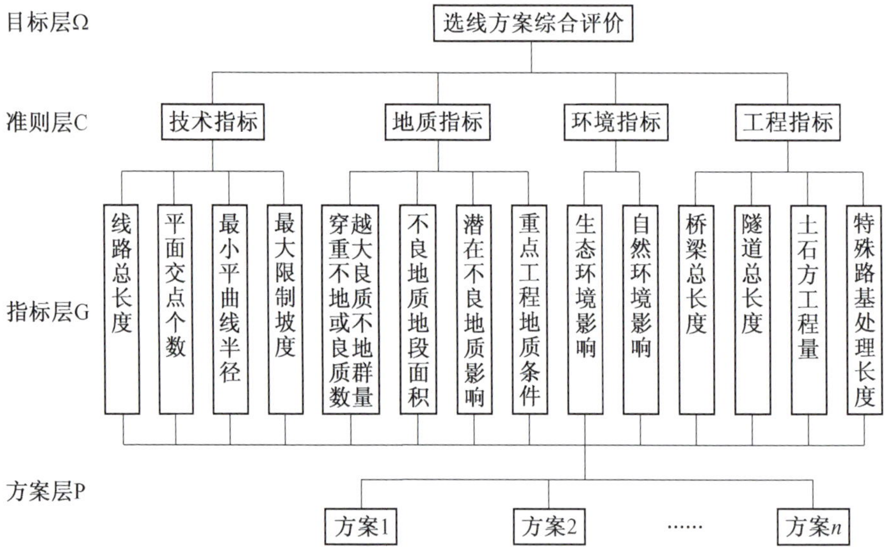

图 7-54　评价模型的层次结构图

7.6.3 评价模型的指标分析和属性值量化

(1)指标分析

其中的技术指标(线路总长度、平面交点个数、最小平曲线半径、最大限制坡度)和工程指标(桥梁总长度、隧道总长度、土石方工程量等)可由工程设计结果直接获得。

在山区等地形地质复杂地区,平面交点个数越多,线路就越不顺直,其穿越或绕避的不良地质很可能就越多;最小曲线半径越小,则说明线路行经地区的地质情况可能就越不好。因此技术指标中的平面交点个数、最小平曲线半径因素在一定程度上也反映了线路方案的工程地质情况。

地质指标中的穿越重大不良地质或不良地质群数量、不良地质地段面积、潜在不良地质影响(指线路未穿越但位于线路缓冲区范围内的不良地质数量或面积)根据工程设计结果,统计计算得出。可由线路方案经行的不良地质的面积与相应的危险性系数的加权和来体现,即

$$A_{\mathrm{G}} = \sum_{k=1}^{r} \gamma_{\mathrm{GK}} A_{\mathrm{GK}}$$

式中　γ_{GK},A_{GK}——第 k 处不良地质区域的危险性系数和区域面积。

重点工程地质条件是指长隧道、(特)大桥等重点工程所处的地质条件情况。首先根据重点工程地理位置,从地质数据库中统计分析出其区域的地质情况:包括穿越不良地质面积和数量、以及根据地质知识库统计计算重点工程在行经不良地质区域选线设计是否遵循地质选线要求等,从而分析得到线路方案的重点工程地质情况。

环境指标主要包括自然环境影响和生态环境影响,这两项指标属于定性指标,可采用 10 分制或 100 分制,需要对其定量化,越小越优。自然环境影响主要指修建铁路后可能对自然环境造成破坏,从而导致新的地质灾害。生态环境影响主要求指线路经过自然保护区、水源保护区、风景名胜区等环境敏感区时应贯彻“环境选线”理念。尽可能远离环境敏感区,强化环境保护及水土保持,以尽量减小工程对环境的不利影响。

在山区等地形地质复杂地区,工程指标中的隧道总长度、桥梁总长度、特殊路基处理长度,其数值越大,在一定程度上也反映了线路方案的工程地质情况就越不好。

从上面对指标的分析可知,方案评价所需的指标只有环境指标属于定性指标,其他指标都属于定量指标,可直接根据方案的设计信息提出评价指标值。对于个别无法用定量的技术指标来体现的定性因素,才采用人机交互的方式由

决策者进行模糊量化;这一思想不仅大大减少了决策者对选线结果的主观影响,而且使得综合评价子系统的人机交互量减少到最低程度。

(2)属性值量化

在上述指标中,主要涉及两种类型,即"效益型指标"、"成本型指标"。所谓效益型指标是指属性值越大越好的指标,如最小平曲线半径;所谓成本型指标是指属性值越小越好的指标,如不良地质地段面积、特殊路基处理长度、平面交点个数等。

一般而言,不同的评价指标往往具有不同的量纲和量纲单位,为了消除量纲和量纲单位不同所带来的不可公度性,决策之前首先应将评价指标进行标准化处理。标准化处理方法应该根据评价指标类型确定。

①效益型指标

$$r_{ij} = \frac{x_{ij} - \bigwedge_j x_{ij}}{\bigvee_j x_{ij} - \bigwedge_j x_{ij}} \qquad i = 1,2,\cdots,n \tag{7-48}$$

或

$$r_{ij} = \frac{x_{ij}}{\bigvee_j x_{ij} + \bigwedge_j x_{ij}} \qquad i = 1,2,\cdots,n \tag{7-49}$$

式中 $\bigvee_j x_{ij}$、$\bigwedge_j x_{ij}$ —— V_j 指标的最大值和最小值。

其中式(7-49)适合于指标特征值变化不大的情况。例如有供优选的 3 个方案,3 个方案最小平曲线半径分别为 800、800、1 000 m,曲线半径越大越优。用式(7-49)计算其相对隶属度分别为 0.40, 0.40,0.5,它们的目标隶属度相差不大,符合 3 个方案的最小平曲线半径相差不大的实际情况,如按式(7-48)计算其隶属度分别为 0,0,1,显然这不符合 3 个方案最小平曲线半径相差不大的实际情况。因此,根据指标特征量 x_{ij} 的不同情况,可选用合适的计算公式。

②成本型指标

$$r_{ij} = \frac{\bigvee_j x_{ij} - x_{ij}}{\bigvee_j x_{ij} - \bigwedge_j x_{ij}} \qquad i = 1,2,\cdots,n \tag{7-50}$$

或

$$r_{ij} = 1 - \frac{x_{ij}}{\bigvee_j x_{ij} + \bigwedge_j x_{ij}} \qquad i = 1,2,\cdots,n \tag{7-51}$$

$\bigvee_j x_{ij}$、$\bigwedge_j x_{ij}$ 的含义同上。

式(7-51)适用于目标特征值变化不大的情况。因为当 $\bigvee_j x_{ij}$ 与 $\bigwedge_j x_{ij}$ 相差不大时,算得的目标相对优属度相差也不大,能较好的反映目标特征值变化的实际情况。例如有供优选的 3 个方案,3 个方案的占地(目标 i)分别为 500 亩,450 亩,400 亩,占地越小越优,用式(7-51)计算其相对隶属度分别为 0.44,0.50,0.56,它们的目标隶属度相差不大,符合 3 个方案的占地特征值相差不大的实际情况,如按式(7-50)计算其隶属度分别为 0,0.5,1,显然这不符合 3 个方案占地相差不大的实际情况。因此,根据指标特征量 x_{ij} 的不同情况,可选用合适的计算公式。

7.6.4 评价模型的实现

设有 m 个待优选的评价方案集 $C=\{C_1,C_2,\cdots,C_m\}$;有 q 个因素组成的评价目标集 $O=\{O_1,O_2,\cdots,O_q\}$,如果某个 $O_i(i\in 1,2,\cdots,q)$ 又由 q_i 个子目标组成,则评价子目标集记为 $O_i=\{O_{i1},O_{i1},\cdots,O_{iq_i}\}$;由全体评价指标组成指标集 U ,按 n 个不能再分目标将评价指标分成个 n 子集 U_i ,则 $U=\{U_1,U_2,\cdots,U_n\}$ 且满足

$$\bigcup_{i=1}^{n} U_i=U,U_i\cap U_j=\phi \quad i\neq j,i,j\in\{1,2,\cdots,n\} \tag{7-52}$$

(1)构造判断矩阵

首先对同一层次的指标两两比较其相对重要性,即本层各元素对上层某元素进行重要性程度的两两二元比较,得出相对权值的比值 w_i/w_j,以此构造判断矩阵 B ,判断矩阵 B 为 $n\times n$ 的方阵。

$$B=\begin{bmatrix} b_{11} & b_{12} & \cdots & b_{1n} \\ b_{21} & b_{22} & \cdots & b_{2n} \\ \vdots & \vdots & \vdots & \vdots \\ b_{n1} & b_{n2} & \cdots & b_{nn} \end{bmatrix}$$

式中,$b_{ij}=w_i/w_j$ 为 i 目标准则重要性程度 w_i 与 j 目标准则重要性程度 w_j 之比,采用层次分析法(Analytic Hierarchy Process,AHP)对重要性程度赋值。b_{ij} 具有互反性和一致性,即 $b_{ij}=1/b_{ji}$。

(2)求解权重向量

构造优化问题,求解误差平方和权重最小的权向量。

$$\min z=\sum_{i=1}^{n}\sum_{j=1}^{n}(b_{ij}w_j-w_i)^2 \tag{7-53}$$

$$\text{s.t.} \sum^{i=n} w_i=1 \quad (w_i>0,i=1,2,\cdots,n) \tag{7-54}$$

求解上述优化问题,构造拉格朗日函数 L

$$L = \sum_{i=1}^{n}\sum_{j=1}^{n}(b_{ij}w_j - w_i)^2 + 2\lambda\left(\sum_{i=1}^{n} wi - 1\right) \tag{7-55}$$

式中，λ 为拉格朗日乘子，对某个 w_i 求偏导，并使之为 0，即

$$\sum_{i=1}^{n}(b_{ik}w_k - w_i)b_{ik} - \sum_{j=1}^{n}(b_{kj}w_j - w_k)b_{ik} + \lambda = 0 \quad (k = 1,2,\cdots,n) \tag{7-56}$$

联立式(7-54)和式(7-56)即可求得权重向量的分量 w_i。

(3)构造方案层矩阵

根据图 7-54 层次结构分析模型将子指标层具体化，令 $O = \{O_1, O_2, O_3, O_4\}$ 为系统的评价目标集，$U_i = \{u_{i1}, u_{i2}, \cdots, u_{in_i}\}$ 为目标 O_i 的评判指标集，全体评价子指标组成总指标集 $U = \{U_1, U_2, U_3, U_4\}$。满足 $u_{mn} \cap u_{pq} = \phi, u_{mn}, u_{pq} \in U$，且 $mn \neq pq$。现假设方案集 $C = \{C_1, C_1, \cdots, C_m\}$ 由 m 个可供优选的方案组成，第 i 个优选方案向量 $X_i = \{u_{11}^i, u_{12}^i, \cdots, u_{1n_1}^i, u_{21}^i, u_{22}^i, \cdots, u_{2n_2}^i, u_{31}^i, u_{32}^i, \cdots, u_{3n_3}^i, u_{41}^i, u_{42}^i, \cdots, u_{4n_4}^i\}$ 由 $n_1 + n_2 + n_3 + n_4$ 个子指标组成。取每个优选方案前 n_1 个分量构成技术评价数据矩阵 $(R_1)_{m\times n_1}$，取第 $n_1 + 1$ 至 n_2 个分量构成经济评价矩阵 $(R_2)_{m\times n_2}$，取第 $n_2 + 1$ 至 n_3 个分量构成环境评价矩阵 $(R_3)_{m\times n_3}$，取第 $n_3 + 1$ 至 n_4 个分量构成环境评价矩阵 $(R_4)_{m\times n_4}$。

(4)方案层矩阵的模糊处理

现假设方案层矩阵为

$$R_i = \begin{bmatrix} u_{i1}^1 & u_{i2}^1 & \cdots & u_{in_i}^1 \\ u_{i1}^2 & u_{i2}^2 & \cdots & u_{in_i}^2 \\ \vdots & \vdots & \vdots & \vdots \\ u_{i1}^m & u_{i2}^m & \cdots & u_{in_i}^m \end{bmatrix} = (u_{ip}^q)_{m\times n_i} \qquad p = 1,2,\cdots,n_i; q = 1,2,\cdots,m$$

式中 u_{ip}^q 表示方案 q 对应的指标 O_i 中的第 p 个子指标的特征值，一般情况下，它含定性指标和定量指标特征值，优选的目的在于根据特征值矩阵找出最优设计方案。方案的优与劣是个模糊的概念，两者之间不存在绝对明显的界限。模糊性概念对应的外延不是普通集合，而是模糊集合，这样的集合是用隶属函数的映射来刻划的，其定义如下：由映射

$$u_A: U \rightarrow [0,1]$$

$$u \rightarrow u_A(u)$$

所刻画的集合称为 U 上的一个模糊子集 $\underset{\sim}{A}$，其中 $u_A(u) \in [0,1)$ 是对于任意 $u \in U$ 所指定的一个数，称之为 u 对 A 的隶属度。在本模型中，对于越小越优

(成本型)定量指标特征值可用下式计算相对隶属度：

$$u \underset{\sim}{R}_i = \begin{cases} 1 & u_{ip}^q < \min(u_{ip}^j) \\ \dfrac{\max(u_{ip}^q) - u_{ip}^q}{\max(u_{ip}^j) - \min(u_{ip}^j)} & \min(u_{ip}^j) \leqslant u_{ip}^q < \max(u_{ip}^j) \quad (j = 1,2,\cdots,m) \\ 0 & u_{ip}^q \geqslant \max(u_{ip}^j) \end{cases} \tag{7-57}$$

对于越大越优(效益型)定量指标特征值可用下式计算相对隶属度：

$$u_{R_i}(u_{ip}^q) = \begin{cases} 1 & u_{ip}^q \geqslant \max(u_{ip}^j) \\ \dfrac{u_{ip}^q - \max(u_{ip}^q)}{\max(u_{ip}^j) - \min(u_{ip}^j)} & \min(u_{ip}^j) < u_{ip}^q < \max(u_{ip}^j)(j = 1,2,\cdots,m) \\ 0 & u_{ip}^q \leqslant \min(u_{ip}^j) \end{cases} \tag{7-58}$$

对于定性指标特征值可用二元相对比排序法量化。

数对 $[f_j(u_i), f_i(u_j)]$ 表示方案 i 与方案 j 在子指标 U 的对比中，若方案 i 接近“优”的程度为 $f_j(u_i)$，则方案 j 接近“优”的程序为 $f_i(u_j)$。

令

$$f_u(i/j) = \frac{f_j(u_i)}{\max(f_j(u_i), f_i(u_j))} \quad i,j = 1,2,\cdots,m \tag{7-59}$$

显然有

$$f_u(i/j) = \begin{cases} f_j(u_i)/f_i(u_j) & f_j(u_i) \leqslant f_i(u_j) \\ 1 & f_j(u_i) > f_i(u_j) \end{cases} \tag{7-60}$$

以 $f_u(i/j)$ 为元素组成矩阵，并将 $f_u(i/j)$ 取值为 1，此类矩阵称为“相及矩阵”，它具有如下形式：

$$\begin{array}{c} \\ C_1 \\ C_2 \\ \cdots \\ C_m \end{array} \begin{array}{c} \begin{array}{cccc} C_1 & C_2 & \cdots & C_m \end{array} \\ \begin{bmatrix} 1 & f_u(1/2) & \cdots & f_u(1/m) \\ f_u(2/1) & 1 & & f_u(2/m) \\ \vdots & \vdots & \vdots & \vdots \\ f_u(m/1) & f_u(m/2) & \cdots & 1 \end{bmatrix} \end{array}$$

上述矩阵中，每一列取最小值并令第 j 列最小值为 $f_u(j)$，$f_u(j)$ 表示方案 j 的子指标 u 的隶属度。

(5)求解优属度

通过以上方法,可将特征值矩阵式 R_i 转化为隶属度模糊矩阵 $\underset{\sim}{R}_i$, $\underset{\sim}{R}_i = (\underset{\sim}{u}_{ip}^{q})_{m\times n_i}$,式中 $\underset{\sim}{u}_{ip}^{q}$ 表示特征值 $\underset{\sim}{u}_{ip}^{q}$ 对应的隶属度,式中 $\underset{\sim}{u}_{ip}^{q} \in (0,1)$ 。根据优化的模糊化与相对性概念,令模糊矩阵 $\underset{\sim}{R}_i$ 的优向量为

$$
\begin{aligned}
Y_i &= (u_{i1}^{Y}, u_{i2}^{Y}, \cdots, u_{in_i}^{Y})^{\mathrm{T}} \\
&= (\underset{\sim}{u}_{i1}^{1} \vee \underset{\sim}{u}_{i1}^{2} \vee \cdots \vee \underset{\sim}{u}_{i1}^{m}, \underset{\sim}{u}_{i2}^{1} \vee \underset{\sim}{u}_{i2}^{2} \vee \cdots \vee \underset{\sim}{u}_{i2}^{m}, \cdots, \underset{\sim}{u}_{in_i}^{1} \vee \underset{\sim}{u}_{in_i}^{2} \vee \cdots \vee \underset{\sim}{}_{in_i}^{m})^{\mathrm{T}} \underset{\sim}{R}_i
\end{aligned}
$$

Y_i 的次向量为

$$
\begin{aligned}
L_i &= (u_{i1}^{L}, u_{i2}^{L}, \cdots, u_{in_i}^{L})^{\mathrm{T}} \\
&= (\underset{\sim}{u}_{i1}^{1} \wedge \underset{\sim}{u}_{i1}^{2} \wedge \cdots \wedge \underset{\sim}{u}_{i1}^{m}, \underset{\sim}{u}_{i2}^{1} \wedge \underset{\sim}{u}_{i2}^{2} \wedge \cdots \wedge \underset{\sim}{u}_{i2}^{m}, \cdots, \underset{\sim}{u}_{in_i}^{1} \wedge \underset{\sim}{u}_{in_i}^{2} \wedge \cdots \wedge \underset{\sim}{}_{in_i}^{m})^{\mathrm{T}}
\end{aligned}
$$

式中 ∧ 表示取小,∨ 表示取大。

设根据"求解权重向量"方法中求得指标 i 的 n_i 个子指标的权重向量为

$$
w^{i} = (w_1^{i}, w_2^{i}, \cdots, w_{n_i}^{i})^{\mathrm{T}}
$$

则方案 q 与优向量的距离为

$$
D_q(\underset{\sim}{R}_i, Y_i) = \left[\sum_{p=1}^{n_i} (w_p^{i} | \underset{\sim}{u}_{ip}^{q} - u_{ip}^{Y} |)^{k} \right]^{1/k} \tag{7-61}
$$

方案 q 与次向量的距离为

$$
D_q(\underset{\sim}{R}_i, L_i) = \left[\sum_{p=1}^{n_i} (w_p^{i} | \underset{\sim}{u}_{ip}^{q} - u_{ip}^{L} |)^{k} \right]^{1/k} \tag{7-62}
$$

式中 k 为广义距离参数, $k = 1$ 为海明距离, $k = 2$ 为欧氏距离。称

$$
D'_q(\underset{\sim}{R}_i, Y_i) = u_i^{q} D_q(\underset{\sim}{R}_i, Y_i) \tag{7-63}
$$

$$
D'_q(\underset{\sim}{R}_i, L_i) = (1 - u_i^{q}) D_q(\underset{\sim}{R}_i, L_i) \tag{7-64}
$$

分别为评价方案 q 的权优异度和权次异度。式中 u_i^{q} , $1 - u_i^{q}$ 分别为评价方案 q 分别从属于优向量 Y_i 和次向量 L_i 的隶属度, u_i^{q} 为评价方案 q 对指标 O_i 的优属度,立如下评价准则:评价方案 q 对指标 O_i 的权优异度和权次异度平方和最小,即目标函数为

$$
\min F(u_i^{q}) = [D'_q(\underset{\sim}{R}_i, Y_i)]^2 + [D'_q(\underset{\sim}{R}_i, L_i)]^2 \tag{7-65}
$$

将式(7-61)、式(7-62)、式(7-63)、式(7-64)代入式(7-65)中得

$$
\min F(u_i^{q}) = \left\{ u_i^{q} \left[\sum_{p=1}^{n_i} (w_p^{i} | \underset{\sim}{u}_{ip}^{q} - u_{ip}^{Y} |)^{k} \right]^{1/k} \right\}^2 + \left\{ (1 - u_i^{q}) \left[\sum_{p=1}^{n_i} (w_p^{i} | \underset{\sim}{u}_{ip}^{q} - u_{ip}^{L} |)^{k} \right]^{1/k} \right\}^2 \tag{7-66}
$$

求解 $\mathrm{d}F(u_i^q)/\mathrm{d}(u_i^q)=0$,得

$$u_i^q=\frac{1}{1+\left[\frac{\sum_{p=1}^{n_i}(w_p^i|\underset{\sim}{u}_{ip}^q-u_{ip}^Y|)^k}{\sum_{p=1}^{n_i}(w_p^i|\underset{\sim}{u}_{ip}^q-u_{ip}^L|)^k}\right]^{1/k}} \tag{7-67}$$

式中 u_i^q 为方案优属度向量,$q=1,2,\cdots,m$,$i=1,2,3$,式(7-67)称为优选模型。若子指标 u_{ij} 还可细分为 g 个更细的指标,令 $u_{ij}=v_1,v_2,\cdots,v_g$,按照上述方法分别求出各方案对子指标 u_{ij} 的优属度,构成隶属度模糊矩阵 $\underset{\sim}{R}_i$ 的第 j 列列向量。

设各方案对指标 O_i 的优属度向量为 $u_i=(u_i^1,u_i^2,\cdots,u_i^m)^{\mathrm{T}}$,所有指标的优属度向量构成目标层隶属度模糊矩阵 $\underset{\sim}{R}$,求出各方案对总目标的优属度,按优属度大小排序即为各方案的优劣排序。

8 工程实例应用

8.1 工程实例概况

8.1.1 实例区域地理概况

工程实例应用选用川藏铁路拉林线(拉萨到林芝)协荣—扎其段约 60 km 实际工程项目资料开展。

川藏铁路位于我国四川省和西藏自治区境内,途经山前冲积平原区(成都平原)、川西盆地—高原过渡区、青藏高原地貌区(包括高原东南边缘的斜面部位)等三大地貌单元;穿越横断山脉、念青唐古拉山脉的东延余脉、喜马拉雅山脉等三大山脉;跨越长江(岷江、大渡河、金沙江)、澜沧江、怒江、雅鲁藏布江(帕隆藏布、尼洋河、拉萨河)等四大水系。沿线环境多变、地势复杂、地震烈度高、地质条件恶劣。

川藏铁路林芝段处于藏东南近北西西向高山峡谷区,山脉走向主要为东西向,山势雄伟,群峰高耸,山岭海拔多在 4 000 m 以上,迫龙藏布至雅鲁藏布江大拐弯之间,地势尤为高耸,许多山峰在 6 000 m 以上,谷底与山岭相对高差一般 2 000~3 000 m。河谷宽窄相间,以峡谷为主,多悬崖绝壁,支流密布,冰川、冰湖、冰碛地貌及寒冻风化地貌发育。地层岩性河谷内多覆盖第四系黏性土及砂层、卵石层等;基岩主要为前震旦系片麻岩、糜棱岩、大理岩等变质岩。构造特征以波密至东久一带为南北向构造与东西向构造的过渡区,构造线方向为北北西向。表水为峡谷流水,由于纵坡较陡,地表水以径流为主,接受大气降水及高山、极高山冰雪融水补给。地下水主要为土层孔隙水,水量不大,基岩裂隙水、构造裂隙水,其富水性受区域构造形态、基岩节理裂隙发育程度及完整性控制,主要受大气降水补给。主要工程地质问题为活动断裂、高烈度地震、高地应力、高地温与高温热水、冰川泥石流、重大崩滑地质灾害、断层破碎带、蚀变岩等,尤其是迫龙藏布、波都藏布沿江一带,冰川与冰碛发育,地层破碎,崩塌、滑坡、溜砂、冰川泥石流十分活跃,而且类型众多。沿线不良地质极其发育,工程地质条件差。

8.1.2 实例区域线路概况

川藏铁路是继青藏铁路后的又一条重要的进藏通道,也是我国中长期铁路网规划西部铁路网的重要组成部分。拉林铁路是川藏铁路的重要组成,铁路正线全长 435 km,起点是拉萨,从拉日铁路协荣站引出,向东经过贡嘎、扎囊、乃东、桑日、加查、朗县、米林到林芝。拉林铁路全线为单线电气化Ⅰ级铁路,设计行车速度为 160 km/h。根据线路运量预测结果和在铁路网中重要的骨干作用及在政治、经济和国防方面的重要意义,拉林铁路等级为Ⅰ级干线铁路。

拉林线主要技术标准采用见表 8-1。

表 8-1 拉林线主要技术标准表

序 号	主要技术标准	推荐意见
1	铁路等级	Ⅰ级
2	正线数目	单线
3	旅客列车设计行车速度	160 km/h
4	限制坡度	16‰,加力坡 30‰ /12‰,加力坡 24‰
5	最小曲线半径	一般 2 000 m ,困难 1 600 m,特别困难 800 m
6	牵引种类	电力
7	机车类型	货机 HXD2,客机 HXD1D
8	牵引质量	2 700 t/3 400 t
9	到发线有效长度	650 m
10	闭塞类型	站间自动闭塞

8.2 工程实例地质建模

8.2.1 建模数据准备

主要收集和提取了如下资料:

(1)1∶10 000 地形平面图(提取了离散点数模,包含 629 964 个点);

(2)预可研阶段的 1∶20 万遥感解译地质图;

(3)1∶10 000 地质平面图(提取不良地质区域范围等数据);

(4)不良地质、矿产分布图(提取不良地质区域范围,矿产资源数据);

(5)横 1∶10 000,竖 1∶1 000 比例的拉林线协荣—桑日地质剖面;

(6)数字摄影测量获取了实验区 4 m 分辨率 DEM;

(7)基于 Google 地理信息服务下载了纬度范围 29°12′44″N ~ 29°24′39″N,经度范围 90°53′10″E ~ 91°25′21″E 区域,分辨率 0.4 m 左右的影像数据,拼接生成了实例区 DOM;

(8)协荣—桑日段 1 764 个钻孔柱状图和重大工点区域贡嘎雅鲁藏布江特大桥 110 个钻孔柱状图;

(9)建模区域的带状边界范围特征线;

(10)建模区域提取的不良地质对象信息,包括区域边界范围、解译影像、属性描述等。

8.2.2 坐标系与模型范围

坐标系统采用工程独立坐标系,高程系统采用 1985 高程系统。X 轴指向正东,Y 轴指向正北,Z 轴从低海拔指向高海拔。条带状模型的立方体包围盒范围左下角点(438 600.000,3 236 600.000,3 350.000)~右下角点(492 400.000,3 258 300.000,4 400.000)。

8.2.3 地质体表面地理环境构建

直接采用项目提取的 DEM 和网络采集的 DOM 数据(图 8-1、图 8-2)和线

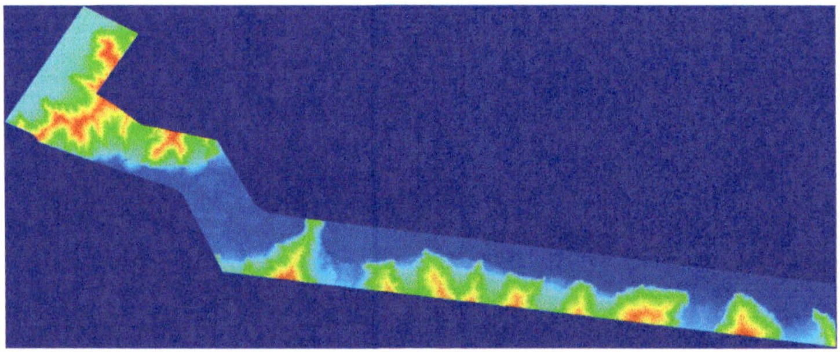

图 8-1　DEM 数据

图 8-2　DOM 数据

路经行区域的条带状约束边界,使用 TIN 三角网构网和影像纹理映射技术,分块分区构建了地质体表面地理环境。表面地理环境如图 8-3 和图 8-4 所示。

图 8-3 地表地理环境建模(全景)

图 8-4 地表地理环境建模(局部)

8.2.4 地表矢栅一体化地质环境构建

将不良地质对象的空间分布范围矢量数据构建约束 TIN 模型,投影到三维地形上,利用地质灾害解译影像作为纹理叠加到三维地形上,可以实现 DEM 与矢量数据和地质解译影像的三维叠加,建立起直观的地表地质环境。选线设计人员能够对地质信息进行各种空间查询与分析决策,并能够以一种动态的交互式的三维影像形式表现出来,如图 8-5 所示。

将不良地质对象信息以矢量边界识别、栅格图像融合和动态属性提示的方式进行建模,实现地质信息的动态交互式三维影像表达,有助于辅助选线工程师开展环境选线、地质选线。

8.2.5 钻孔可视化建模

通过设计钻孔可视化表达数据结构,采用 OSG 三维图形渲染引擎,构建了

图 8-5　地表矢栅一体化地质环境建模

钻孔可视化实体对象。沿线路走向布置的钻孔实体对象可视化建模效果如图 8-6 所示。叠加地表后的钻孔对象建模效果如图 8-7(a)、图 8-7(b)、图 8-7(c)所示。

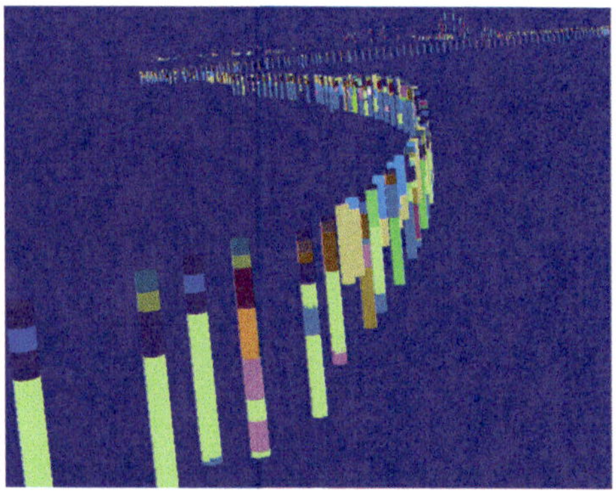

图 8-6　钻孔实体对象可视化建模效果

(a)　重点工区

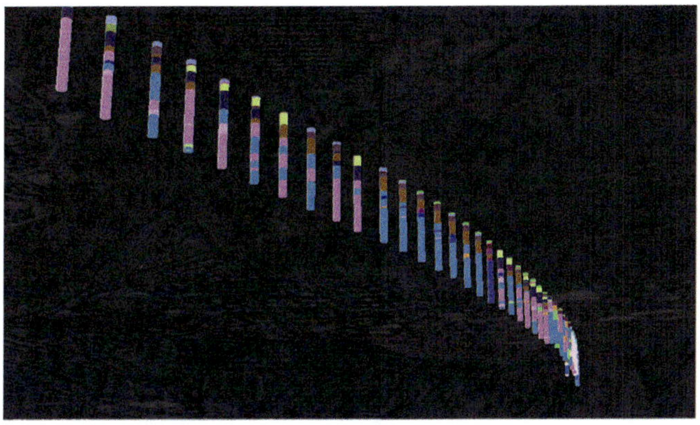

(b) 局部地段

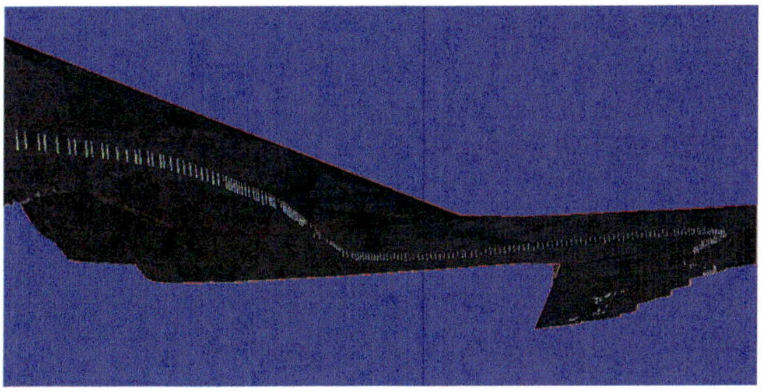

(c)全景

图 8-7 叠加地表后的钻孔实体对象可视化建模效果

钻孔自动补齐是根据深孔地层推测补齐浅孔未见地层,使浅孔与深孔的孔底高程一致。钻孔自动补齐建模效果如图 8-8 所示。

图 8-8 钻孔自动补齐建模效果图

根据插值算法和虚拟钻探取芯,提取某一特定区域的虚拟钻孔,可视化建模效果如图 8-9 所示。

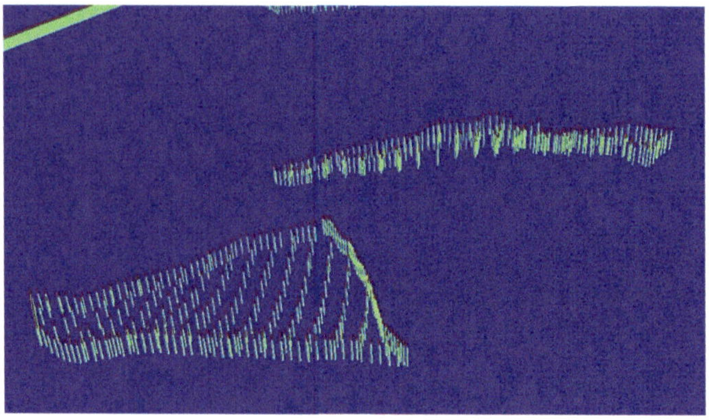

图 8-9　选定区域的虚拟钻孔建模效果图

8.2.6　工程地质剖面生成

在地质建模过程中,工程地质剖面生成主要包括:(1)根据既有 CAD 地质剖面电子图可视化生成三维空间下的地质剖面;(2)根据实测钻孔和虚拟钻孔通过地层连接生成地质剖面;(3)基于构建的地质三维模型,提取任意位置、角度的地质剖面。建模效果分别如图 8-10~图 8-12 所示。

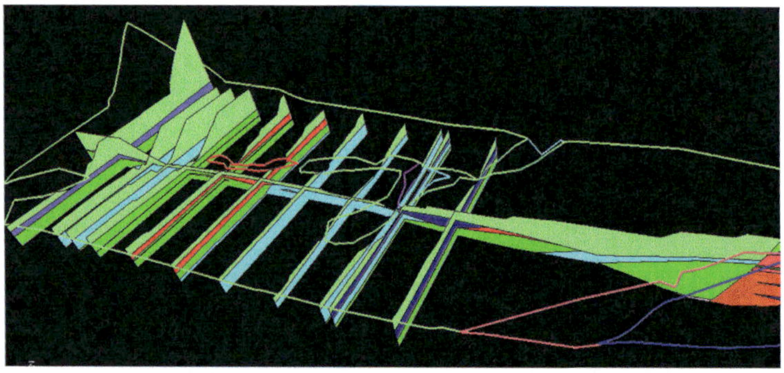

图 8-10　既有地质纵横剖面的可视化建模效果图

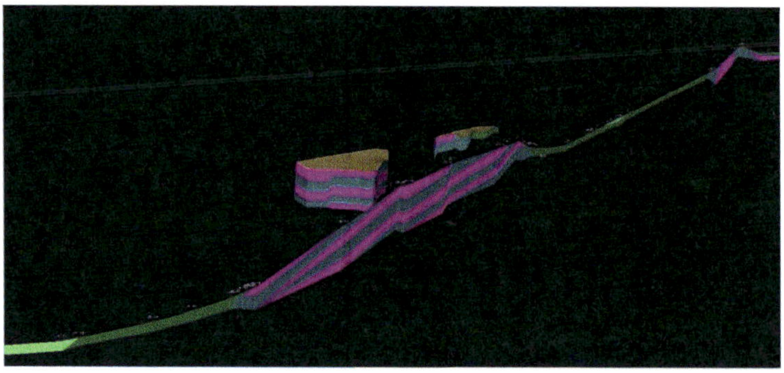

图 8-11　根据钻孔数据连接生成的地质剖面图

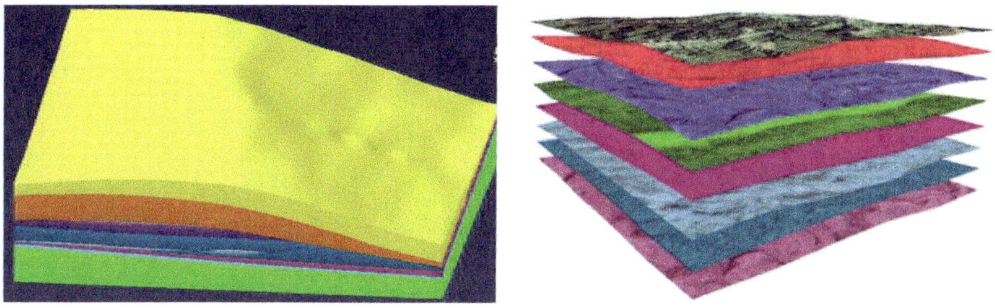

图 8-12 根据地质实体任意剖切生成的剖面

8.2.7 大比例尺地质对象提取建模与可视化表达

针对线路地质情况复杂区域、重点工程选线区域，基于地质对象提取技术和 GTP 地质实体建模技术，构建大比例尺地质模型。基于 OSG 图形库技术，对地质对象模型进行不同方式的可视化表达，比如多角度动态观察、单层显示、揭盖层显示、透视和剖切显示等。图 8-13～图 8-20 展示了大比例尺地质对象的提取建模与多种可视化表达。

图 8-13 三维环境中的不良地质对象区域

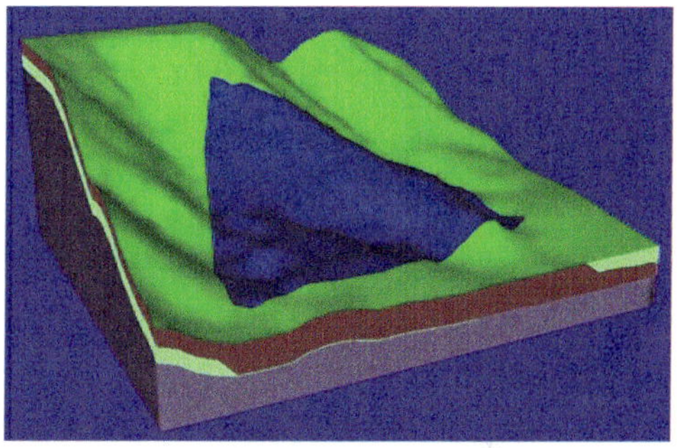

图 8-14 大比例尺地质对象提取建模与显示

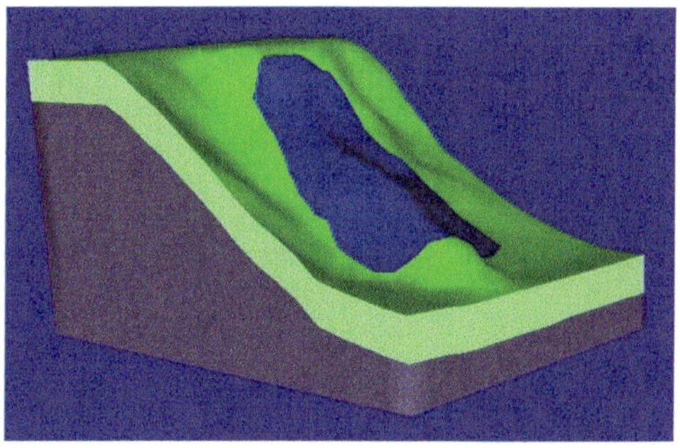

图 8-15 矩形区域提取建模与可视化

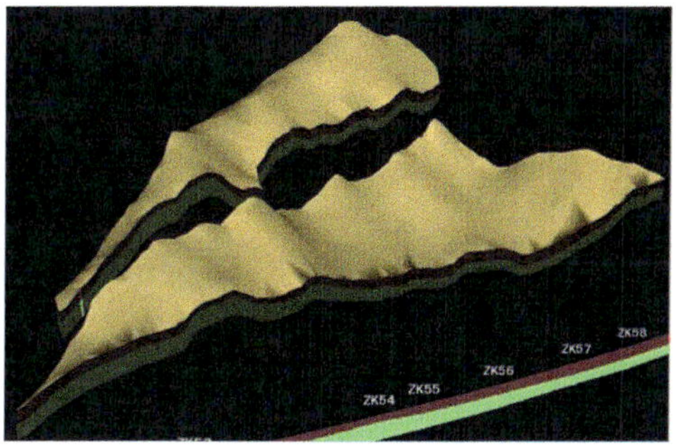

图 8-16 多边形边界提取建模与可视化

8.2.8 长大带状地质环境建模

将建模区域的带状边界范围特征线数据、地表地理环境、分块地质实体对象、钻孔数据、剖面数据进行融合建模，对分块地质实体对象进行空间定位，建

图 8-17　地质对象多边形切割效果图

图 8-18　地质对象复合切割效果图

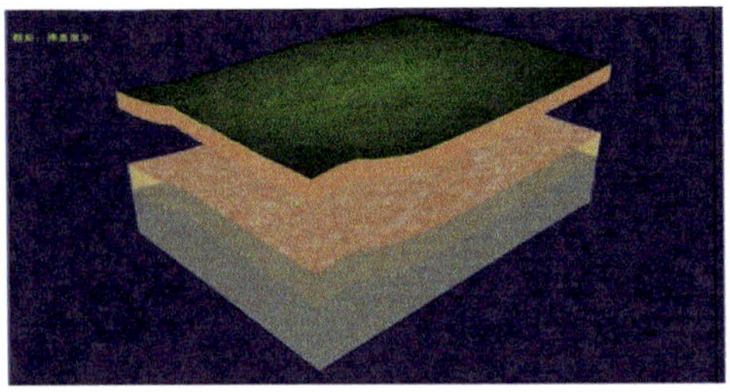

图 8-19　地质对象揭盖显示

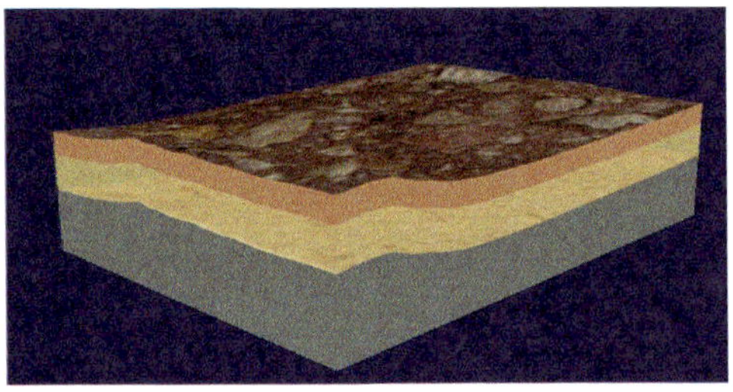

图 8-20　地质对象地层透明化显示

立适合铁路地质选线的长大带状地质环境模型，为选线工程师实时获取地质信息、分析地质对象提供直观的可视环境。建立的协荣—扎其段长大带状地质环境模型如图 8-21～图 8-23 所示。

图 8-21　协荣—扎其段长大带状地质环境模型（视点 1）

图 8-22　协荣—扎其段长大带状地质环境模型（视点 2）

图 8-23 协荣—扎其段长大带状地质环境模型(视点 3)

8.3 基于地质三维建模的空间立体选线

根据建立的长大带状三维地质环境模型,开展试验区域的地质选线。基于地质信息管理、超地图模型、地质知识库,实现在三维空间中对地质信息的动态查询、获取和分析。通过对地质实体和选线方案的构造物实体对象的三维空间冲突分析,合理的设计和优化地质选线方案。地质实体对象与实体选线方案的空间关系观察与分析如图 8-24 所示。

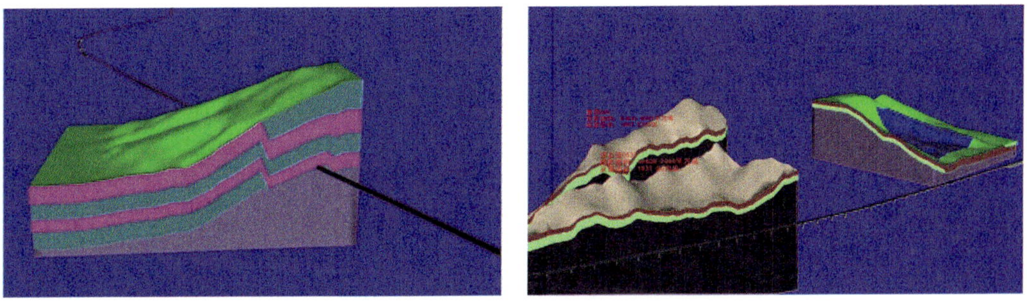

图 8-24 地质实体对象与实体选线方案的空间关系观察与分析

通过对地质对象信息的直观分析,研究线路的空间选址和结构物布置方案,通过路基、桥梁、隧道等线路构造物的三维建模,形成线路实体选线方案。在三维地质环境中的协荣—扎其段线路实体选线方案如图 8-25 ~ 图 8-31 所示。

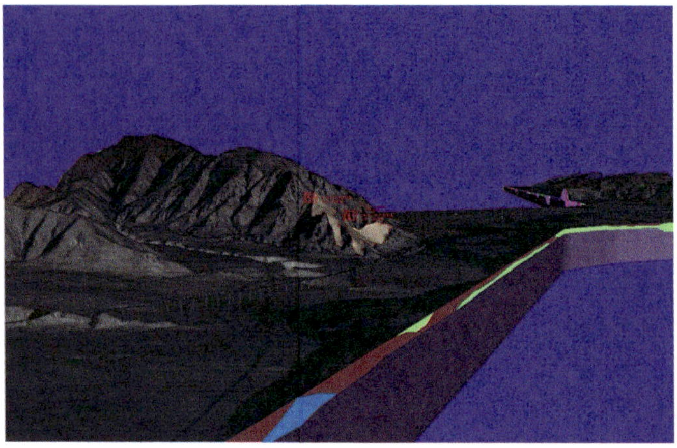

图 8-25　三维地质环境中的协荣—扎其段线路实体选线方案(远景 1)

图 8-26　三维地质环境中的协荣—扎其段线路实体选线方案(远景 2)

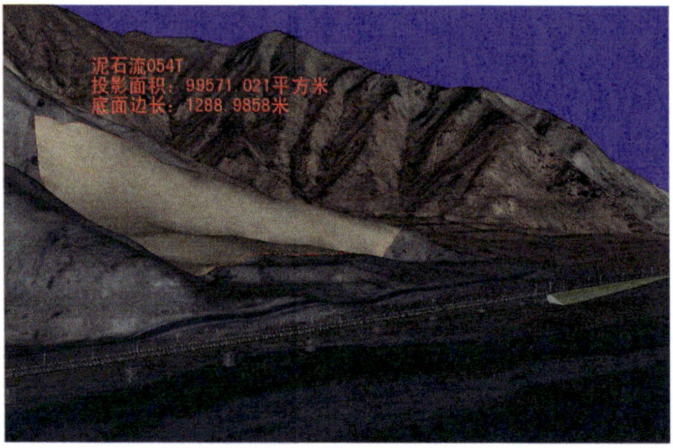

图 8-27　三维地质环境中的协荣—扎其段线路实体选线方案(远景 3)

图 8-28　协荣—扎其段线路实体选线方案轨道实体

图 8-29　协荣—扎其段线路实体选线方案路堑实体

图 8-30　协荣—扎其段线路实体选线方案简支梁桥

图 8-31　协荣—扎其段线路实体选线方案隧道洞口

参 考 文 献

[1] 李明，李姗姗，张小林．基于 Oracle Spatial 的多元重力场信息数据库的设计与应用[J]．测绘科学，2007，32(6)：110-112.

[2] 王成锡，张明华．国家地质信息元数据管理系统的开发[J]．国土资源信息化，2011(2)：12-15，24.

[3] 刘彦花，陈伟清，叶国华．地质灾害多源数据一体化集成[J]．广西大学学报：自然科学版，2009，34(2)：246-250.

[4] 刁明光，薛涛，李建存，等．基于地质信息元数据标准的多源空间数据管理系统[J]．国土资源遥感，2013(1)：165-170.

[5] 黄嵘，同淑荣．使用 Oracle Spatial 进行空间数据建模研究[J]．计算机工程与应用，2010，46(7)：125-127.

[6] 苏炳均，诸昌钤，李林．基于 Oracle Spatial 的 GIS 数据组织及查询[J]．计算机应用研究，2006，23(12)：278-280.

[7] 韩煜，樊浩．多源地质灾害监测数据管理及预报系统的设计与实现[J]．测绘技术装备，2016(2)：15-19.

[8] 刘尚蔚，魏鲁双．数字地质多源数据库及三维建模方法研究[J]．人民黄河，2012，34(2)：123-125.

[9] 吕希奎．基于遥感信息的选线系统地理环境建模方法及应用研究[D]．成都：西南交通大学，2008：80-85.

[10] WINKEL，RUDOLF. On a generalization of Bernstein polynomials and Bézier curves based on umbral calculus [J]. Source：Computer Aided Geometric Design，2014，31(5)：227-244.

[11] KOUIBIA A，PASADAS M，RODRÍGUEZ M L. Optimization of parameters for curve interpolation by cubic splines [J]. Source：Journal of Computational and Applied Mathematics，2011，235(14)：4187-4198.

[12] 周云波，闫清东，李宏才．虚拟环境中碰撞检测算法分析[J]．系统仿真学报，2006，18(增刊 1)：103-107.

[13] 易思蓉．虚拟环境铁路选线设计系统的理论与方法研究[D]．成都：西南交通大学，2000.

[14] CLARK J. Hierarchical geometric models for visible surface algorithms[J]. Communications of the ACM. 1976，10 (19)：547-554.

[15] VAISH V，WILBUM B，JOSHI N，ET AL. Using Plane+Parallax for calibrating dense camera arrays[J]. IEEE：Computer Society Conference Computer Vision and Pattern Recognition，2004 (1)：12-19.

[16] 张朝忙，刘庆生，刘高焕，等．SRTM 3 与 ASTER GDEM 数据处理及应用进展[J]．地理与地理信息科学，2012 (05)：29-34.

[17] BLOWER J.D，HAINES K，SANTOKHEE A，ET AL. GODIVA2：Interactive visualization of environmental data on the Web[J]. Philosophical Transactions of the Royal Society A：Mathematical，Physical and Engineering Sciences. 2009，367 (1890)：1035-1039.

[18] 高山．基于 SRTM DEM，ASTER GDEM 地貌特征分析与铁路选线[J]．铁道工程学报，2012 (9)：1-6.

[19] Rodriguez E., Morris C. S., Belz J. E. A global assessment of the SRTM performance [J]. Photogrammetric Engineering & Remote Sensing, 2006, 72 (3): 249-260.

[20] Werner M. Shuttle radar topography mission (SRTM) mission overview[J]. Frequenz,2001, 55 (3-4): 75-79.

[21] ASTER Global Digital Elevation Model (ASTER GDEM)[EB/OL]. http://www. jspacesystems. or. jp/ersdac/GDEM/E/index. html .

[22] 郭笑怡, 张洪岩, 张正祥,等. ASTER-GDEM 与 SRTM3 数据质量精度对比分析[J]. 遥感技术与应用,2011 (03): 334-339.

[23] Van Niel T. G., McVicar T. R., Li L., et al. The impact of misregistration on SRTM and DEM image differences[J]. Remote Sensing of Environment,2008, 112 (5): 2430-2442.

[24] Coordinate Conversions and Transformations including Formulas [M]. OGP Publication 40-41, February 2015.

[25] 张生彤. JX4 生产数字地面模型(DTM)的探讨[J]. 地理空间信息,2009, 7 (1): 40-42.

[26] 王继民,吕庆,万定生. 基于钻孔数据的地质剖面建模系统[J]. 河海大学学报(自然科学版), 2009, 37 (4): 463-466.

[27] 汪淑平, 王伟, 孙黎明,等. 基于地质剖面数据的含断层地质体三维建模方法[J]. 测绘地理信息, 2016 (3): 59-63.

[28] 张雪, 刘改霞, 朱涛,等. 大比例尺三维地质建模方法研究[J]. 城市地质,2016 (02): 30-37.

[29] 吕希奎, 陈进杰. 铁路数字化选线三维地质环境建模方法[J]. 铁道学报,2015, 37 (08): 91-97.

[30] 严俊, 魏迎奇, 蔡红,等. 基于钻孔数据的三维地质模型智能建模方法[J]. 水力发电,2015 (2): 25-28.

[31] 陈续威, 谢凯, 刘波,等. 三维地质模型的一种快速建模方法研究[J]. 长江大学学报(自科版), 2015 (7): 1-4,91.

[32] 薛林福, 李文庆, 张伟,等. 分块区域三维地质建模方法[J]. 吉林大学学报(地球科学版), 2014 (6): 2051-2058.

[33] 王春女, 董庆吉, 韩振哲,等. 三维地质模型建模方法[J]. 矿床地质, 2014 (S1): 1033-1034.

[34] 李为乐, 陈情, 陈哲锋,等. Google Earth 三维可视化在滇藏铁路林芝-拉萨段地质选线中的应用[J]. 遥感信息,2012 (1): 95-99.

[35] 高寿峰, 李亚, 杨欣. 基于 kriging 方法的三维地质体构建. 第十四届华东六省一市测绘学会学术交流会,中国浙江杭州, 2012: 3.

[36] 高山. 铁路工程地质选线三维可视化技术与评价方法研究[J]. 铁道工程学报, 2011 (2): 27-31.

[37] 车德福, 吴立新, 殷作如. 一种基于 GTP 的复杂地质体真 3 维建模方法:岩柱体分区法[J]. 地理信息世界,2008 (1): 34-38,45.

[38] 徐能雄, 武雄, 汪小刚,等. 基于三维地质建模的复杂构造岩体六面体网格剖分方法[J]. 岩土工程学报,2006 (8): 957-961.

[39] 武强, 徐华. 三维地质建模与可视化方法研究[J]. 中国科学(D 辑:地球科学),2004 (1): 54-60.

[40] 刘江涛, 何娘者. 基于 Google Earth 和 BIM 的川藏铁路数字选线应用研究[J]. 高速铁路技术,2016 (5): 75-79.

[41] 唐丙寅, 吴冲龙, 李新川,等. 一种基于钻孔地质数据的快速递进三维地质建模方法[J]. 岩土力学,2015 (12): 3633-3638.

[42] 马钧霆, 陈锁忠, 何志超,等. 面向 GTP 的三维地质模型空间剖切方法与应用[J]. 地球信息科学学

报,2015 (2): 153-159.
[43] 徐明霞. 高保真地裂缝三维建模及其与地质模型的集成表达[D]. 西安:长安大学,2015.
[44] 张恒, 朱军, 彭子龙,等. 三维高速铁路场景对象的地理本体建模与语义查询[J]. 信息工程大学学报,2014 (06): 758-763.
[45] 李晓玲, 张时忠, 马维峰. 面向多源数据的多工具协同三维地质建模方法研究. 第十二届全国数学地质与地学信息学术研讨会. 中国新疆乌鲁木齐, 2013: 9.
[46] 殷继兴, 胡光常. Google Earth 在铁路前期规划设计中的应用[J]. 高速铁路技术, 2012 (1): 1-4.
[47] 管振德, 庞贻鸿. Google Earth 在线性工程地质灾害调查中的应用[J]. 人民长江,2012 (19): 45-47,71.
[48] 刘江涛. 基于 google Earth 的铁路三维空间选线系统研究[D]. 长沙:中南大学,2010.
[49] 黄海峰, 易武, 曾怀恩,等. 利用 google Sketchup 快速构建滑坡三维模型[J]. 地球与环境,2010 (3): 333-338.
[50] 刘振平. 工程地质三维建模与计算的可视化方法研究 [D]. 武汉:中国科学院研究生院(武汉岩土力学研究所),2010.
[51] 朱发华. 基于 gis 的多源工程地质信息管理和三维建模研究 [D]. 武汉:中国科学院研究生院(武汉岩土力学研究所),2010.
[52] 邵虹波. 遥感技术在滇西某铁路选线地质灾害调查研究中的应用[D]. 成都:成都理工大学,2009.
[53] 高松峰, 马维峰, 陈旭,等. 多源空间信息集成技术在铁路用地信息管理中的应用[J]. 测绘科学, 2009 (2): 229-230,201.
[54] 刘岩, 马洪滨, 李金生,等. 基于工程柱体的三维地质建模方法[J]. 金属矿山,2009 (1): 101-103.
[55] 赵晓东, 李利岗. 基于 GIS 的矿山三维地质建模方法[J]. 矿业研究与开发,2009 (5): 17-20,24.
[56] 车德福,吴立新,殷作如. 三维地质建模中地层错断处自动构建的新方法[J]. 煤炭学报,2009 (10): 1305-1309.
[57] 李健. 基于 google Earth 平台的地学信息集成研究 [D]. 成都:成都理工大学,2008.
[58] 易思蓉. 铁路数字化选线设计系统的理论与方法 [M]. 成都:西南交通大学出版社,2011.
[59] 曾钱帮, 刘大安, 马占海,等. 地形三维可视化在川藏公路典型路段中的应用[J]. 工程地质学报, 2006 (4): 518-521.
[60] 冯雨林. 三维遥感图像模型在川藏公路典型地质灾害预警中的应用 [D]. 长春:吉林大学,2005.
[61] 文学东, 卢秀山, 李青元,等. 基于三棱柱的三维地质体建模及可视化研究[J]. 测绘科学,2005 (05): 82-83,94-87.
[62] 芮小平, 杨永国, 奚砚涛. 一种基于三棱柱的三维地质体可视化方法研究[J]. 中国矿业大学学报, 2004 (5): 94-98.
[63] 杨明. GIS 技术在铁路工务管理地质灾害信息系统中的应用研究 [D]. 成都:西南交通大学,2002.
[64] 孟存喜, 刘和贵, 王明生. 铁路线路初步设计方案比选系统的研究与开发[J]. 铁路航测,2000 (1): 26-29.
[65] 卿三惠,黄润秋,杨英,等. 滇藏铁路重大工程地质问题及线路走向研究[J]. 铁道工程学报,2007 (10):6-11.
[66] 乔平,王云鹏. 铁路工程地质选线咨询系统[J]. 工程地质学报,1994,2(4):77-83..
[67] 赵建昌,刘世忠,吉随旺. 铁路选线中的工程地质问题[J]. 中国地质灾害与防治学报,2001,12(1): 7-9.
[68] JESSEL M. Three dimensional geological modeling of potential-field data [J]. Computers & Geosciences,

2001, 27(4): 455-465.
[69] EHLEN J, HARMON R S. Geo Com p99: GeoComputation and the geosciences [J]. Computer & Geosciences, 2001, 27(8):1-2.
[70] SIMON W HOULDING. 3D geoscentific modeling-computer technique for geological characterization [M]. spring-verlag, 1994.
[71] SNIDERO M, AMILIBIA A, GRATACOS O, et al. The 3D reconstruction of geological structures based on remote sensing data: example from the Anaran anticline, Lurestan province, Zagros folds and thrust belt, Iran [J]. Journal of the Geological Society, 2011, 168(3): 769-782.
[72] KAMAL GOLABI. Considerations for building knowledge-based expert systems in highway maintenance planning [J]. Annals of Operations Research, 1988, 16:375-392.
[73] FAY, ALEXANDER. A FUZZY KNOWLEDGE-BASED SYSTEM FOR RAILWAY TRAFFIC CONTROL [J]. ENGINEERING APPLICATIONS OF ARTIFICIAL INTELLIGENCE, 2000, 13(6):719-729.
[74] CRISTINA DE AMBROSI, CRISTIANO GHERSI, ARMANDO TACCHELLA. An Ontology-Based Condition Analyzer for Fault Classification on Railway Vehicles [J]. Next-Generation Applied Intelligence Lecture Notes in Computer Science. 2009, 5579:449-458.
[75] D'ARIANO, ANDREA. Innovative decision support system for railway traffic control [J]. IEEE Intelligent Transportation Systems Magazine. 2009, 1(4):8-16.
[76] LAWRENCE MANDOW, JOSE-LUIS PEREZ-DE-LA-CRUZ. Sindi: an intelligent assistant for highway design [J]. Expert Systems with Applications, 2004, 27(4):635-644.
[77] 杜红星,周安荔. 三维可视化铁路选线辅助设计系统研究[J]. 铁道工程学报,2004(1):48-51.
[78] 吕希奎,易思蓉. 基于遥感数据的选线三维地理环境建模方法[J]. 铁道标准设计,2006 (Z1): 208-212.
[79] 冯光胜. 三维遥感技术在十宜铁路地质选线中的应用[J]. 地理空间信息,2010,8(2):96-99.
[80] 高山. 铁路工程地质选线三维可视化技术与评价方法研究[J]. 铁道工程学报,2011(2):27-31.
[81] 欧阳志峰. 基于GIS的铁路绿色选线决策支持系统(GRASDSS)的知识库研究[D]. 长沙:中南大学,2008.
[82] 陈文伟,陈晟. 知识工程与知识管理[M]. 北京:清华大学出版社,2010.
[83] 张彦杰. 基于案例推理的轨道交通能耗管理决策研究[D]. 南京:南京理工大学,2014.
[84] 李建洋,倪志伟,郑金彬,等. 案例知识库维护技术的研究进展[J]. 武汉工程大学学报,2010,32(3):96-100.
[85] 石松芳,宋建萍. 专家系统中知识库维护的若干问题[J]. 湖北教育学院学报,2006,23(8):24-26.
[86] ERICSON. C. 实时碰撞检测算法技术[M]. 刘天慧,译. 北京:清华大学出版社,2010.
[87] 宁涛,郭晨,张升文. 用混合包围盒优化碰撞检测方法[J]. 计算机工程与应用,2011,47(1):1-3.
[88] 许熠. 基于混合包围盒的碰撞检测算法的优化研究[D]. 南京:南京理工大学,2013.
[89] 杨化斌. OpenSceneGraph 3.0 三维视景仿真技术开发详解[D]. 北京:国防工业出版社,2012.
[90] 吕希奎,王明生. 铁路选线与计算机辅助设计实例教程[M]. 北京:中国铁道出版社, 2014.
[91] 朱颖,吕希奎,许佑顶. 动车组牵引计算与仿真系统[M]. 北京:中国铁道出版社,2015.
[92] 韩春华,易思蓉,杨扬. 基于最优路径分析的线路初始平面自动生成方法[J]. 西南交通大学学报,2011,46(2): 252-258.
[93] DE-SMITH M J. Determination of gradient and curvature constrained optimal paths[J]. Computer-Aided Civil and Infrastructure Engineering, 2006,21(1): 24-38.

[94] CHENG J F, LEE Y. Model for three-dimensional highway alignment [J]. Journal of Transportation Engineering, 2006, 132(12): 913-920.

[95] GIPPS P G, GU K Q, HELD A, et al. New technologies for transport route selection[J]. Transportation Research Part C, 2001, 9(2): 135-154.

[96] JONG J C, SCHONFELD P. An evolutionary model for simultaneously optimizing three-dimensional highway alignments [J]. Transportation Research Part B, 2003, 37(2): 107-128.

[97] JHA M K, SCHONFELD P. Integrating genetic algorithms and GIS to optimize highway alignments[J]. Transportation Research Record, 2000, 1719: 233-240.

[98] JHA M K, SCHONFELD P. A highway alignment optimization model using geographic information systems [J]. Transportation Research Part A, 2004, 38(6): 455-481.

[99] KIM E, JHA M K, SON B. Improving the computational efficiency of highway alignment optimization models through a stepwise genetic algorithms approach [J]. Transportation Research Part B, 2005, 39 (4): 339-360.

[100] KIM E, JHA M K, SCHONFELD P. Highway alignment optimization incorporating bridges and tunnels[J]. Journal of Transportation Engineering, 2007, 133(2): 71-81.

[101] KANG M W, SCHONFELD P, YANG NPrescreening and repairing in a genetic algorithm for highway alignment optimization[J]. Computer-Aided Civil and Infrastructure Engineering, 2009, 24 (2): 109-119.

[102] KANG M W, JHA M K, SCHONFELD P. Applicability of highway alignment optimization models[J]. Transportation Research Part C, 2012, 21(1): 257-286.

[103] 马庆雷. 基于遗传算法的公路平面优化[J]. 中国公路学报, 2006, 19(1): 42-46.

[104] 杨宏志, 韩跃杰, 李芬, 等. 基于 GIS 和遗传算法的公路智能选线[J]. 长安大学学报: 自然科学版, 2009, 29(3): 48-53.

[105] 周方明, 罗志明. 基于遗传算法的高速公路纵断面节能设计[J]. 公路交通科技, 2011, 28(6): 51-56.

[106] 李伟, 蒲浩, 赵海峰, 等. 基于分步编码改进遗传算法的铁路智能选线[J]. 西南交通大学学报, 2013, 48(5): 831-838.

[107] 后宗彪. 费用现值目标函数铁路主要技术标准综合优化[D]. 成都: 西南交通大学, 2006.

[108] 铁道科学研究院. 高速铁路运营支出定额的研究[R]. 北京: 铁道科学研究院, 2002.

[109] 陈水利, 敬功, 向公. 糊集理论及其应用[M]. 北京: 科学出版社出版, 2016.